わからない
わかるにかえる

高校入試 英語

BUNRI

もくじ contents

1 時制

2 いろいろな文の形／受け身の文

3 名詞を修飾するまとまり

4 名詞の働きをするまとまり

5 名詞以外を修飾するまとまり

6 比較の文／仮定法／その他の文

7 助動詞／会話表現

イラスト：art box(YOSHIROO HAYAHARA), くどうのぞみ, たかはしかず, ツナチナツ, 仲田まりこ, 和田かおり
写真提供：anju/PIXTA

特集

得点力UP! 入試特集
パターン別入試問題の解き方

英作文

長文読解

リスニング

この本の特色と使い方

●文法単元は，１回２ページ構成です。

左ページの解説を読んで，右ページの問題にチャレンジしよう！

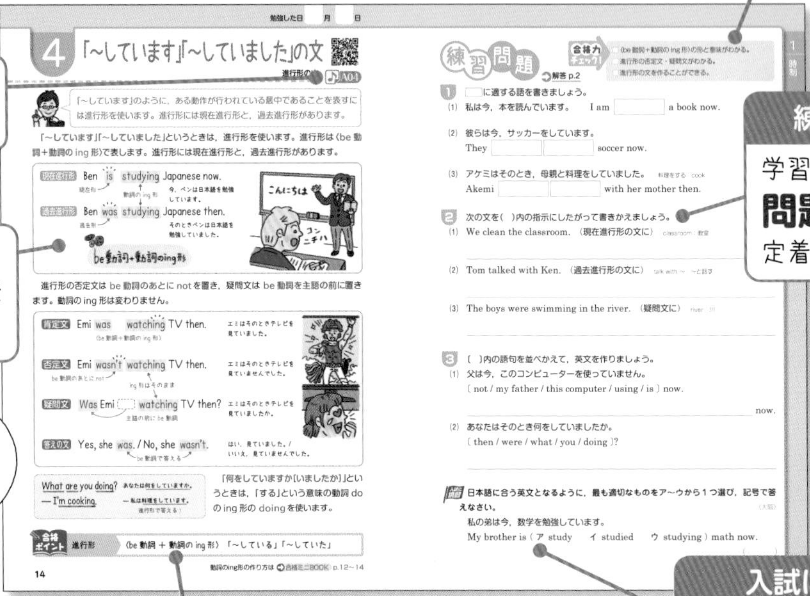

合格力チェック
単元の**理解度**をセルフチェック

音声番号とQRコード

単元の**ポイント**を例文で解説

イラストや図があるから，わかりやすい！

練習問題
学習したことを**問題**を解いて定着させる

入試に挑戦
入試問題を解いて実力をつける

合格ポイント
ここで**いちばん重要**なことのまとめ

文法単元が終わったら…

4 「～しています」「～していました」の文

「～しています」のように，ある動作が行われている最中であることを表すには進行形を使います。進行形には現在進行形と，過去進行形があります。

「～しています」「～していました」というときは，進行形を使います。進行形は〈be動詞＋動詞のing形〉で表します。進行形には現在進行形と，過去進行形があります。

現在進行形 Ben is studying Japanese now.
過去進行形 Ben was studying Japanese then.

進行形の否定文は be 動詞のあとに not を置き，疑問文は be 動詞を主語の前に置きます。動詞の ing 形は変わりません。

肯定文 Emi was watching TV then.
否定文 Emi wasn't watching TV then.
疑問文 Was Emi watching TV then?
答え方 Yes, she was. / No, she wasn't.

What are you doing? — I'm cooking.

「何をしていますか[いましたか]」というときは，「する」という意味の動詞 do の ing 形の doing を使います。

合格ポイント 進行形 〈be 動詞 ＋ 動詞の ing 形〉「～している」「～していた」

練習問題

1 □に適する語を書きましょう。
(1) 私は今，本を読んでいます。 I am ＿＿ a book now.
(2) 彼らは今，サッカーをしています。 They ＿＿ ＿＿ soccer now.
(3) アケミはそのとき，母親と料理をしていました。 Akemi ＿＿ ＿＿ with her mother then.

2 次の文を（ ）内の指示にしたがって書きかえましょう。
(1) We clean the classroom.（現在進行形の文に）
(2) Tom talked with Ken.（過去進行形の文に）
(3) The boys were swimming in the river.（疑問文に）

3 〔 〕内の語句を並べかえて，英文を作りましょう。
(1) 父は今，このコンピューターを使っていません。〔not / my father / this computer / using / is〕now.
(2) あなたはそのとき何をしていましたか。〔then / were / what / you / doing〕?

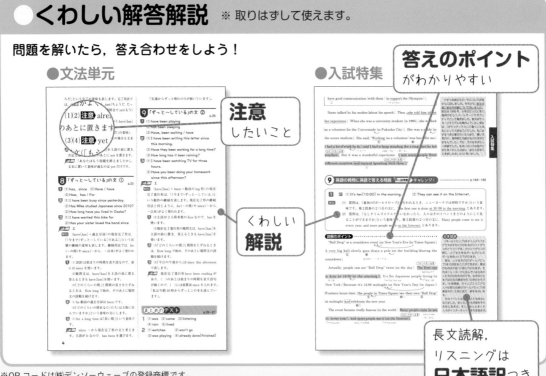

●くわしい解答解説 ※取りはずして使えます。

問題を解いたら，答え合わせをしよう！

●文法単元

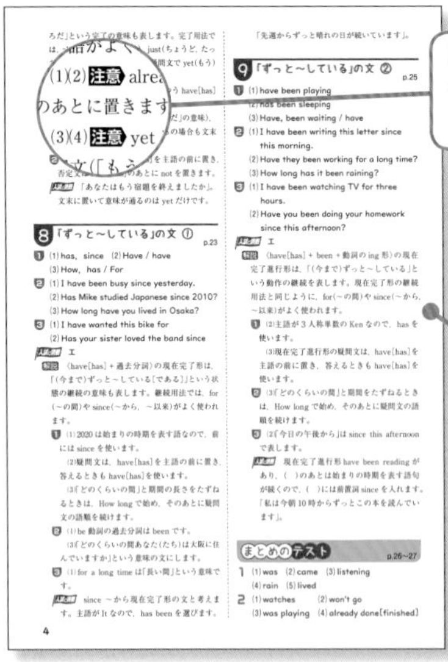

●入試特集

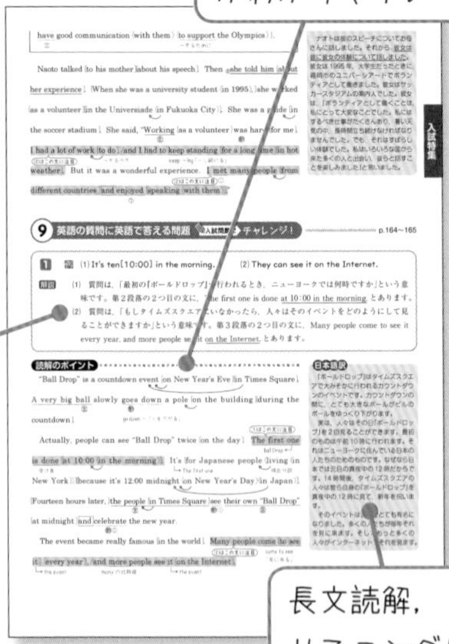

注意
したいこと

くわしい**解説**

答えのポイント
がわかりやすい

長文読解，リスニングは**日本語訳**つき

※QR コードは㈱デンソーウェーブの登録商標です。

わからないを
わかるにかえる
高校入試

入試によく出る！

合格ミニBOOK

赤シートを
使ってね。

直前まで
使える！

● 「合格ミニ BOOK」は取りはずして使用できます。
● スマートフォンやタブレットで学習できるデジタル版には，
こちらからアクセスできます。 →

デジタル版は無料ですが，別途各通信会社の通信料がかかります。
対応 OS ……… Microsoft Windows 10 以降，iPad OS，Android
推奨ブラウザ… Edge，Google Chrome，Firefox，Safari

重要連語① 動作・気持ちを表す連語

音声を聞き，声に出して読んで覚えましょう。 C01

1	□ agree with ～ ～に賛成する	I agree with her. 私は彼女の意見に賛成です。
2	□ be afraid of ～ ～をこわがる	Emily is afraid of dogs. エミリーは犬をこわがります。 「～」には名詞か動詞のing形がくるよ。
3	□ be glad to ～ ～してうれしい	I am glad to see you. 私はあなたに会えてうれしいです。 gladの代わりにhappyを使っても同じ意味だよ。
4	□ be good at ～ ～が得意だ	Ben is good at playing soccer. ベンはサッカーをするのが得意です。
5	□ be interested in ～ ～に興味がある	Tom is interested in Japanese history. トムは日本の歴史に興味があります。
6	□ be sure (that) ～ ～だと確信している	I am sure that Hiroki is right. 私はヒロキが正しいと確信しています。 thatは省略できるよ。
7	□ call ～ back ～に電話をかけ直す	I'll call you back later. お電話をあとでかけ直します。
8	□ come true (夢などが)実現する	Yuki's dream came true. ユキの夢が実現しました。
9	□ do ～'s best 最善を尽くす	All the students did their best. すべての生徒が最善を尽くしました。 ～'sにはmy，yourなどの代名詞の所有格が入るよ。

C02

10	□ get off ～ (電車やバス)を降りる	Get off the train at the next station. 次の駅で電車を降りてください。
11	□ get on ～ (電車やバス)に乗る	I got on the bus near the park. 私は公園の近くでバスに乗りました。
12	□ get to ～ ～に着く，到着する	My father got to the airport. 私の父は空港に到着しました。
13	□ give up (～) (～を)あきらめる	Don't give up the game. その試合をあきらめてはいけません。
14	□ go shopping 買い物に行く	I went shopping with my mother. 私は母と買い物に行きました。
15	□ have a good time 楽しい時を過ごす	We had a good time at the party. 私たちはパーティーで楽しい時を過ごしました。
16	□ hear about ～ ～について聞く	Mary heard about the sad news. メアリーはその悲しい知らせについて聞きました。
17	□ help ～ with ... ～の…を手伝う	I helped my brother with his homework. 私は弟の宿題を手伝いました。
18	□ keep ～ing ～し続ける	Keep studying English. 英語を勉強し続けなさい。
19	□ keep in touch with ～ ～と連絡を取り合う	Alex keeps in touch with his mother. アレックスは母親と連絡を取り合っています。

get off とセットで覚えよう。

arrive at[in] ～も同じ意味だよ。

go ～ing で「～しに行く」だよ。

keep のあとは動詞の ing 形がくるよ。

重要連語② 動作・気持ち，時・場所を表す連語

音声を聞き，声に出して読んで覚えましょう。 C03

20	□ look for ～ ～を探す	I am looking for my watch. 私は腕時計を探しています。
21	□ look forward to ～ ～を楽しみにする	I am looking forward to seeing you. 私はあなたに会うのを楽しみにしています。
22	□ look like ～ ～のように見える	The animal looks like a fox. その動物はキツネのように見えます。
23	□ pick up ～ ～を拾う	Rika picked up the garbage. リカはそのごみを拾いました。
24	□ put on ～ ～を着る，身につける	Kenta put on a blue shirt. ケンタは青色のシャツを着ました。
25	□ take care of ～ ～の世話をする	My sister takes care of the dog. 私の妹がその犬の世話をしています。
26	□ take off ～ ～を脱ぐ	Please take off your shoes here. ここでくつを脱いでください。
27	□ take part in ～ ～に参加する	Every student must take part in the meeting. すべての生徒はその会合に参加しなければなりません。
28	□ think of ～ ～のことを考える	The teacher always thinks of his students. その先生はいつも生徒たちのことを考えています。

to のあとは名詞か，動詞の ing 形がくるよ。

look after ～も似た意味になるよ。

put on ～とセットで覚えよう。

29 □ wait for ～ ～を待つ	I'll wait for you in front of the station. 私は駅の前であなたを待ちます。
30 □ all over the world 世界中で[の，を]	Mike traveled all over the world. マイクは世界中を旅しました。 around the world も似た意味だよ。
31 □ at that time その時(は)	I was sleeping at that time. 私はその時，眠っていました。 過去進行形の文などでよく使うよ。
32 □ between ～ and … ～と…の間に[で，の]	My house is between a school and a park. 私の家は学校と公園の間にあります。
33 □ for a long time 長い間	I haven't seen him for a long time. 私は長い間，彼に会っていません。 現在完了形の文でよく使うよ。
34 □ in front of ～ ～の前で[に]	Mike was in front of the station yesterday. マイクは昨日，駅の前にいました。
35 □ in the future 将来(は)	I want to be a doctor in the future. 私は将来，医者になりたいです。
36 □ over there あそこに，向こうに	There are some boys over there. 向こうに何人かの男の子がいます。
37 □ right now 今すぐ，ちょうど今	Run away right now. 今すぐ逃げなさい。 right away も同じ意味だよ。
38 □ these days 最近(は)	Are you busy these days? 最近，あなたは忙しいですか。 主に現在の文で使うよ。

重要連語③ 数量を表す連語，その他の連語

音声を聞き，声に出して読んで覚えましょう。 C05

39	□ a few ～ 2，3の～，いくつかの～	Meg has a few Japanese books. メグは数冊の日本語の本を持っています。 数えられる名詞に使うよ。
40	□ a little ～ 少量の～，少しの～	I have a little money now. 私は今，少しのお金を持っています。 数えられない名詞に使うよ。
41	□ a lot of ～ たくさんの～，多数の～	There are a lot of books in the library. 図書館にはたくさんの本があります。
42	□ a piece of ～ 1つ[個，本，枚]の～	Give me a piece of paper. 私に1枚の紙をください。 数えられない名詞に使うよ。
43	□ more than ～ ～より多い，～を超える	Yuki reads more than 30 books every month. ユキは毎月30冊を超える本を読んでいます。
44	□ not only ～ but also … ～だけでなく…もまた	Not only Jack but also Sam can swim well. ジャックだけでなくサムもまた上手に泳ぐことができます。
45	□ so ～ that … とても～なので…だ	I am so tired that I can't run. 私はとても疲れているので走れません。
46	□ too ～ to … あまりに～なので…できない	I am too busy to watch TV. 私はあまりに忙しいのでテレビを見ることができません。
47	□ each other お互い	Ellen and Mari looked at each other. エレンとマリはお互いを見ました。

C06

48 □ be able to ～	I am able to swim fast.
～することができる	私は速く泳ぐことができます。

can と似た意味を表すよ。

49 □ a kind of ～	*Hinamatsuri* is a kind of festival.
一種の～	ひな祭りは一種のお祭りです。

この kind は「種類」という意味だよ。

50 □ at first	At first I didn't like tomatoes.
最初は，はじめのうちは	最初は私はトマトが好きではありませんでした。
51 □ because of ～	Ken was late for school because of the rain.
～が原因で，～の理由で	ケンは雨が原因で学校に遅刻しました。
52 □ both ～ and ...	I like both apples and bananas.
～と…のどちらも	私はリンゴとバナナのどちらも好きです。
53 □ far away	My house is far away from the school.
遠く離れて	私の家は学校から遠く離れています。
54 □ for the first time	Emi went abroad for the first time.
はじめて	エミははじめて外国に行きました。

abroad は「外国に」という意味だよ。

55 □ in need	Help people in need.
困っている	困っている人たちを助けなさい。

この need は「困っている状態」という意味だよ。

56 □ most of ～	Most of the students in the class eat rice every day.
～の大部分	クラスの生徒の大部分は毎日，お米を食べます。
57 □ on the way home	I met Yuki on the way home.
家に帰る途中で	私は家に帰る途中でユキに会いました。

重要会話表現①

音声を聞き，声に出して読んで覚えましょう。 C07

58
□ All right.
よろしい。/ わかりました。
A : May I come in?
B : All right.
A : 入ってもいいですか。
B : いいですよ。

59
□ Be careful.
気をつけて。
It's dark now. Be careful.
もう暗いです。気をつけて。

60
□ Can[May] I help you?
いらっしゃいませ。
(お手伝いいたしましょうか。)
A : Can I help you?
B : I'm looking for a T-shirt.
A : いらっしゃいませ。
B : Tシャツを探しています。

店員さんがよく使う表現だよ。

61
□ Can[May] I speak to ～?
〈電話で〉～さんをお願いできますか。
A : May I speak to Ms. Smith?
B : Sorry, but she is out now.
A : スミス先生をお願いできますか。
B : 申し訳ありませんが，ただ今，外出しております。

62
□ Don't worry.
心配ないよ。/ 気にしないで。
Don't worry. I'm OK.
ご心配なく。私は大丈夫です。

63
□ Excuse me,
すみませんが，/ 失礼ですが，
Excuse me, but could you tell me the way to the station?
すみませんが，駅への道を教えていただけますか。

64
□ For example,
たとえば，
I like flowers. For example, I like roses.
私は花が好きです。
たとえば，私はバラが好きです。

65
□ For here or to go?
こちらで召し上がりますか，
お持ち帰りになりますか。
A : One hamburger, please.
B : For here or to go?
A : ハンバーガーを１つお願いします。
B : こちらで召し上がりますか，お持ち帰りになりますか。

66
□ Good for you!
いいですね。/ よかったですね。
A : We won the soccer game.
B : Good for you!
A : サッカーの試合に勝ったよ。
B : よかったね！

相手にいいことがあったときや，ほめるときに使うよ。

C08

67 ☐ Good luck!
がんばって！

A：I have an English exam tomorrow.
B：Good luck!
A：私は明日，英語の試験があります。
B：がんばって！

相手をはげますときに使うよ。

68 ☐ Have a nice ～.
よい～をお過ごしください。

Have a nice weekend.
よい週末をお過ごしください。

相手と別れるときに使うよ。

69 ☐ Help yourself (to ～).
(～を)ご自由にお召し上がりください。

Help yourself to some fruit.
フルーツをご自由にお召し上がりください。

70 ☐ Here you are.
はい，どうぞ。

A：This is your ticket. Here you are.
B：Thank you.
A：これはあなたのチケットです。はい，どうぞ。
B：ありがとう。

71 ☐ How ～!
なんて～なのだろう！

How cute the cat is!
そのネコはなんてかわいいのだろう！

72 ☐ How about ～?
～はどうですか。

How about another cup of coffee?
コーヒーをもう１杯いかがですか。

73 ☐ How about you?
あなたはどうですか。

A：I like dogs. How about you?
B：Me too.
A：私は犬が好きです。あなたはどうですか。
B：私もです。

74 ☐ I see.
なるほど。/ わかりました。

A：This is the way of making *sukiyaki*.
B：Oh, I see.
A：これがすき焼きの作り方です。
B：ああ，なるほど。

75 ☐ I'll take it.
これをいただきます。

This picture is good. I'll take it.
この絵はいいですね。これをいただきます。

買い物のときに使うよ。

76 ☐ Just a minute.
少々お待ちください。

A：Are you ready?
B：Just a minute.
A：準備はいいかい？
B：ちょっと待って。

Just a moment. / Just a second. も同じ意味だよ。

重要会話表現②

音声を聞き，声に出して読んで覚えましょう。 C09

77
□ Let's see. ええと。	A：May I take your order? B：Let's see. I'll have a hot dog. A：ご注文はお決まりですか。 B：ええと。ホットドッグを１つください。

78
□ My pleasure. どういたしまして。	A：Thank you for helping me. B：My pleasure. A：手伝ってくれてありがとう。 B：どういたしまして。

お礼を言われたときに使うよ。

79
□ No problem. いいですよ。/ もちろん。	A：Could you wait for a while? B：No problem. A：少々お待ちいただけますか。 B：いいですよ。

80
□ Of course. もちろん。	A：Can I drink this juice? B：Of course. A：このジュースを飲んでもいいですか。 B：もちろんです。

81
□ Pardon (me)? 何とおっしゃいましたか。	A：Could you tell me where the museum is? B：Pardon me? A：博物館がどこにあるか教えていただけますか。 B：何とおっしゃいましたか。

82
□ See you. またね。	A：Bye, Tom. B：See you. A：バイバイ，トム。 B：またね。

83
□ Sounds ～. ～そうですね。	Sounds interesting. おもしろそうですね。

Sounds のあとには形容詞がくるよ。

84
□ Take care. じゃあね。/ 気をつけてね。	A：I'm going home now. B：Take care. A：そろそろ家に帰るね。 B：気をつけてね。

85
□ Thank you for ～. ～をありがとう。	Thank you for coming to the party. パーティーに来てくれてありがとう。

for のあとには，名詞か動詞の ing 形がくるよ。

C10

86 ☐ That's right.

その通りです。

A : We should go to bed early.
B : That's right.
A : 私たちは早く寝るべきです。
B : その通りです。

87 ☐ That's too bad.

それは残念です。/ それはお気の毒に。

A : I have a cold.
B : That's too bad.
A : 私は風邪をひいています。
B : それはお気の毒に。

88 ☐ What (a) ～!

なんて～なのでしょう。

What a hot day!
なんて暑い日なのでしょう。

89 ☐ What do you think of[about] ～?

～についてどう思いますか。

What do you think of my idea?
私の考えについてどう思いますか。

90 ☐ What's up?

どうしたのですか。/ 調子はどうですか。

A : What's up?
B : Nothing special.
A : 調子はどう？
B : 特に何もないよ。

91 ☐ What's wrong?

どうしたのですか。

A : What's wrong?
B : I have a headache.
A : どうかしたのですか。
B : 頭が痛いです。

What's the matter? も似た意味だよ。

92 ☐ Why don't you ～?

～してはどうですか。/ ～しませんか。

Why don't you go to the library first?
最初に図書館へ行ってはどうですか。

93 ☐ Why not?

ええ，もちろん。

A : Shall we go fishing?
B : Why not?
A : つりに行きませんか。
B : ええ，もちろん。

相手に誘われたときに使うよ。

94 ☐ Would you like ～?

～はいかがですか。

A : Would you like something cold to drink?
B : Yes, please.
A : 冷たい飲み物はいかがですか。
B : はい，お願いします。

95 ☐ You're welcome.

どういたしまして。

A : Thank you for calling me yesterday.
B : You're welcome.
A : 昨日はお電話ありがとう。
B : どういたしまして。

お礼を言われたときに使うよ。

不規則動詞変化表

動詞の形の変化を覚えましょう。

原形	意味	現在形	過去形	過去分詞	ing形
A－B－C型(原形, 過去形, 過去分詞が違う形)					
□ be	～である,いる	am / are / is	was / were	been	being
□ begin	始める	begin(s)	began	begun	beginning
□ break	破る	break(s)	broke	broken	breaking
□ choose	選ぶ	choose(s)	chose	chosen	choosing
□ do	する	do / does	did	done	doing
□ draw	(絵を)かく	draw(s)	drew	drawn	drawing
□ drink	飲む	drink(s)	drank	drunk	drinking
□ drive	運転する	drive(s)	drove	driven	driving
□ eat	食べる	eat(s)	ate	eaten	eating
□ fall	落ちる	fall(s)	fell	fallen	falling
□ give	与える	give(s)	gave	given	giving
□ go	行く	go(es)	went	gone	going
□ know	知っている	know(s)	knew	known	knowing
□ ride	乗る	ride(s)	rode	ridden	riding
□ see	見る	see(s)	saw	seen	seeing
□ sing	歌う	sing(s)	sang	sung	singing
□ speak	話す	speak(s)	spoke	spoken	speaking
□ swim	泳ぐ	swim(s)	swam	swum	swimming
□ take	取る	take(s)	took	taken	taking
□ write	書く	write(s)	wrote	written	writing
A－B－B型(過去形と過去分詞が同じ形)					
□ bring	持ってくる	bring(s)	brought	brought	bringing
□ build	建てる	build(s)	built	built	building
□ buy	買う	buy(s)	bought	bought	buying

原形	意味	現在形	過去形	過去分詞	ing 形
☐ catch	捕まえる	catch(es)	caught	caught	catching
☐ feel	感じる	feel(s)	felt	felt	feeling
☐ find	見つける	find(s)	found	found	finding
☐ get	得る	get(s)	got	got / gotten	getting
☐ have	持っている	have / has	had	had	having
☐ hear	聞く	hear(s)	heard	heard	hearing
☐ keep	保つ	keep(s)	kept	kept	keeping
☐ leave	出発する	leave(s)	left	left	leaving
☐ lose	失う	lose(s)	lost	lost	losing
☐ make	作る	make(s)	made	made	making
☐ meet	会う	meet(s)	met	met	meeting
☐ say	言う	say(s)	said	said	saying
☐ sell	売る	sell(s)	sold	sold	selling
☐ send	送る	send(s)	sent	sent	sending
☐ sit	すわる	sit(s)	sat	sat	sitting
☐ sleep	眠る	sleep(s)	slept	slept	sleeping
☐ stand	立つ	stand(s)	stood	stood	standing
☐ teach	教える	teach(es)	taught	taught	teaching
☐ tell	話す，教える	tell(s)	told	told	telling
☐ think	思う	think(s)	thought	thought	thinking
☐ win	勝つ	win(s)	won	won	winning
A－B－A型（原形と過去分詞が同じ形）					
☐ become	～になる	become(s)	became	become	becoming
☐ come	来る	come(s)	came	come	coming
☐ run	走る	run(s)	ran	run	running
A－A－A型（原形，過去形，過去分詞が同じ形）					
☐ cut	切る	cut(s)	cut	cut	cutting
☐ put	置く	put(s)	put	put	putting
☐ read	読む	read(s)	read [red]	read [red]	reading

動詞の語形変化

1 3人称単数現在形の作り方

原形の語尾	3単現の作り方	例
ふつうの場合	s をつける	play → plays
s, x, sh, ch, o	es をつける	go → goes watch → watches
〈*子音字＋y〉	y を i に変えて es をつける	study → studies try → tries

＊子音字…a, i, u, e, o 以外のアルファベット。

練習 3人称単数現在形にしましょう。

① know →（ knows ）　② teach →（ teaches ）　③ fly →（ flies ）

2 ing 形の作り方

原形の語尾	ing 形の作り方	例
ふつうの場合	ing をつける	play → playing
発音しない e	e を取って ing をつける	come → coming make → making
〈*短母音＋子音字〉	子音字を重ねて ing をつける	run → running cut → cutting

＊短母音…短いア，イ，ウ，エ，オの音。

練習 ing 形にしましょう。

① read →（ reading ）　② give →（ giving ）　③ begin →（ beginning ）

3 過去形・過去分詞の作り方（規則動詞）

原形の語尾	過去形・過去分詞の作り方	例
ふつうの場合	ed をつける	play → played
e	d をつける	like → liked
〈子音字＋y〉	y を i に変えて ed をつける	study → studied carry → carried
〈短母音＋子音字〉	子音字を重ねて ed をつける	stop → stopped

練習 過去形にしましょう。

① enjoy →（ enjoyed ）　② live →（ lived ）　③ cry →（ cried ）

名詞の複数形／人称代名詞

1 名詞の複数形の作り方

語　尾	複数形の作り方	例
ふつうの場合	s をつける	book → books
s, x, sh, ch, ss	es をつける	bus → buses dish → dishes
〈子音字＋ y〉	y を i に変えて es をつける	city → cities
f, fe	f, fe を v に変えて es をつける	leaf → leaves life → lives

＋ 不規則に変化する名詞

man → men　woman → women　foot → feet　child → children

＋ 数えられない名詞

water（水）　money（お金）　paper（紙）　rain（雨）　time（時間）

練習 複数形にしましょう。

① bike →（ bikes ）　② box →（ boxes ）　③ dictionary →（ dictionaries ）

2 人称代名詞

	単　数				複　数			
人称	～は，が（主格）	～の（所有格）	～を，に（目的格）	～のもの（所有代名詞）	～は，が（主格）	～の（所有格）	～を，に（目的格）	～のもの（所有代名詞）
1人称（自分）	I	my	me	mine	we	our	us	ours
2人称（相手）	you	your	you	yours	you	your	you	yours
3人称（第3者）	he	his	him	his	they	their	them	theirs
	she	her	her	hers				
	it	its	it	—				

練習 日本語に合うように（　）に入る代名詞を答えましょう。

私は彼に会いましたが，彼女には会っていません。

I met（ him ）but I didn't meet（ her ）.

形容詞・副詞の比較級・最上級

形容詞・副詞の形の変化を覚えましょう。

1 規則変化 ①

つづりの短い語は，ふつう語尾に er，est をつける。

原級の語尾	比較級・最上級の作り方	例
ふつうの場合	er，est をつける	small ― smaller ― smallest
e	r，st をつける	large ― larger ― largest
〈子音字＋y〉	y を i に変えて er，est をつける	easy ― easier ― easiest
〈短母音＋子音字〉	子音字を重ねて er，est をつける	big ― bigger ― biggest

2 規則変化 ②

比較的つづりの長い語は，原級の前に more，most を置く。

原級	比較級	最上級
beautiful（美しい）	more beautiful	most beautiful
difficult（難しい）	more difficult	most difficult
famous（有名な）	more famous	most famous
important（重要な）	more important	most important
interesting（おもしろい）	more interesting	most interesting
popular（人気のある）	more popular	most popular
slowly（ゆっくりと）	more slowly	most slowly
useful（役に立つ）	more useful	most useful

＋ 不規則に変化する形容詞・副詞

good / well ― better ― best　　many / much ― more ― most

練習 比較級・最上級を答えましょう。

① tall ―（ taller ）―（ tallest ）　② nice ―（ nicer ）―（ nicest ）

③ early ―（ earlier ）―（ earliest ）　④ hot ―（ hotter ）―（ hottest ）

⑤ happy ―（ happier ）―（ happiest ）　⑥ young ―（ younger ）―（ youngest ）

- ●英作文
- ●長文読解
- ●リスニング

の３分野を集中学習！

入試特集　例題＋入試問題演習の構成です。

よく出る入試問題パターンの解き方を例題で確認。似たパターンの入試問題を解いて練習。

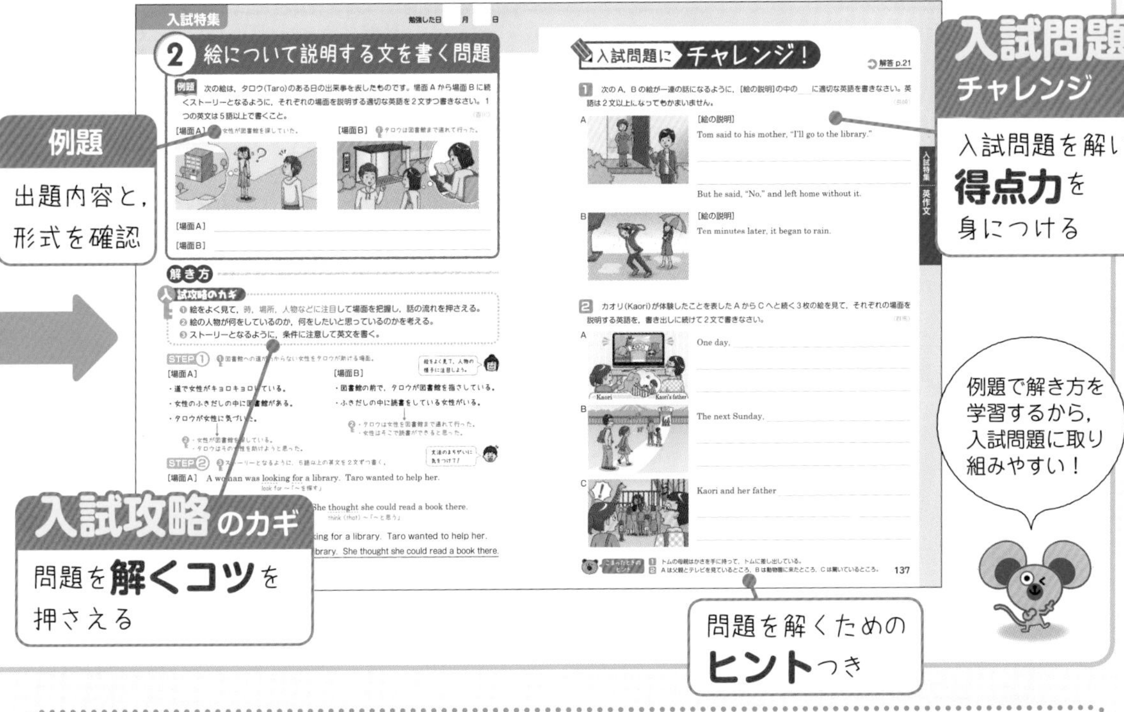

例題で解き方を学習するから，入試問題に取り組みやすい！

付録「合格ミニBOOK」

- ●例文で覚える　重要連語，会話表現　音声つき
- ●特に重要なものだけピックアップ　不規則動詞変化表
- ●確認に便利　動詞・名詞・形容詞などの語形変化

必要な知識をコンパクトにまとめているよ！

持ち運べる！
入試直前まで使える！
便利な赤シートつき！

デジタルにも対応！

収録音声について

次の音声が収録されています。

- ●文法単元の例文
- ●「得点力 UP! 入試特集」のリスニング問題
- ●付録「合格ミニ BOOK」の重要連語，会話表現の例文

♪A01　◀このマークが音声の目印

音声番号

音声は，各単元の冒頭にある QRコードからアクセスできます。
また，文理ホームページよりダウンロードもできます。
→ https://portal.bunri.jp/kaeru/nyushi/appendix.html　アクセスコード：CHPGR

※この音声配信サービスは無料ですが，別途各通信会社の通信料がかかります。　※お客様のネット環境および端末により，ご利用いただけない場合がございます。　※【スマホ推奨ブラウザ】iOS 端末：Safari　Android 端末：標準ブラウザ，Chrome

品詞とその働き

英語の単語は，その働きごとに種類分けできます。その種類分けした１つ１つを「品詞」といいます。入試問題を解く上で，特に重要な８つの品詞を押さえましょう。

名　詞

人やものごとの名前を表す語。文の中で主語や目的語などになる。

例　Bob, dog, pen, school

前置詞

名詞などの前に置いて，方向や位置・場所，手段，時などを表す語。

例　to, for, on, in, by, at, with

動　詞

動作や状態を表す語。be 動詞と一般動詞がある。

例　play, like, have, am

助動詞

動詞と結びついて，可能，義務，許可，推量などの意味をつけ加える語。

例　can, must, may, will

形容詞

人やものごとの性質や状態，数量などを表す語。主語を説明したり，名詞を修飾したりする。

例　big, happy, many, famous

接続詞

単語と単語などを並べたり，文と文をつないだりする語と，〈主語＋動詞〉のあるまとまりを作る語がある。

例　and, but, when, if

副　詞

場所や時，程度，様態などを表す語。動詞，形容詞，副詞，文全体など，名詞以外を修飾する。

例　very, always, well, there

代名詞

ほかの名詞の代わりに用いる語。文の中での働きによって形が変わるもの（人称代名詞）もある。

例　I, me, his, hers, it, they

●文で見てみましょう。

	Emi	is	kind	to	everyone	and	she	can	play	tennis	well.
品詞	名詞	動詞	形容詞	前置詞	代名詞	接続詞	代名詞	助動詞	動詞	名詞	副詞
役割	主語	動詞	補語	修飾語			主語	動詞		目的語	修飾語

訳　エミはみんなに親切で，テニスを上手にすることができます。

1

時制

動詞の動作や状態が，現在のことなのか，過去のことなのか，未来のことなのかは動詞の形を変えて表します。このように時に応じて動詞の形が変わることを「時制」といいます。

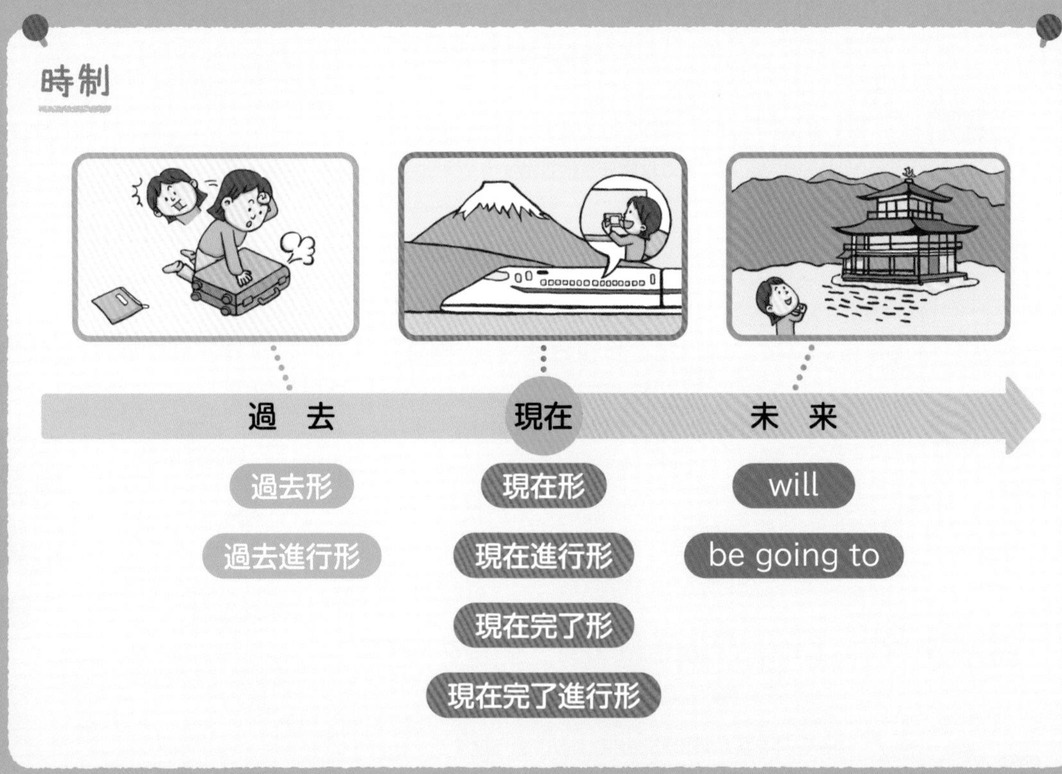

1 「～です」「～でした」の文

be 動詞の現在形・過去形

「私は～です」「あなたは～です」や「～にいる［ある］」というときは，be 動詞を使います。現在の文，過去の文での使い方を学習しましょう。

am，are，is を be 動詞といいます。be 動詞は主語によって使い分け，①主語と be 動詞のあとのことばが「＝」（イコール）の関係であるとき，②存在を表すときに使います。

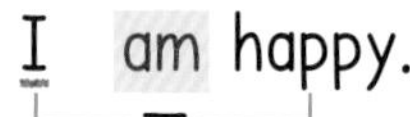

I am happy.　私はうれしいです。
I ＝ happy

You are tall.　あなたは背が高いです。
You ＝ tall

She is in the kitchen.　彼女は台所にいます。
is：いる

I＝happy，You＝tall の関係になっているね。

過去の文では am，is は was に，are は were になります。

現在の文　Tom is busy now.　トムは今，忙しいです。

過去の文　Tom was busy yesterday.　トムは昨日，忙しかったです。

am, is → was,　are → were !

まとめて覚えよう

be 動詞の使い分け

主語	現在形	過去形
I	am	was
you，複数	are	were
I，you 以外の単数	is	was

否定文は be 動詞のあとに not を置きます。疑問文は be 動詞を主語の前に置きます。

否定文　He is not my brother.　彼は私の兄ではありません。
be 動詞のあとに not

疑問文　Are you Emi?　あなたはエミですか。
be 動詞を主語の前に

答えの文　Yes, I am. / No, I'm not.　はい，そうです。/ いいえ，ちがいます。
be 動詞で答える

be 動詞を含む短縮形は次のようになります。
I am → I'm　you are → you're　he is → he's　she is → she's　it is → it's
we are → we're　they are → they're　are not → aren't　is not → isn't

解答 p.2

合格力チェック!
- □ be 動詞を主語によって使い分けられる。
- □ be 動詞の過去形がわかる。
- □ be 動詞の否定文・疑問文がわかる。

1 □に適する語を書きましょう。

(1) 私はケンです。 I □ Ken.

(2) ユキは中学生ではありません。 中学生 : junior high school student
Yuki □ a junior high school student.

(3) あなたは英語の先生ですか。— はい，そうです。
□ you an English teacher? — Yes, I □ .

2 次の文を(　)内の指示にしたがって書きかえましょう。

(1) I am sad. (文末に then(そのとき)を加えて過去の文に) sad : 悲しい

(2) <u>I</u> was not nervous. (下線部を We にかえて) nervous : 緊張している

(3) Were <u>you</u> a tennis player? (下線部を she にかえて) tennis player : テニス選手

3 〔　〕内の語を並べかえて，英文を作りましょう。

(1) 私は眠くありません。 〔 am / I / sleepy / not 〕. 眠い : sleepy

(2) 彼らはそのとき疲れていましたか。 〔 then / tired / they / were 〕? 疲れた : tired

入試に挑戦 日本語に合う英文となるように，最も適切なものをア〜ウから１つ選び，記号で答えなさい。 〈大阪〉

私の妹は中学生です。

My sister (ア am　イ are　ウ is) a junior high school student.

(　　　)

2 「～します」の文

一般動詞の現在の文

ここからは一般動詞の文を学習します。一般動詞は主語の動作や状態を表します。現在の文と過去の文とのちがいに注意しましょう。

play や like など be 動詞以外の動詞を**一般動詞**といいます。動詞は主語のあとに置きます。否定文は**動詞の前に** don't を置き，疑問文は**主語の前に** do を置きます。

また，「～を」と動詞の動作を受けることば（**目的語**）は，動詞のあとに置きます。

肯定文 I play soccer.　私はサッカーをします。
（play：動詞　soccer：目的語）

否定文 I don't play tennis.　私はテニスをしません。
（don't：動詞の前）

疑問文 Do you like cats?　あなたはネコが好きですか。
（Do：主語の前　you：主語）

答えの文 Yes, I do. / No, I don't.　はい，好きです。／いいえ，好きではありません。
（do で答える）

現在の文で，主語が３人称（I，we，you 以外）で単数（１人，１つ）のときは動詞に s，または es をつけます（**３人称単数現在形**）。ただし，have の場合は has になります。

否定文・疑問文では do ではなく does を使い，動詞はもとの形（**原形**）にします。

肯定文 Emma uses this computer.　エマはこのコンピューターを使います。
（Emma：主語（３人称単数）　uses：３人称単数現在形）

否定文 Emma doesn't use this computer.　エマはこのコンピューターを使いません。
（use：もとの形！）

疑問文 Does Emma use this computer?　エマはこのコンピューターを使いますか。
（use：もとの形！）

答えの文 Yes, she does. / No, she doesn't.　はい，使います。／いいえ，使いません。
（does で答える）

３人称単数現在形の文

〈肯定文〉　動詞に (e)s をつける！　have は has にする！
〈否定文・疑問文〉　does を使う！　動詞は原形！

３人称単数現在形の作り方は ➡ 合格ミニBOOK p.12～14

練習問題

解答 p.2

合格力チェック！
- □ 一般動詞の肯定文・否定文・疑問文がわかる。
- □ 3人称単数現在形の肯定文・否定文・疑問文がわかる。
- □ 3人称単数現在形の作り方がわかる。

1 ［　］に適する語を書きましょう。

(1) ケンジは野球をします。　Kenji ［　　　］ baseball.

(2) 私は牛乳が好きではありません。　牛乳：milk

I ［　　　］［　　　］ milk.

(3) ミカはピアノをひきますか。— はい，ひきます。

［　　　］ Mika play the piano? — Yes, she ［　　　］.

2 次の文を(　)内の指示にしたがって書きかえましょう。

(1) I go to the library on Sundays.　(下線部を Yuki にかえて)　library：図書館

(2) You know Mr. Brown.　(疑問文に)

(3) My brother has a car.　(否定文に)

3 〔　〕内の語句を並べかえて，英文を作りましょう。

(1) マイクは日本語を上手に話します。　上手に：well

〔 speaks / well / Mike / Japanese 〕.

(2) 生徒たちはこの部屋をそうじしません。　そうじする：clean

〔 this room / don't / clean / the students 〕.

入試に挑戦 対話文が成り立つように，最も適切なものをア～エから１つ選び，記号で答えなさい。

〈栃木〉

A：Do you use this computer?

B：ア No, I'm not.　　イ No, I wasn't.

　　ウ Sure, it does.　　エ Yes, I do.　　(　　　)

「～しました」の文

一般動詞の過去の文

一般動詞の過去形には，原形に d や ed をつける規則動詞と，形が変わる不規則動詞があります。一般動詞の過去形は，現在形と違い主語によって形が変わることはありません。

●不規則動詞の過去形の例

go（行く）→ went　come（来る）→ came　have（持っている）→ had　see（見る）→ saw
hear（聞く）→ heard　get（得る）→ got　give（あたえる）→ gave　buy（買う）→ bought

現在の文　I play baseball.　私は野球をします。

過去の文　I played baseball yesterday.　私は昨日，野球をしました。
過去形（規則動詞）

現在の文　John goes to the park every day.　ジョンは毎日，公園へ行きます。
３単現形

過去の文　John went to the park yesterday.　ジョンは昨日，公園へ行きました。
過去形（不規則動詞）

否定文は動詞の前に didn't を置き，疑問文は主語の前に did を置きます。動詞は原形にします。否定文・疑問文の作り方は，規則動詞も不規則動詞も同じです。

肯定文　Tom met Yumi at the station.　トムはユミに駅で会いました。
meet の過去形

否定文　Tom didn't meet Yumi at the station.　トムはユミに駅で会いませんでした。
もとの形！

疑問文　Did Tom meet Yumi at the station?　トムはユミに駅で会いましたか。
もとの形！

答えの文　Yes, he did. / No, he didn't.　はい，会いました。/ いいえ，会いませんでした。
did で答える

過去を表す語句を覚えましょう。
yesterday（昨日）　yesterday morning（昨日の朝）　two days ago（2日前）　last night（昨夜）
last Monday（この前の月曜日）　last week（先週）　at that time（そのとき）　then（そのとき）

合格ポイント　一般動詞の過去形
(e)d をつける規則動詞と，不規則動詞がある。
〈否定文・疑問文〉 did を使う！　動詞は原形！

過去形の作り方は ➡ 合格ミニBOOK p.12～14

練習問題

解答 p.2

合格力チェック！
- □ 一般動詞の過去形がわかる。
- □ 一般動詞の過去の否定文・疑問文がわかる。
- □ 過去を表すことばがわかる。

1 □に適する語を書きましょう。

(1) 私たちはこの前の土曜日，サッカーをしました。
We □ soccer last Saturday.

(2) ケンは今朝，朝食を食べませんでした。
Ken □ □ breakfast this morning.

(3) あなたは昨日，テレビを見ましたか。— はい，見ました。
□ you watch TV yesterday? — Yes, I □.

2 次の文を(　)内の指示にしたがって書きかえましょう。

(1) I study English. (文末に last night を加えて)

(2) You went to Tom's house three days ago. (疑問文に)　～ ago：～前

(3) Yumi called her grandmother last Sunday. (否定文に)　grandmother：祖母

3 〔　〕内の語句を並べかえて，英文を作りましょう。

(1) 父は昨日，9時に帰宅しました。　帰宅する：come home
〔 came / at nine / my father / home 〕 yesterday.

______ yesterday.

(2) あなたはどこでメアリーに会いましたか。
〔 did / Mary / where / you / meet 〕?

入試に挑戦

対話文が成り立つように，(　)内の語を最も適切な形にかえて，□に書きなさい。

A： Who read this book?　〈千葉〉
B： Takeshi □. (do)

「〜しています」「〜していました」の文

進行形の文

「〜しています」のように，ある動作が行われている最中であることを表すには進行形を使います。進行形には現在進行形と，過去進行形があります。

「〜しています」「〜していました」というときは，進行形を使います。進行形は〈be 動詞＋動詞の ing 形〉で表します。進行形には現在進行形と，過去進行形があります。

現在進行形　Ben is studying Japanese now.

現在形／動詞の ing 形

今，ベンは日本語を勉強しています。

過去進行形　Ben was studying Japanese then.

過去形

そのときベンは日本語を勉強していました。

進行形の否定文は be 動詞のあとに not を置き，疑問文は be 動詞を主語の前に置きます。動詞の ing 形は変わりません。

肯定文　Emi was watching TV then.　エミはそのときテレビを見ていました。

〈be 動詞＋動詞の ing 形〉

否定文　Emi wasn't watching TV then.　エミはそのときテレビを見ていませんでした。

be 動詞のあとに not／ing 形はそのまま

疑問文　Was Emi watching TV then?　エミはそのときテレビを見ていましたか。

主語の前に be 動詞

答えの文　Yes, she was. / No, she wasn't.　はい，見ていました。／いいえ，見ていませんでした。

be 動詞で答える

What are you doing?　あなたは何をしていますか。

— I'm cooking.　— 私は料理をしています。

進行形で答える！

「何をしていますか［いましたか］」というときは，「する」という意味の動詞 do の ing 形の doing を使います。

合格ポイント　進行形　〈be 動詞 ＋ 動詞の ing 形〉「〜している」「〜していた」

動詞のing形の作り方は ➡ 合格ミニBOOK p.12〜14

➡ 解答 p.2

合格力チェック！
- □〈be 動詞＋動詞の ing 形〉の形と意味がわかる。
- □ 進行形の否定文・疑問文がわかる。
- □ 進行形の文を作ることができる。

1 ＿＿ に適する語を書きましょう。

(1) 私は今，本を読んでいます。　I am ＿＿ a book now.

(2) 彼らは今，サッカーをしています。
They ＿＿ ＿＿ soccer now.

(3) アケミはそのとき，母親と料理をしていました。　料理をする：cook
Akemi ＿＿ ＿＿ with her mother then.

2 次の文を（　）内の指示にしたがって書きかえましょう。

(1) We clean the classroom.　（現在進行形の文に）　classroom：教室

(2) Tom talked with Ken.　（過去進行形の文に）　talk with ～：～と話す

(3) The boys were swimming in the river.　（疑問文に）　river：川

3 〔　〕内の語句を並べかえて，英文を作りましょう。

(1) 父は今，このコンピューターを使っていません。
〔 not / my father / this computer / using / is 〕 now.

＿＿＿＿＿＿＿＿ now.

(2) あなたはそのとき何をしていましたか。
〔 then / were / what / you / doing 〕?

入試に挑戦 日本語に合う英文となるように，最も適切なものをア～ウから１つ選び，記号で答えなさい。〈大阪〉

私の弟は今，数学を勉強しています。
My brother is (ア study　イ studied　ウ studying) math now.

(　　　)

5 未来を表す文

be going to ～, will

未来のことを表す2つの言い方を学習します。1つは be going to を使い，もう1つは助動詞の will を使います。

「～するつもりです」と未来の予定や計画を表すときは，**〈be 動詞＋ going to ＋動詞の原形〉**を使います。否定文・疑問文の作り方は be 動詞の文と同じです。

肯定文	Maki is going to visit her aunt tomorrow. （visit ← 動詞の原形）	マキは明日，おばを訪ねるつもりです。
否定文	Maki isn't going to visit her aunt tomorrow. （be 動詞のあとに not）	マキは明日，おばを訪ねるつもりはありません。
疑問文	Is Maki going to visit her aunt tomorrow? （主語の前に be 動詞）	マキは明日，おばを訪ねるつもりですか。
答えの文	Yes, she is. / No, she isn't. （be 動詞で答える）	はい，訪ねるつもりです。/ いいえ，訪ねるつもりはありません。

「～(する)でしょう」と未来に起こりそうなことや，**「～するつもりです」**とその場で決めた意志を表すときは，助動詞の **will** を動詞の前に置きます。否定文は **will のあとに not**（短縮形は **won't**）を置き，疑問文は **will を主語の前に**置きます。

肯定文	It will be sunny tomorrow. （be ← 動詞の原形）	明日は晴れるでしょう。
否定文	It won't be sunny tomorrow. （will not の短縮形）	明日は晴れないでしょう。
疑問文	Will it be sunny tomorrow? （主語の前に will）	明日は晴れるでしょうか。
答えの文	Yes, it will. / No, it won't. （will で答える）	はい，晴れるでしょう。/ いいえ，晴れないでしょう。

〈主語の代名詞＋ will〉の短縮形と，未来を表す語句を覚えましょう。

I will → I'll　you will → you'll　he will → he'll　she will → she'll　it will → it'll　we will → we'll

tomorrow(明日)　next Friday(今度の金曜日)　next month(来月)　someday(いつか)

未来を表す文

〈be 動詞 ＋ going to ＋ 動詞の原形〉

〈will ＋ 動詞の原形〉

➡ 解答 p.3

合格力チェック！
- □ 未来を表す文の作り方がわかる。
- □ be going to の否定文・疑問文がわかる。
- □ will の否定文・疑問文がわかる。

1 □に適する語を書きましょう。

(1) カヨはパーティーに来るでしょう。　Kayo □ come to the party.

(2) 私は明日，ユキと会うつもりです。
I am □ □ meet Yuki tomorrow.

(3) エミは今度の土曜日にテニスをするつもりです。
Emi □ □ to □ tennis next Saturday.

2 次の文を（　）内の指示にしたがって書きかえましょう。

(1) It is rainy.　(tomorrow を加え，will を使った未来の文に)　rainy：雨の，雨降りの

(2) Ken studies English.　(this evening を加え，be going to を使った未来の文に)

(3) Your brother is going to buy the car.　(疑問文に)

3 〔　〕内の語句を並べかえて，英文を作りましょう。

(1) 私は今夜，宿題をするつもりはありません。
〔 will / my homework / I / not / do 〕 tonight.

____________________ tonight.

(2) あなたは今度の日曜日，何をするつもりですか。
〔 to / are / going / what / do / you 〕 next Sunday?

____________________ next Sunday?

入試に挑戦 対話文が成り立つように，〔　〕内の語を並べかえて書きなさい。　〈石川〉

A：How about going to see a movie together?

B：Sure. When will we go?　How about ～ing?：～するのはどうですか。

A：I'll 〔 the / in / free / afternoon / be 〕 tomorrow. How about you?

I'll ____________________ tomorrow.

6 「～したことがある」の文

現在完了形・経験用法

現在から過去を振り返って，過去の動作や状態を現在とつなげて表すときに現在完了形を使います。現在完了形の３つの使い方を学習しましょう。

「～したことがある」と今までの経験を表すときは，現在完了形〈have[has]＋過去分詞〉を使います。この使い方を**経験用法**といいます。

I have visited Kyoto twice.　私は京都を２回訪れたことがあります。
〈have＋過去分詞〉　２回

京都　京都　現在
1回目　2回目

まとめて覚えよう

経験用法でよく使われることば

- once　1回，1度
- twice　2回，2度
- three times　3回，3度
- many times　何回も，何度も
- before　以前に

否定文には never（1度も～ない），疑問文には ever（今までに）がよく使われます。疑問文は have[has] を主語の前に置き，答えるときも have[has] を使います。

否定文　I have never played tennis.　私は1度もテニスをしたことがありません。
have のあとに never

疑問文　Have you ever climbed Mt. Fuji?　あなたは今までに富士山に登ったことがありますか。
have を主語の前に　ever（今までに）が入る

答えの文　Yes, I have. / No, I haven't.　はい，あります。/ いいえ，ありません。
have で答える

否定文は never，疑問文は ever を使う！

「～へ行ったことがある」は have[has] been to ～で表します。

I have been to Tokyo.　私は東京へ行ったことがあります。

経験用法では回数をたずねる how many times や how often がよく使われます。

回数　How many times have you seen the movie?　あなたは何回その映画を見たことがありますか。
何回

答えの文　Five times.　５回です。
～回

〈主語＋have[has]〉の短縮形を覚えましょう。
I have → I've　you have → you've　he has → he's　she has → she's
it has → it's　we have → we've　they have → they've

現在完了形 経験用法	〈have[has]＋過去分詞〉「～したことがある」

過去分詞は 合格ミニBOOK p.12～14

解答 p.3

合格力チェック！
- □ 〈have[has] ＋過去分詞〉の形がわかる。
- □ 現在完了形の経験用法の意味と使い方がわかる。
- □ 経験用法の否定文・疑問文がわかる。

1 □に適する語を書きましょう。

(1) 私は2度，北海道を訪れたことがあります。

I ＿＿ ＿＿ Hokkaido twice.

(2) ミカは以前，この本を読んだことがあります。

Mika ＿＿ ＿＿ this book before.

(3) 私たちは1度もあなたのお母さんに会ったことがありません。

We ＿＿ ＿＿ met your mother.

(4) あなたは今までに英語で手紙を書いたことがありますか。　書く：write

＿＿ you ever ＿＿ a letter in English?

2 次の文を(　)内の指示にしたがって書きかえましょう。

(1) I played tennis with her.　(before を加えて現在完了形の文に)

＿＿＿＿＿＿＿＿

(2) You have eaten *natto*.　(ever を加えて疑問文に)　*natto*：納豆

＿＿＿＿＿＿＿＿

(3) Ken has climbed the mountain <u>three times</u>.　(下線部をたずねる疑問文に)

＿＿＿＿＿＿＿＿

climb：登る

3 英語で書きましょう。

(1) 私はその歌を1度聞いたことがあります。　歌：song　聞く：hear

＿＿＿＿＿＿＿＿

(2) あなたはこの辞書を使ったことがありますか。(ever を使って)　辞書：dictionary

＿＿＿＿＿＿＿＿

入試に挑戦 日本語に合う英文となるように，〔　〕内の語を並べかえて書きなさい。　〈北海道〉

私は，その動物園に行ったことがありません。　動物園：zoo

I〔 been / have / to / never 〕the zoo.

I ＿＿＿＿＿＿＿＿ the zoo.

「～したところだ」「～してしまった」の文

現在完了形・完了用法

「(もう)～してしまった」「(ちょうど)～したところだ」と過去の動作や状態が，現在は完了した状態だということを表すときは，現在完了形〈have[has]＋過去分詞〉を使います。この使い方を完了用法といいます。

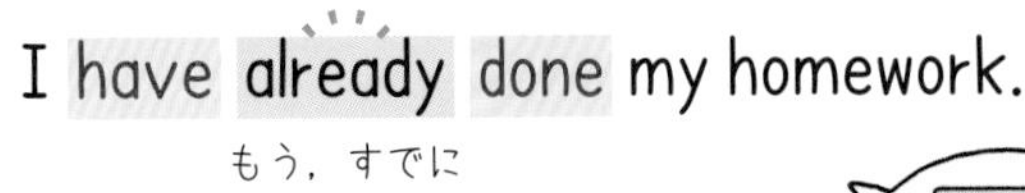

I have already done my homework.

もう，すでに

私はもう宿題をしてしまいました。

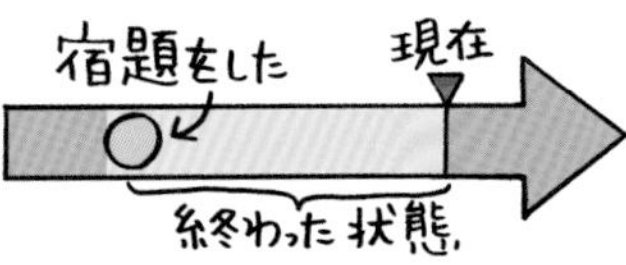

まとめて覚えよう

完了用法でよく使われることば
- already　もう，すでに
- just　ちょうど，たった今
- yet　[否定文で]まだ(～ない)　[疑問文で]もう

完了用法の否定文は，have[has]のあとに not を置きます。短縮形は haven't[hasn't]です。疑問文は have[has]を主語の前に置きます。yet は文の最後に置き，否定文では「まだ」，疑問文では「もう」という意味を表します。

否定文　I haven't done my homework yet.
have のあとに not
私はまだ宿題をしていません。

疑問文　Have you ▭ done your homework yet?
have を主語の前に
あなたはもう宿題をしましたか。

答えの文　Yes, I have. / No, I haven't.
[No, not yet.]
はい，しました。/ いいえ，していません。[いいえ，まだです。]

\わーん/　8月31日　Free

完了用法では have[has] been to ～は「～へ行ってきたところだ」という意味になります。経験用法での意味と異なるので注意しましょう。(→ p.18)
have[has] gone to ～はふつう「～へ行ってしまった」という意味になります。

完了用法　I have just been to his house.　私はちょうど彼の家へ行ってきたところです。
完了用法でよく使う

経験用法　I have been to his house twice.　私は彼の家へ２回行ったことがあります。
経験用法でよく使う

合格ポイント　現在完了形 完了用法　〈have[has]＋ 過去分詞〉　「(もう)～してしまった」「(ちょうど)～したところだ」

過去分詞は ➡合格ミニBOOK p.12～14

練習問題

解答 p.3

合格力チェック!
- □ 現在完了形の完了用法の意味と使い方がわかる。
- □ 完了用法の否定文・疑問文がわかる。
- □ have been to ～, have gone to ～の意味がわかる。

1 [ ]に適する語を書きましょう。

(1) 私はもう部屋をそうじしてしまいました。 そうじする：clean

I [ ] [ ] [ ] my room.

(2) トムはたった今，帰宅したところです。 帰宅する：come home

Tom [ ] [ ] [ ] home.

(3) 私たちはまだその手紙を受け取っていません。 受け取る：receive

We [ ] [ ] the letter [ ].

(4) バスはもう到着しましたか。 到着する：arrive

[ ] the bus [ ] [ ]?

2 次の文を(　)内の指示にしたがって書きかえましょう。

(1) I called my mother. (just を加えて現在完了形の文に) call：電話をかける

(2) Ken has written the report. (yet を加えて疑問文に) report：レポート

(3) Mika has washed the dishes. (yet を加えて否定文に) wash：洗う dish：皿

3 英語で書きましょう。

(1) エミ(Emi)はもうその本を読んでしまいました。(already を使って)

(2) 彼らはもう昼食を料理しましたか。(yet を使って) 料理する：cook

入試に挑戦 対話文の(　)に入る最も適切なものを，ア～エから１つ選び，記号で答えなさい。

A：Richard, have you finished your homework (　　)? 〈沖縄〉

B：Yes, I have. Can I watch TV now?

ア never　イ ever　ウ just　エ yet　(　　)

8 「ずっと〜している」の文 ①

現在完了形・継続用法 A08

「(今まで)ずっと〜している[〜である]」と，過去のあるときから現在までである状態が続いていることを表すときは，現在完了形〈have[has] ＋過去分詞〉を使います。この使い方を継続用法といいます。続いている期間を表すには for または since を使います。

I have lived in Tokyo since last month.
〈have ＋過去分詞〉 〜から 〈since＋ 始まりの時期〉
私は先月からずっと東京に住んでいます。

Bob has been busy for a week.
be動詞の過去分詞 〜の間 〈for＋ 期間〉
ボブは１週間ずっと忙しいです。

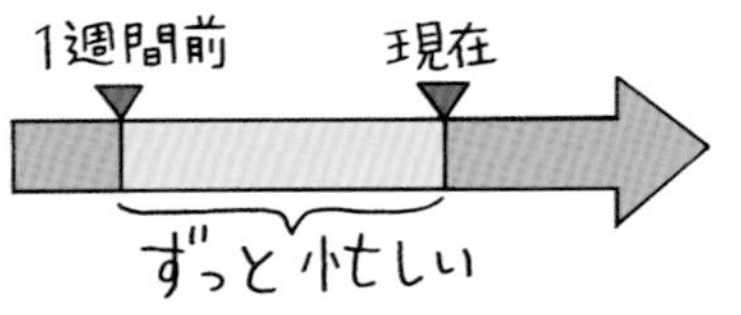

疑問文は have[has] を主語の前に置きます。答えるときも have[has] を使います。

疑問文 Has Bob been busy for a week?
has を主語の前に ボブは１週間ずっと忙しいですか。

答えの文 Yes, he has. / No, he hasn't.
はい，忙しいです。/いいえ，忙しくありません。

まとめて覚えよう

for と since の使い分け
〈for＋ 期間〉
・for two days ２日間
・for a long time 長い間
〈since＋ 始まりの時期〉
・since yesterday 昨日から
・since I was a child 子どものときから
since はあとに文を続けることもできます。

継続用法の疑問文では，期間をたずねる how long(どれくらい長く，どのくらいの間)がよく使われます。これには for や since を使って答えます。

期間をきく How long have you known Yumi? あなたはどれくらい長くユミを知っていますか。
どれくらい長く

答えの文 For three years. ３年間です。
Since 2015. 2015 年からです。

How long 〜? には for か since で 答える!

合格ポイント 現在完了形 継続用法 〈have[has]＋ 過去分詞〉 「(今まで)ずっと〜している[〜である]」

過去分詞は ➡ 合格ミニBOOK p.12〜14

解答 p.4

合格力チェック!
- □ 現在完了形・継続用法の意味と使い方がわかる。
- □ 期間をたずねる How long ~? の使い方がわかる。
- □ for と since の使い分けができる。

1 □に適する語を書きましょう。

(1) グリーン先生は2020年からずっと日本に住んでいます。
Ms. Green [　　] lived in Japan [　　] 2020.

(2) あなたは1週間ずっと日本に滞在しているのですか。— はい，そうです。
[　　] you stayed in Japan for a week? — Yes, I [　　].

(3) ユキはどのくらいの間，そのネコを飼っていますか。— 5年間です。　飼う：have
[　　] long [　　] Yuki had the cat?
— [　　] five years.

2 次の文を(　)内の指示にしたがって書きかえましょう。

(1) I am busy.　(since yesterday を加えて現在完了形の文に)　busy：忙しい

(2) Mike has studied Japanese since 2010.　(疑問文に)

(3) You have lived in Osaka <u>for three years</u>.　(下線部をたずねる疑問文に)

3 〔　〕内の語句を並べかえて，英文を作りましょう。

(1) 私は長い間ずっとこの自転車をほしいと思っています。
〔 for / wanted / have / this bike / I 〕 a long time.
______________________ a long time.

(2) あなたのお姉さんはそのバンドを去年からずっと大好きなのですか。　band：バンド
〔 your sister / loved / since / the band / has 〕 last year?
______________________ last year?

入試に挑戦 次の英文を最も適切な表現にするには(　)内のどれを用いたらよいか，ア～エから1つ選び，記号を書きなさい。　〈栃木〉

It (ア is　イ was　ウ have been　エ has been) sunny since last week.　(　　)

「ずっと～している」の文 ②

現在完了進行形

「(今まで)ずっと～している」と過去から現在まである**動作**が続いていることを表すときは，現在完了進行形〈have[has] ＋ been ＋動詞の ing 形〉を使います。

I have been watching TV for two hours.　私は２時間ずっとテレビを見ています。
〈have ＋ been ＋動詞の ing 形〉

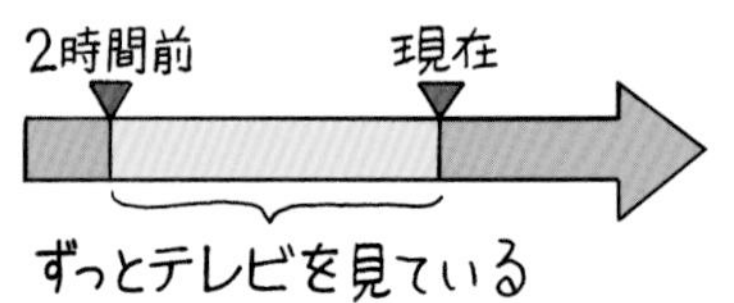

疑問文は have[has] **を主語の前に**置きます。答えるときも have[has] を使います。期間をたずねるときは現在完了形・継続用法と同様に how long がよく使われます。

疑問文 Have you been watching TV for two hours?
have を主語の前に　あなたは２時間ずっとテレビを見ていますか。

答えの文 Yes, I have. / No, I haven't.　はい，見ています。/ いいえ，見ていません。
have で答える

期間をきく How long have you been watching TV?
どれくらい長く　あなたはどれくらい長くテレビを見ていますか。

－ For two hours. / Since this morning.　２時間です。／今朝からです。
〈for＋ 期間〉　〈since＋ 始まりの時期〉

現在完了形・継続用法は**状態**，現在完了進行形は**動作**を表す動詞を主に使います。

現在完了形(継続用法) I have wanted this bike for a year.
「ほしいと思っている」という状態　私は１年間ずっとこの自転車をほしいと思っています。

現在完了進行形 I have been cleaning my room since 6 o'clock.
「そうじしている」という動作　私は６時からずっと自分の部屋をそうじしています。

主な状態を表す動詞と動作を表す動詞を覚えましょう。
[状態] know, like, love, want, need など　[動作] listen, read, run, walk, have(食べる)など
[状態・動作のどちらも表す] learn, study, stay, work など

現在完了進行形　〈have[has] ＋ been ＋動詞の ing 形〉「(今まで)ずっと～している」

解答 p.4

合格力チェック!
- □〈have[has] + been +動詞の ing 形〉の形がわかる。
- □現在完了進行形の疑問文がわかる。
- □現在完了進行形で使う動詞がわかる。

1 □に適する語を書きましょう。

(1) 私は昨晩からずっとこのゲームをしています。 (ゲームなどを)する：play

I [　　] [　　] [　　] this game since last night.

(2) ケンは9時間ずっと眠っています。 眠る：sleep

Ken [　　] [　　] [　　] for nine hours.

(3) あなたはここで彼女をずっと待っていますか。－ はい，待っています。

[　　] you [　　] [　　] for her here? ～を待つ：wait for ～

－ Yes, I [　　].

2 次の文を(　)内の指示にしたがって書きかえましょう。

(1) I am writing this letter. (since this morningを加えて現在完了進行形の文に)

____

(2) They have been working for a long time. (疑問文に) for a long time：長い間

____

(3) It has been raining <u>for three days</u>. (下線部をたずねる疑問文に)

____

3 英語で書きましょう。

(1) 私は3時間ずっとテレビを見ています。(for を使って) 見る：watch

____

(2) あなたは今日の午後からずっとあなたの宿題をしていますか。(since を使って)

____

宿題：homework

入試に挑戦 正しい英文となるように，(　)に最も適切なものをア～エから1つ選び，記号で答えなさい。 〈神奈川〉

I have been reading this book (　　　) 10 o'clock this morning.

ア at　イ before　ウ for　エ since　(　　　)

まとめのテスト

解答 p.4

勉強した日　月　日
得点　/100点

1 ( )内の語を必要なら適する形にかえて，□に書きなさい。 3点×5(15点)

(1) I □ hungry at that time. (be)　hungry：空腹の　at that time：そのとき

(2) Bob □ to Japan two years ago. (come)　～ ago：～前

(3) I am □ to music now. (listen)

(4) It will □ tomorrow. (rain)　tomorrow：明日

(5) Yuki has □ in Kyoto for ten years. (live)

2 次の日本語に合うように，□に適する語を書きなさい。 5点×5(25点)

(1) ケンは夕食後にテレビを見ます。　夕食：dinner
Ken □ TV after dinner.

(2) 私はそのパーティーに行かないつもりです。　パーティー：party
I □ □ to the party.

(3) エミはそのときピアノをひいていました。　そのとき：then
Emi □ □ the piano then.

(4) 私はもう宿題をし終えました。　宿題：homework
I have □ □ my homework.

(5) あなたはどのくらいの間，昼食を料理していますか。
How □ □ you □ cooking lunch?

こまったときのヒント

1 (1) at that time(そのとき)は過去を表すことば。(2) two years ago(2年前)とある。come は不規則動詞。(3)〈be 動詞 + 動詞の ing 形〉で進行形の文。(4) will のあとは動詞の原形。(5)〈have[has] + 過去分詞〉で現在完了形の文にする。

2 (1)「見ます」なので現在の文。主語の Ken は3人称単数。(2)未来を表す否定文。空所の数から短縮形を使う。(3)過去進行形の文。(4)現在完了形の文。「もう」は already。(5)現在完了進行形の疑問文。

3 次の文を(　)内の指示にしたがって書きかえなさい。　6点×5(30点)

(1) I was busy yesterday.（下線部を Tom and Bob にかえて）

____

busy：忙しい

(2) My brother teaches English.（否定文に）

____

(3) Takuya washes the dishes.（現在進行形の文に）

____

dish：皿

(4) Sayaka is dancing.（for thirty minutes を加えて現在完了進行形の文に）

____

dance：おどる

(5) You have seen the movie.（「今までに～したことがありますか」という疑問文に）

____

入試に挑戦 〔　〕内の語を並べかえて，英文を完成させなさい。　10点×3(30点)

(1) What〔 you / for / are / looking 〕?　〈北海道改〉

What ________________________________ ?

(2)〔 you / are / what / going 〕to do tomorrow?　〈栃木改〉

________________________________ to do tomorrow?

(3) A：〔 cleaned / have / your / room / you 〕yet?

B：No. I will finish it soon.　〈秋田改〉

________________________________ yet?

3 (1)主語が複数になる。(2)主語が3人称単数で現在の一般動詞の否定文は doesn't[does not] を使う。(3)現在進行形は〈am[are, is]＋動詞の ing 形〉の形。(4)現在完了進行形は〈have[has] ＋ been ＋動詞の ing 形〉の形。(5)疑問文は have を主語の前に置く。

入試に挑戦 (1) look for ～で「～を探す」という意味。(2) what を文頭に置いて，疑問文の語順を続ける。(3)「あなたはもう部屋をそうじしましたか」という意味の文に。

特集 まとめて整理 時の表し方

★ 英語での「時」の表し方を整理しましょう。

現在形 現在の状態や，現在を中心に過去や未来を含んでくり返し行われる動作(習慣)を表します。主語が３人称単数のときは一般動詞には s，es をつけます(**３人称単数現在形**)。

I play tennis on Sundays.
現在
毎週日曜日にテニス

「今」のことだけを表すんじゃないんだね。

現在進行形 ちょうど今，ある動作が行われていることを表します。**〈am[are, is]＋動詞の ing 形〉**の形です。

I am playing tennis now.
現在
テニスをしている

過去形 過去の状態や，１回だけ起こったこと，くり返し行われた動作を表します。一般動詞には d，ed をつける**規則動詞**と，形が変わる**不規則動詞**があります。

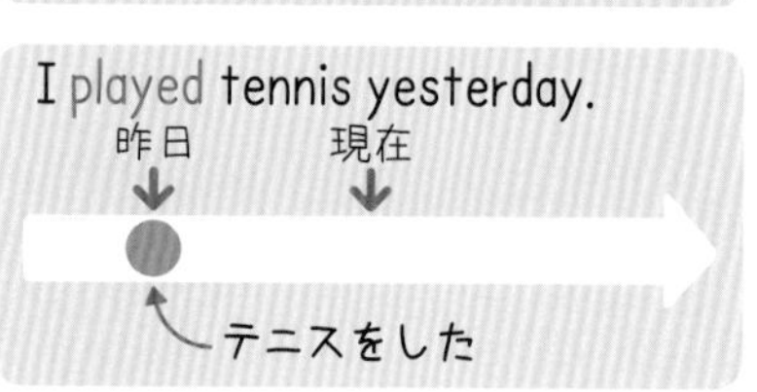
I played tennis yesterday.
昨日
現在
テニスをした

ほんのちょっと前のできごとも過去形で表すんだね。

過去進行形 過去のある時点で，ある動作が行われていたことを表します。**〈was[were]＋動詞の ing 形〉**の形です。

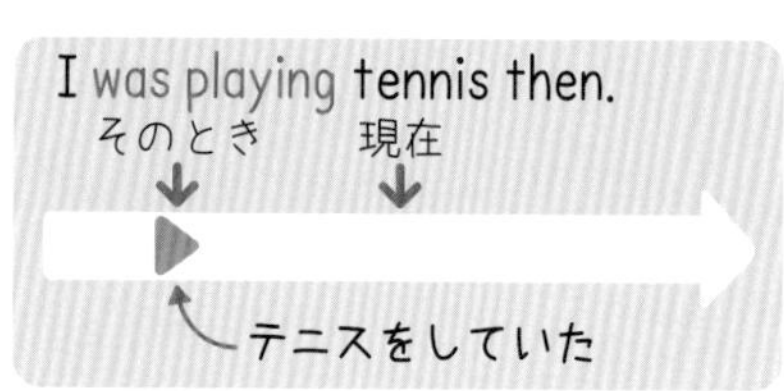
I was playing tennis then.
そのとき
現在
テニスをしていた

未来表現 未来に起こりそうなこと，起こる予定のことや，話し手の意志を表します。**〈be 動詞＋ going to ＋動詞の原形〉**や**〈will ＋動詞の原形〉**を使います。

I will play tennis tomorrow.
現在
明日
テニスをするつもり

現在完了形／現在完了進行形 過去に始まった動作や状態を現在と結びつけて表します。現在完了形は**〈have[has]＋過去分詞〉**の形で，**経験用法**，**完了用法**，**継続用法**があります。現在完了進行形は**〈have[has] ＋ been ＋動詞の ing 形〉**の形で動作の**継続**を表します。

I have played tennis before.
現在
以前にテニスをしたことがある

いろいろな文の形 受け身の文

2

日本語とちがい，英語の文はことばを並べる順序に決まりがあり，大きくわけて５つの文の形があります。この文の形を「文型」といいます。どの文型になるかは，動詞によって決まります。

日本語と英語の語順のちがい

日本語

○「私は　エミに　本を　あげました」

○「私は　本を　エミに　あげました」

どちらもOK

英　語

○ I gave Emi a book.

× I gave a book Emi.

下の文はまちがい

英語はことばを並べる順序が決まっている！

10 「…を～する」「～に見える」などの文

〈主語＋動詞＋目的語〉，〈主語＋動詞〉，〈主語＋動詞＋補語〉

英語は動詞によってあとに置くことばの種類とその順序が決まります。英語のいろいろな文の形を学習しましょう。

英語ではふつう，**〈主語＋動詞〉**(―は[が]＋…する)で文を始めます。watch などはあとに「～を」にあたる名詞(**目的語**)を置き，**〈主語＋動詞＋目的語〉**の形になります。

また，go などはあとに名詞を置かず，**〈主語＋動詞〉**だけの形になります。この文では時や場所などを表す語句や〈前置詞＋名詞〉のまとまりがよくあとに続きます。

●〈主語＋動詞＋目的語〉の形になる動詞
get(得る)　study(勉強する)　use(使う)
watch(じっと見る)　eat(食べる)　など

●〈主語＋動詞〉の形になる動詞
go(行く)　wait(待つ)　dance(おどる)
look(見る)　listen(聞く)　など

I watch TV after dinner. 私は夕食後，テレビを見ます。
主語　動詞　目的語(～を)

I listen to music. 私は音楽を聞きます。
主語　動詞　〈前置詞＋名詞〉← これは修飾語

get，look，become などの動詞は，あとに**形容詞**を置く使い方もあります。この形容詞は主語について説明します。この形容詞を補語(ほご)といいます。

まとめて覚えよう　〈動詞＋形容詞〉の形になる動詞

- get ～　～になる
- sound ～　～に聞こえる
- become ～　～になる
- turn ～　～になる
- feel ～　～と感じる
- look ～　～に見える

※become はあとに名詞を置くこともある。

I got tired. 私は疲れました。
主語　動詞　形容詞(補語)　(I ＝ tired)

Emi looks happy. エミはうれしそうに見えます。
(Emi ＝ happy)

動詞＋形容詞

look の使い方に注意しましょう。
look at ～(～を見る)　look for ～(～を探す)　look after ～(～の世話をする)
〈look ＋形容詞〉(～に見える)　〈look like ＋名詞〉(～のように見える，～に似ている)

□〈主語＋動詞＋目的語〉の文と〈主語＋動詞〉の文を作ることができる。
□〈動詞＋形容詞〉の形になる動詞の使い方がわかる。

解答 p.6

1 □に適する語を書きましょう。

(1) その子どもたちは上手に泳ぎます。　上手に：well
The children [　　] [　　].

(2) 私たちは７時に朝食を食べます。　朝食：breakfast
We [　　] [　　] at seven.

(3) あなたは疲れているように見えます。　疲れた：tired
You [　　] [　　].

2 日本語になおしましょう。

(1) My brother runs fast.
私の兄は（　　　　　　　　　　　　）。

(2) Ms. White studies Japanese every day.
ホワイト先生は毎日，（　　　　　　　　　　　　）。

(3) You will get well soon.　well：元気な
あなたはすぐに（　　　　　　　　　　）でしょう。

3 〔　〕内の語句を並べかえて，英文を作りましょう。

(1) 私はあなたのお父さんを知っています。　〔 know / your / I / father 〕.

____

(2) その歌手は有名になるでしょう。　〔 become / will / the singer / famous 〕.

____

歌手：singer　有名な：famous

入試に挑戦 対話文の（　）に入る最も適切なものを，ア～エから１つ選び，記号で答えなさい。〈北海道〉

A： You look very happy today.
B： (　　　　　)
A： That's great.

ア I didn't sleep well last night.　イ I feel a little tired now.
ウ I saw my favorite musician at the station.　エ I can't find my bag.

a little：少し　musician：音楽家　（　　　）

11 「…に〜があります」の文

There is[are] 〜.

「〜がある，〜がいる」は，There is[are] 〜. で表します。「〜」の部分の名詞が主語なので，be 動詞はこの名詞の数で決まります。名詞のあとに場所を表す語句が続きます。

There is a cat under the desk.
短縮形は there's　主語　場所を表す語句＝修飾語
机の下にネコが(1匹)います。

There are two cats under the desk.
主語が複数なので are
机の下にネコが2匹います。

ミス注意　There is[are] 〜. は the や my などの所有格がついていない名詞（はじめて話題に出る名詞）に使います。the や所有格がついた名詞の場合は，〈主語＋ be 動詞 〜.〉の形を使います。
例 My cat is under the desk.　私のネコは机の下にいます。

There is[are] 〜. の否定文は be 動詞のあとに not を置きます。not any 〜や no 〜（1つも〜ない）がよく使われます。

肯定文　There are some oranges in the box.
箱の中にオレンジが(いくつか)あります。

否定文　There are not any oranges in the box.
be 動詞のあとに not
箱の中にオレンジは1つもありません。

not any 〜，no 〜で「1つも〜ない」という意味！

疑問文は be 動詞を there の前に置きます。答えの文にも there を使います。

肯定文　There are some pictures on the wall.
壁に(何枚かの)絵があります。

疑問文　Are there any pictures on the wall?
there の前に be 動詞
壁に絵がありますか。

答えの文　Yes, there are. / No, there aren't.
there で答える
はい，あります。/ いいえ，ありません。

合格ポイント　「〜がある，〜がいる」　〈There is[are] 〜＋場所を表す語句.〉

解答 p.6

☐ There is[are] ～. の形と意味がわかる。
☐ There is[are] ～. の否定文・疑問文がわかる。
☐ There is[are] ～. の文を作ることができる。

1 ☐に適する語を書きましょう。

(1) 机の上にかばんがあります。
There ☐ a bag ☐ the desk.

(2) 木の下に自転車が２台あります。
There ☐ two bikes ☐ the tree.

(3) 箱の中にボールがありますか。— はい，あります。
☐ there any balls in the box? — Yes, ☐ are.

2 次の文を（　）内の指示にしたがって書きかえましょう。

(1) There is a cup on the table. （下線部を three にかえて） cup：カップ

(2) There are some books in the bag. （no を使った否定文に）

(3) There are five boys in the park. （下線部をたずねる疑問文に）

3 〔　〕内の語句を並べかえて，英文を作りましょう。

(1) ベッドの下にネコが１匹います。
〔 a cat / is / the bed / there / under 〕.

(2) あなたの家の近くに店はありますか。 ～の近くに：near　店：store
〔 there / any / your house / stores / near / are 〕?

入試に挑戦 正しい英文となるように，（　）に最も適切なものをア～エから１つ選び，記号で答えなさい。 〈沖縄〉

When I went to the park last Sunday, there (　　) any children there.
ア isn't　イ wasn't　ウ aren't　エ weren't　(　　)

「(人)に(もの)を～する」の文

〈主語＋動詞＋目的語＋目的語〉

give や buy などの動詞は，〈動詞＋名詞(人)＋名詞(もの)〉の形で「(人)に(もの)を～する」という意味になります。動詞のすぐあとが(人)を表す名詞，そのあとが(もの)を表す名詞の順になるので注意しましょう。これらの名詞は２つとも目的語です。

Miki gave me a book.　ミキは私に本をくれました。

あたえる　人　もの

I'll buy her a pen.　私は彼女にペンを買ってあげるつもりです。

買う　人　もの

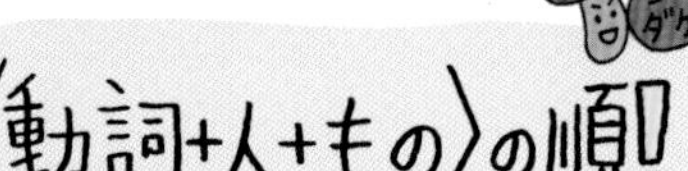

〈動詞+人+もの〉の順!

(人)を表す名詞と(もの)を表す名詞の順序を逆にするときは，(人)を表す名詞の前に to や for を置き，〈動詞＋名詞(もの)＋ to[for]＋名詞(人)〉の形にします。

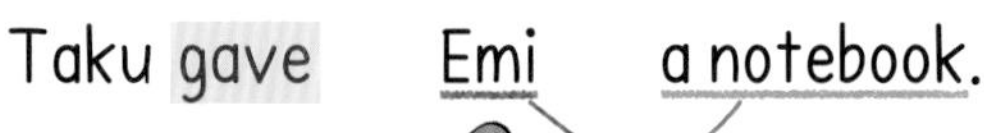

Taku gave Emi a notebook.

人　もの

Taku gave a notebook to Emi.　タクはエミにノートをあげました。

もの　人

Yuki bought Ken a pencil.

人　もの

Yuki bought a pencil for Ken.　ユキはケンにえんぴつを買ってあげました。

もの　人

give は to，buy は for を使って書きかえるんだ。

まとめて覚えよう　〈動詞＋名詞(人)＋名詞(もの)〉の形になる動詞

●書きかえで to を使うもの(give と同じ)

- show ＋人＋もの　(人)に(もの)を見せる
- teach ＋人＋こと　(人)に(こと)を教える
- send ＋人＋もの　(人)に(もの)を送る
- tell ＋人＋こと　(人)に(こと)を話す[教える]

●書きかえで for を使うもの(buy と同じ)

- make ＋人＋もの　(人)に(もの)を作る
- cook ＋人＋もの　(人)に(もの)を料理する
- find ＋人＋もの　(人)に(もの)を見つける
- get ＋人＋もの　(人)に(もの)を買う

合格ポイント　「(人)に(もの)を～する」　〈動詞 ＋ 人 ＋ もの〉⇒〈動詞 ＋ もの ＋to[for]＋ 人〉

解答 p.6

□〈動詞＋人＋もの〉の形と意味がわかる。
□〈動詞＋人＋もの〉の文を〈動詞＋もの＋ to[for]＋人〉の文にできる。

1 □に適する語を書きましょう。

(1) あなたにこの本をあげましょう。
I'll □ □ this book.

(2) ブラウン先生は私たちに英語を教えています。
Mr. Brown □ □ English.

(3) 私にあなたのアルバムを見せてください。　アルバム：album
Please □ □ your album.

2 2つの文がほぼ同じ内容を表すように，□に適する語を書きましょう。

(1) I bought Tom a notebook.
I bought a notebook □ □.

(2) My uncle sent me this pen.
My uncle sent this pen □ □.

(3) Akiko cooked lunch for them.
Akiko cooked □ □.

3 〔　〕内の語句を並べかえて，英文を作りましょう。

(1) 祖父は私たちにおもしろい話をしてくれました。　祖父：grandfather　おもしろい：interesting
〔 an interesting story / us / my grandfather / told 〕.

____

(2) 彼女のおばさんは彼女にこのバッグを作ってくれました。　おば：aunt
〔 this bag / for / her aunt / her / made 〕.

____

入試に挑戦 対話文が成り立つように，〔　〕内の語句を並べかえて書きなさい。　〈富山〉

A： You have a nice watch!
B：〔 to / gave / me / it / my father 〕 for my birthday.
A： That's good!

______________________________ for my birthday.

13 「AをBと名づける」などの文

〈主語＋動詞＋目的語＋補語〉

「AをBと名づける」というときは，〈name ＋ A ＋ B〉で表します。また，「AをBと呼ぶ」というときは，〈call ＋ A ＋ B〉で表します。A，Bともに名詞がきます。Aは目的語です。BはAについて説明し（補語），A＝Bの関係になっています。

My mother named me Takuya.
名づける　A ＝　B

母は私をタクヤと名づけました。
（私＝タクヤ）

My friends call me Taku.
呼ぶ　A ＝　B

友だちは私をタクと呼びます。
（私＝タク）

〈name＋A＋B〉
「AをBと名づける」

〈call＋A＋B〉
「AをBと呼ぶ」

makeは〈make ＋ A ＋ B〉で「AをB（の状態）にする」という意味になります。Aには名詞，Bには形容詞または名詞がきます。Aは目的語です。BはAについて説明し（補語），A＝Bの関係になっています。

Her words made him happy.
A ＝　B
（形容詞）

彼女のことばは彼を幸せにしました。
（彼＝幸せ）

〈make＋A＋B〉
「AをB（の状態）にする」

〈make ＋ A ＋ B〉は，p.34の〈make ＋人＋もの〉（（人）に（もの）を作る）と形が似ているので注意しましょう。

Bob made me angry.
A ＝　B
（形容詞）

ボブは私を怒らせました。
（私＝怒っている）

Bob made me a cake.
A ≠　B
（名詞）

ボブは私にケーキを作ってくれました。
（私≠ケーキ）

A＝Bと，A≠Bとの意味の違いに気をつけよう！

〈動詞＋A＋B〉　name A B「AをBと名づける」，call A B「AをBと呼ぶ」，make A B「AをBにする」

解答 p.6

□〈name + A + B〉の形と意味がわかる。
□〈call + A + B〉の形と意味がわかる。
□〈make + A + B〉の形と意味がわかる。

1 □に適する語を書きましょう。

(1) 私は息子をマサトと名づけるつもりです。 息子：son

I will [ ] my son Masato.

(2) 私の両親は私をケンと呼びます。 両親：parents

My parents [ ] me Ken.

(3) あなたの贈り物は彼を喜ばせるでしょう。 贈り物：present

Your present will [ ] him happy.

2 日本語になおしましょう。

(1) They named their daughter Megumi. daughter：娘

彼らは（　　　　　　　　　　　　　　）。

(2) The letter made her sad. sad：悲しい

その手紙は（　　　　　　　　　　　　　　）。

(3) What do you call that mountain? mountain：山

あなたたちは（　　　　　　　　　　　　　　）。

3 〔　〕内の語句を並べかえて，英文を作りましょう。

(1) 人々はそのサッカー選手をカズと呼びます。

〔 the soccer player / people / Kazu / call 〕.

(2) その仕事は彼らをとても疲れさせました。 疲れた：tired

〔 tired / made / the work / them / very 〕.

入試に挑戦 対話文が成り立つように，〔　〕内の語を並べかえて書きなさい。 〈秋田改〉

A： My name is Hirotaka, but 〔 friends / call / my / me / Hiro 〕.

B： OK. Hi, Hiro. Nice to meet you.

My name is Hirotaka, but ______________________.

14 「(人)に～させる」などの文

原形不定詞

ここで学ぶ〈let[make] ＋人など＋動詞の原形〉〈help ＋人など＋動詞の原形〉の形で使われる動詞の原形を，「原形不定詞」といいます。

〈let ＋人など＋動詞の原形(原形不定詞)〉は「(人など)に～させる」という意味を表します。let は「自由に～させる」という容認の場合に使い，過去形も let です。「人など」と原形不定詞は主語と動詞の関係になります。

～させる　目的語　動詞の原形

The mother let her children play outside.

彼女の子どもたちが遊ぶ　(主語と動詞の関係)

その母親は子どもたちを外で遊ばせました。

let us の短縮形 let's を使った文は，「～しましょう」という勧誘の意味を表します。

例 Let's watch the game.「その試合を見ましょう」(勧誘)

許可を求める Let me watch the game.「私にその試合を見させてください」と比較しましょう。

〈make ＋人など＋動詞の原形(原形不定詞)〉は「(人など)に～させる」という意味を表します。make は「無理に～させる」という強制の場合に使います。

～させる　目的語　動詞の原形

The mother made her children do the homework.

彼女の子どもたちがする　(主語と動詞の関係)

その母親は子どもたちに宿題をさせました。

原形不定詞を使う表現には，help を使うものもあります。〈help ＋人など＋動詞の原形(原形不定詞)〉は「(人など)が～するのを手伝う[助ける]」という意味を表します。この表現は〈help＋人など＋to＋動詞の原形〉のように動詞の前に to を入れることもできます。

手伝う　目的語 動詞の原形

I helped Akira write a report. 私はアキラがレポートを書くのを手伝いました。

アキラが書く　(主語と動詞の関係)

= I helped Akira to write a report.

動詞の前に to を入れてもいいんだね。

原形不定詞を使った文

〈let[make]＋ 人など＋動詞の原形〉 「(人など)に～させる」

〈help＋人など＋(to＋)動詞の原形〉 「(人など)が～するのを手伝う[助ける]」

解答 p.7

□〈let ＋人など＋動詞の原形〉の形と意味がわかる。
□〈make ＋人など＋動詞の原形〉の形と意味がわかる。
□〈help＋人など＋(to＋)動詞の原形〉の形と意味がわかる。

1 □に適する語を書きましょう。

(1) 私の家族について私に話をさせてください。

□ me □ about my family.

(2) 私たちの先生は私たちに教室をそうじさせました。　教室：classroom

Our teacher □ □ □ the classroom.

(3) リサは彼が自動車を洗うのを手伝いました。

Lisa □ □ □ the car.

2 日本語になおしましょう。

(1) Ken let me use his computer.　computer：コンピューター

ケンは（　　　　　　　　　　　　　　　　）。

(2) Mr. Ito made his students study after school.

伊藤先生は（　　　　　　　　　　　　　　　　）。

3 〔　〕内の語句を並べかえて，英文を作りましょう。

(1) 彼の父親は彼に皿の上の食べ物を全部食べさせました。

His〔 made / father / all the food / him / eat 〕on his plate.

His ______________________________ on his plate.

皿：plate

(2) あなたの電子メールアドレスを私に知らせてくれますか。

〔 your / you / know / let / me / can 〕e-mail address?

______________________________ e-mail address?

電子メールアドレス：e-mail address

(3) この本はあなたが宿題を理解するのを助けます。

This book〔 your / understand / helps / homework / you 〕.

This book ______________________________.

入試に挑戦 対話文が成り立つように，〔　〕内の語句を並べかえて書きなさい。　〈岩手改〉

A : Will you help〔 carry / to / me / this desk 〕our classroom?　carry：運ぶ

B : OK, but it is too heavy.

Will you help ______________________________ our classroom?

15 「～される」の文 ①

受け身の文

「みんなはエミが好きです」を，エミを中心にしていうと「エミはみんなに好かれています」となります。この「～される」を表す言い方を受け身といいます。

「～される[されている]」と主語がほかから動作を受けることを表すときは，**受け身[受動態]**を使います。受け身は**〈be 動詞＋過去分詞〉**で表します。**「～に(よって)」**と動作をする人をいうときは，**by ～**で表します。

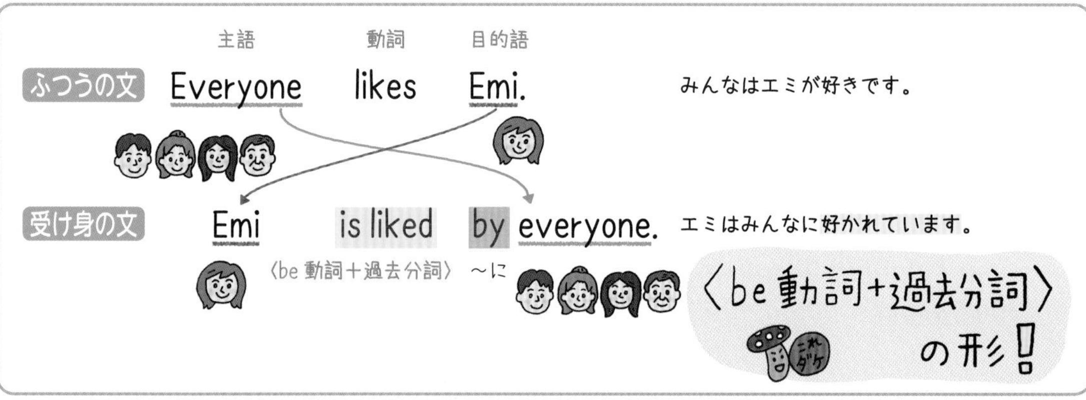

主語
動詞
目的語
ふつうの文
Everyone likes Emi.
みんなはエミが好きです。
受け身の文
Emi is liked by everyone.
エミはみんなに好かれています。
〈be 動詞＋過去分詞〉
～に
〈be 動詞+過去分詞〉の形!

動作をする人を表す by ～は必ず必要というわけではありません。①だれかわからないとき，②一般の人のとき，③言う必要がないときは by ～はつけません。

例 The store is closed at eight.　その店は8時に閉められます。

否定文は**be 動詞のあとに not**を置きます。疑問文は**be 動詞を主語の前に**置きます。答えるときも be 動詞を使います。

肯定文	This cake was made by Yuki. 〈be 動詞＋過去分詞〉	このケーキはユキによって作られました。
否定文	This cake wasn't made by Yuki. be 動詞のあとに not	このケーキはユキによって作られたのではありません。
疑問文	Was this cake made by Yuki? be 動詞を主語の前に	このケーキはユキによって作られましたか。
答えの文	Yes, it was. / No, it wasn't. be 動詞で答える	はい，そうです。/ いいえ，ちがいます。

受け身[受動態]　〈be 動詞 ＋ 過去分詞〉「～される[～されている]」

過去分詞は ➡ 合格ミニBOOK p.12～14

解答 p.7

合格力チェック！
- □〈be 動詞＋過去分詞〉の形と意味がわかる。
- □受け身の否定文・疑問文がわかる。
- □受け身の文を作ることができる。

1 □に適する語を書きましょう。

(1) あの公園は火曜日にそうじされます。　そうじする：clean
That park ＿＿ ＿＿ on Tuesday.

(2) この部屋は昨日，使われました。
This room ＿＿ ＿＿ yesterday.

(3) これらの写真はケンによって撮られました。　(写真を)撮る：take
These pictures ＿＿ ＿＿ by Ken.

2 次の文を(　)内の指示にしたがって書きかえましょう。

(1) Many people love this song.　(下線部を主語にした受け身の文に)　song：歌

(2) English is used in the country.　(否定文に)　country：国

(3) The book was written by Mr. Kato.　(疑問文にして，Yes で答える文も)

＿＿ — ＿＿

3 〔　〕内の語句を並べかえて，英文を作りましょう。

(1) 野球は 18 人の選手でプレーされます。　選手：player
〔 is / by / baseball / eighteen players / played 〕.

(2) この絵はいつかかれましたか。　(絵を)かく：paint
〔 this picture / was / painted / when 〕?

入試に挑戦 対話文が成り立つように，最も適切なものをア～エから１つ選び，記号で答えなさい。
〈栃木〉

A：This hotel looks very new.
B：Yes.　It (ア is built　イ was built　ウ have built　エ has built) one year ago.
(　　　)

16 「～される」の文 ②

give A B, name A B などの受け身の文

♪A16

〈give ＋人＋もの〉の受け身の文は，〈人＋be 動詞＋given＋もの〉と〈もの＋be 動詞＋given to ＋人〉の２通りあります。(人)が me などの代名詞のときは，to は省略できます。

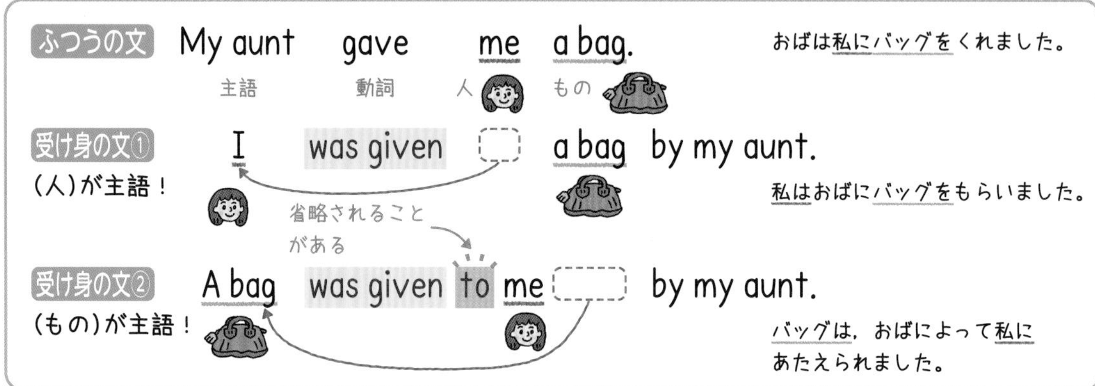

ふつうの文 My aunt gave me a bag.
主語 動詞 人 もの
おばは私にバッグをくれました。
受け身の文① I was given a bag by my aunt.
(人)が主語！
私はおばにバッグをもらいました。
省略されることがある
受け身の文② A bag was given to me by my aunt.
(もの)が主語！
バッグは，おばによって私にあたえられました。

〈buy ＋人＋もの〉の受け身の文は，〈人＋ be 動詞＋ bought ＋もの〉と〈もの＋ be 動詞＋ bought for ＋人〉の２通りあります。ただし，(人)を主語にした文はあまり使われません。(もの)を主語にした文では for は省略できません。

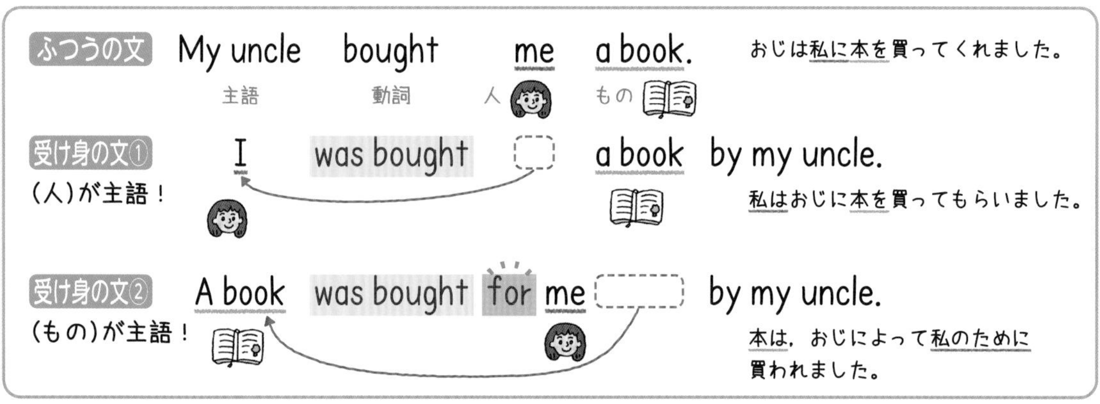

ふつうの文 My uncle bought me a book.
主語 動詞 人 もの
おじは私に本を買ってくれました。
受け身の文① I was bought a book by my uncle.
(人)が主語！
私はおじに本を買ってもらいました。
受け身の文② A book was bought for me by my uncle.
(もの)が主語！
本は，おじによって私のために買われました。

〈動詞＋人＋もの〉を，(もの)を主語にした受け身の文にするとき，to と for のどちらを使うかは，〈動詞＋もの＋ to[for]＋人〉の形にするときと同じです(→ p.34)。
for を使う動詞で(人)を主語にした文は，ふつうは使われません。文が不自然になるからです。

〈name＋A＋B〉，〈call＋A＋B〉の受け身の文は，それぞれAを主語にして，〈A＋be動詞＋named＋B〉，〈A＋be動詞＋called＋B〉の形です。B を主語にした文はできません。

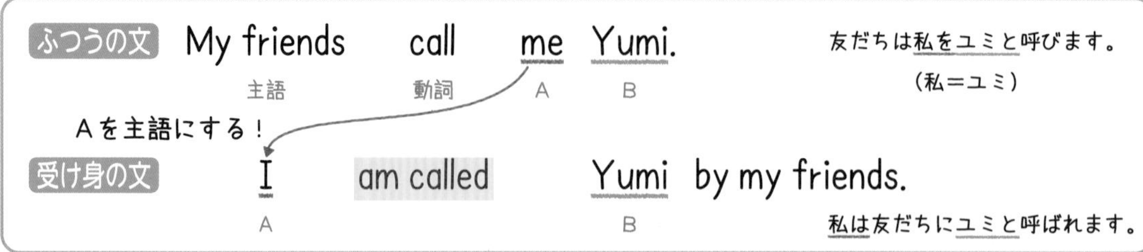

ふつうの文 My friends call me Yumi.
主語 動詞 A B
友だちは私をユミと呼びます。
(私＝ユミ)
Aを主語にする！
受け身の文 I am called Yumi by my friends.
A B
私は友だちにユミと呼ばれます。

過去分詞は ➡ 合格ミニBOOK p.12～14

解答 p.7

□〈動詞＋人＋もの〉の（人）を主語にした文と，（もの）を主語にした文の２通りの受け身の文がわかる。
□〈動詞＋A＋B〉の受け身の文がわかる。

1 ［　　］に適する語を書きましょう。

(1) 私たちはスミス先生に英語を教えてもらいます。
We ［　　］［　　］ English by Ms. Smith.

(2) あの山は高尾山と呼ばれています。　山：mountain　高尾山：Mt. Takao
That mountain ［　　］［　　］ Mt. Takao.

(3) その赤ちゃんは祖母によってエミと名づけられました。　祖母：grandmother
The baby ［　　］［　　］ Emi ［　　］ her grandmother.

2 次の文を，それぞれの書き出しで始まる受け身の文に書きかえましょう。

(1) Akira gave her a notebook.

A notebook ＿＿＿＿＿＿＿＿＿＿.

(2) Nancy sent him a book.

He ＿＿＿＿＿＿＿＿＿＿.

(3) My mother bought me this bag.

This bag ＿＿＿＿＿＿＿＿＿＿.

3 〔　〕内の語句を並べかえて，英文を作りましょう。

(1) 私はあなたのお父さんにその話をしてもらいました。　話：story
〔 told / was / by / the story / I / your father 〕.

＿＿＿＿＿＿＿＿＿＿

(2) あの塔は何と呼ばれていますか。〔 that / called / what / tower / is 〕?　塔：tower

＿＿＿＿＿＿＿＿＿＿

入試に挑戦 対話文が成り立つように，〔　〕内の語句を並べかえて書きなさい。　〈高知〉

Taku：Look at my T-shirt. It's new.
Jane：Wow, it has a nice color.
Taku：Yes. It 〔 to me / by / given / was 〕 my sister a week ago.

It ＿＿＿＿＿＿＿＿＿＿ my sister a week ago.

「～される」の文 ③

助動詞を使った受け身の文，受け身の連語

can などの助動詞を使った受け身の文は，**〈助動詞＋ be ＋過去分詞〉**の形です。be 動詞は必ず原形の be になります。否定文は**助動詞のあとに not** を置き，疑問文は**助動詞を主語の前に**置きます。答えるときは助動詞を使います。

肯定文 Mt. Fuji can be seen from here.
〈助動詞＋ be ＋過去分詞〉　富士山はここから見えます。

否定文 Mt. Fuji can't be seen from here.
助動詞のあとに not　富士山はここから見えません。

疑問文 Can Mt. Fuji be seen from here?
助動詞を主語の前に　富士山はここから見えますか。

答えの文 Yes, it can. / No, it can't.
助動詞で答える　はい，見えます。／いいえ，見えません。

by 以外の前置詞を使う受け身の文もあります。連語として覚えましょう。

ふつうの文 Everyone in the town knows the boy.　その町のみんながその男の子を知っています。

受け身の文 The boy is known to everyone in the town.　その男の子はその町のみんなに知られています。
by じゃない

● by 以外の前置詞を使う受け身

I was surprised at the show.　私はそのショーに驚きました。
～に驚く

The mountain is covered with snow.　その山は雪でおおわれています。
～でおおわれている

Bob is interested in Japanese.　ボブは日本語に興味があります。
～に興味がある

まとめて覚えよう by 以外の前置詞を使う受け身の連語

- be known to ～　～に知られている
- be covered with ～　～でおおわれている
- be filled with ～　～でいっぱいである
- be surprised at ～　～に驚く
- be interested in ～　～に興味がある
- be made of[from] ～　～で[から]作られる

※ 原材料の性質が変わらないときは of，変わるときは from を使う。

過去分詞は ➡ 合格ミニBOOK p.12～14

解答 p.7

合格力チェック！
- □ 助動詞を使った受け身の文の形と意味がわかる。
- □ 助動詞を使った受け身の否定文・疑問文がわかる。
- □ by 以外の前置詞を使う受け身の連語がわかる。

1 ＿＿に適する語を書きましょう。

(1) ここから私たちの学校が見えます。

Our school can ＿＿ ＿＿ from here.

(2) この本は多くの人々に読まれるでしょう。

This book will ＿＿ ＿＿ ＿＿ many people.

(3) その作家はその国のみんなに知られています。　作家：writer　国：country

The writer is ＿＿ ＿＿ everyone in the country.

2 次の文を（　）内の指示にしたがって書きかえましょう。

(1) The mountain is seen from our town.　（can を加えて）

＿＿＿＿＿＿＿＿＿＿＿＿＿＿＿＿

(2) His work will be done in a day.　（否定文に）　work：仕事　in a day：1日で

＿＿＿＿＿＿＿＿＿＿＿＿＿＿＿＿

(3) The report must be written in English.　（疑問文に）　report：レポート

＿＿＿＿＿＿＿＿＿＿＿＿＿＿＿＿

3 〔　〕内の語句を並べかえて，英文を作りましょう。

(1) メアリーは日本の歴史に興味があります。　歴史：history

Mary〔 in / Japanese history / interested / is 〕.

Mary ＿＿＿＿＿＿＿＿＿＿＿＿＿＿＿＿.

(2) その教室は生徒たちでいっぱいでした。　教室：classroom

The classroom〔 filled / was / students / with 〕.

The classroom ＿＿＿＿＿＿＿＿＿＿＿＿＿＿＿＿.

入試に挑戦 対話文が成り立つように，〔　〕内の語を並べかえて書きなさい。　〈福島〉

[*At Akira's house*]

Emily：What are your grandmother and father doing?

Akira：They are making *mochi*. It's made〔 and / eaten / rice / by / of 〕 many people during New Year's holidays.　rice：米　during：～の間ずっと

It's made ＿＿＿＿＿＿＿＿＿＿＿＿ many people ... holidays.

まとめのテスト

➡ 解答 p.8

勉強した日　　月　　日

得点　　/100点

1 次の英文の□に，(　)内から適する語を選んで書きなさい。　4点×5(20点)

(1) There □ a computer on the table.　(am / is / are)

computer：コンピューター

(2) I bought a pen □ my brother.　(to / of / for)

(3) His name is Kentaro.　We □ him Ken.　(name / call / make)

(4) Our teacher made us □ home early.　(go / went / going)

(5) The man is known □ everyone in the city.　(at / to / for)

city：街，都市

2 次の日本語に合うように，□に適する語を書きなさい。　5点×5(25点)

(1) あなたのお父さんはいつも忙しそうに見えます。　忙しい：busy

Your father always □ busy.

(2) その話は私たちを悲しくさせました。　悲しい：sad

The story □ □ sad.

(3) 箱の中にリンゴがありますか。

□ □ any apples □ the box?

(4) 私たちは彼女が彼女のかばんを探すのを手伝いました。　～を探す：look for ～

We □ □ □ for her bag.

(5) この部屋は昨日，使われましたか。

□ this room □ yesterday?

こまったときのヒント

1 (1)「～がある」という意味の文。be 動詞は単数の主語 a computer に合わせる。(2)〈buy＋もの＋前置詞＋人〉の文で使う前置詞は？　(3)「私たちは彼をケンと呼びます」という文に。(4) make を使う「(人など)に～させる」の文。usのあとの動詞の形は？　(5)「～に知られている」というときに使う前置詞は？

2 (1)「～に見える」という意味の動詞が入る。(2)「AをB(の状態)にする」は動詞 make を使う。過去の文。(3)「～がありますか」という疑問文。(4)ここでは to は使わない。　(5)過去の受け身の疑問文。

3 次の文を( )内の指示にしたがって書きかえなさい。 7点×4(28点)

(1) There is a student in the gym. (下線部を many にかえて)

____

gym：体育館

(2) My aunt sent this dictionary to me. (6語のほぼ同じ内容の文に)

____

dictionary：辞書

(3) Makoto made this chair. (下線部を主語にした受け身の文に)

____

chair：いす

(4) The lake is seen from the hotel. (can を加えて)

____

lake：湖

入試に挑戦 〔 〕内の語を並べかえて，英文を完成させなさい。 9点×3(27点)

(1) 〔 old / bridge / when / this / was 〕 built? 〈栃木改〉

______________________________ built?

bridge：橋

(2) A : Our favorite baseball team won the game. 〈秋田〉

B : Yes, they did. That 〔 made / happy / us / very / news 〕.

That ______________________________.

won：win(勝つ)の過去形

(3) [*At school*]

A : 〔 there / many / are / how / in / teachers 〕 this school? 〈福島〉

B : About twenty.

______________________________ this school?

3 (1)「～がいる」という意味の文。主語が複数になるので，be 動詞の形に注意する。(2)〈send＋人＋もの〉の文に。sent は過去形。(3)「このいすは～によって作られた」という過去の受け身の文に。(4)助動詞を使った受け身の文は，〈助動詞＋ be ＋過去分詞〉で表す。

入試に挑戦 (1)「この古い橋はいつ造られましたか」という意味の文に。(2)「AをB(の状態)にする」という〈make＋A＋B〉の文。(3)「この学校には何人の先生がいますか」という意味の文に。

特集 まとめて整理 英語の文の形(文型)

英語の文の形を整理しましょう。

英語には大きくわけて５種類の文の形があります。動詞によってどの文の形になるかが異なります。また，１つの動詞でも複数の文の形になることがあります。

文の形を理解することで，英語の文がわかりやすくなります。

1 

I dance.
私はおどります。

2 

I am a teacher. (I = teacher)
私は教師です。

He looks happy. (He = happy)
彼は幸せそうに見えます。

3 

I speak English.
私は英語を話します。

4 主語 〜は[が] ＋ 動詞 〜する ＋ 目的語 〜に ＋ 目的語 〜を

I gave you a banana.
私はあなたにバナナをあげました。

5 

I named the cat Mimi.
私はそのネコをミミと名づけました。

主語 …名詞，代名詞がなれる。

動詞 …be 動詞と一般動詞がある。

補語 …名詞，代名詞，形容詞がなれる。

目的語 …名詞，代名詞がなれる。

名詞を修飾するまとまり

a big dog(大きな犬)のように，英語でも日本語と同じように名詞の前に修飾語を置きますが，英語では名詞のあとに語句のまとまりや文を置いて説明する表し方もあります。

名詞を修飾することば

形容詞 名詞を前から修飾するのが基本。

a big dog　大きな犬

an old book　古い本

a beautiful flower　美しい花

↓

●後ろから名詞を修飾するまとまりを作ることば

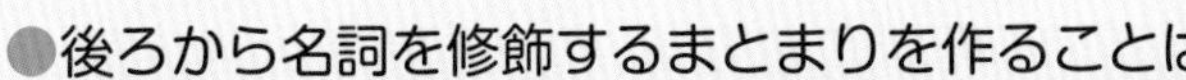

前置詞　不定詞　現在分詞　過去分詞　関係代名詞

18 前置詞のまとまり／不定詞

前置詞句，不定詞（形容詞的用法）

日本語では前から名詞を修飾しますが，英語では後ろから修飾することも多いです。名詞を後ろから修飾するいろいろな形を学習しましょう。

「木の下にいる犬」は，前置詞の under（～の下に）を使って，a dog under the tree といいます。dog（犬）を under the tree（木の下にいる）が後ろから修飾しています。このように**〈前置詞＋名詞〉**は**後ろから前の名詞を修飾**します。文の中では**〈名詞＋前置詞＋名詞〉**を１つのまとまりとして考えます。

the dog under the tree　木の下にいる犬
名詞　〈前置詞＋名詞〉
後ろから修飾

The dog under the tree is mine.　木の下にいる犬は私のです。
長い主語　動詞

大きな意味のまとまりでとらえるんだね。

名詞を修飾するのによく使われる前置詞を覚えましょう。
on（～の上の）　under（～の下の）　in（～の中の）　by（～のそばの）　near（～の近くの）　from（～からの）
for（～のための，～行きの）　of（～の）　to（～への）　with（～を持った，身につけた）

「するべき宿題」のように，**「～すべき［する（ための）…］」**と名詞を修飾するときは，不定詞**〈to ＋動詞の原形〉**を使い，**〈名詞＋ to ＋動詞の原形〉**の形で表します（形容詞的用法）。

〈something to ＋動詞の原形〉は**「何か～するもの（こと）」**という意味です。

Bob has a lot of homework to do.　ボブにはするべきたくさんの宿題があります。
主語　動詞　目的語　〈to ＋動詞の原形〉

He wants something to drink.　彼は何か飲み物がほしいと思っています。
「飲むためのの何か」→「何か飲み物」

不定詞〈to ＋動詞の原形〉を，修飾される名詞のあとに置くんだね！

このように，後ろから名詞を修飾する形を**後置修飾**（こうちしゅうしょく）といいます。

後ろから名詞を修飾する語句

1 〈前置詞＋名詞〉
2 〈to ＋動詞の原形〉　「～すべき［～する（ための）］」

- □ 名詞を修飾する〈前置詞＋名詞〉がわかる。
- □ おもな前置詞の意味と使い方がわかる。
- □ 名詞を修飾する〈to ＋動詞の原形〉がわかる。

解答 p.9

1 □に適する語を書きましょう。

(1) ベッドの上にいる犬を見なさい。
Look at the [　　] [　　] the bed.

(2) 机の下にあるかばんはケンのものです。
The [　　] [　　] the desk is Ken's.

(3) 私は今日するべきことがたくさんあります。　こと：thing
I have a lot of things [　　] [　　] today.

(4) 私は夕食を料理する時間がありませんでした。
I had no time [　　] [　　] dinner.

2 下線部を日本語になおしましょう。

(1) This is a letter from my grandmother.　grandmother：祖母
これは（　　　　）です。

(2) There are many places to visit in Kyoto.　place：場所
京都には（　　　　）がたくさんあります。

(3) Let's buy something to eat at that store.　store：店
あの店で（　　　　）を買いましょう。

3 〔　〕内の語句を並べかえて，英文を作りましょう。

(1) あれは東京駅行きのバスです。
That〔 for / a bus / Tokyo Station / is 〕.

That ______________________.

(2) 私はあなたに見せたい写真があります。　見せる：show
I have〔 to / you / a picture / show 〕.

I have ______________________.

入試に挑戦 対話文の□に入る最も適切な１語を書きなさい。　〈島根〉

A： Can I have something to [　　], Mom?
B： Which do you like better, water or milk?

19 「～している…」の文

現在分詞　A19

「サッカーをしている女の子」や「ボブによって作られた箱」のように「～している…」「～される[された]…」という修飾のしかたを学習しましょう。

「～している…」という意味で名詞を修飾するときは，**動詞の ing 形（現在分詞）**を使います。**〈名詞＋～ing＋語句〉**の語順にします。

サッカーをしている　女の子

the girl　playing soccer

名詞　〈現在分詞＋語句〉

日本語と順序が逆！

後ろから修飾

現在分詞が単独で名詞を修飾するときは，現在分詞を名詞の前に置きます。
例 a running man（走っている男の人）　a flying bird（飛んでいる鳥）

現在分詞を使った文の意味に注意しましょう。とくに**〈名詞＋～ing＋語句〉が主語**になっているとき，現在分詞を文の動詞とまちがえないように気をつけましょう。

The girl playing soccer is Emi.

長い主語　〈現在分詞＋語句〉　文の動詞

サッカーをしている女の子はエミです。

I have a friend living in Okinawa.

主語　動詞　長い目的語

私には沖縄に住んでいる友だちがいます。

〈名詞+～ing+語句〉の語順！

名詞を修飾する現在分詞の文と，進行形の文をまちがえないように注意しましょう。進行形は動詞の ing 形の前に be 動詞がきます。

The boy is watching TV.　その男の子はテレビを見ています。

be 動詞がある！→ 進行形

The boy watching TV is Ken.

テレビを見ているその男の子はケンです。

後ろから名詞を修飾する語句

3 〈名詞＋～ing＋語句〉「～している…」

動詞のing形の作り方は ➡ 合格ミニBOOK p.12～14

解答 p.9

合格力チェック！
- □〈名詞＋～ing ＋語句〉の形がわかる。
- □ 名詞を修飾する現在分詞の文の意味がわかる。
- □ 名詞を修飾する現在分詞と進行形を区別できる。

1 □に適する語を書きましょう。

(1) 私はテニスをしているあの女の子を知っています。
I know that [ ] [ ] tennis.

(2) テレビを見ている男の人は私の父です。
The [ ] [ ] TV is my father.

(3) 公園を走っているあの男の子はだれですか。　走る：run
Who is that [ ] [ ] in the park?

2 下線部を日本語になおしましょう。

(1) Look at that sleeping dog.　sleep：眠る
あの（　　　　　　　　　　）を見なさい。

(2) Do you know the boy sitting under the tree?　sit：すわる
あなたは（　　　　　　　　　　）を知っていますか。

(3) The girl reading a book is Mika.
（　　　　　　　　　　）はミカです。

3 〔　〕内の語句を並べかえて，英文を作りましょう。

(1) あなたはドアのそばに立っている男の人を知っていますか。
Do you know〔 by / the man / the door / standing 〕?

Do you know ________________________________?

(2) ギターをひいている女の人は私の母です。
〔 is / playing / the guitar / the woman 〕my mother.

________________________________ my mother.

入試に挑戦 対話文の（　）に入る最も適切なものを，ア～エから１つ選び，記号で答えなさい。

Sally：Who is the man (　　　) to our teacher?　〈宮城〉
Ichiro：Oh, he is Mr. Smith, our new English teacher.
ア talk　イ talked　ウ talking　エ talks　（　　　）

20 「～される[された]…」の文

過去分詞　A20

「～される[された]…」という意味で名詞を修飾するときは，過去分詞を使います。〈名詞＋過去分詞＋語句〉の語順にします。

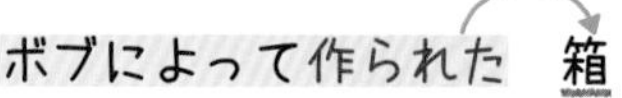

日本語と順序が逆！

the box　made by Bob

名詞　〈過去分詞＋語句〉

現在分詞のときと，語順が同じだね！

This is the box made by Bob.

これがボブによって作られた箱です。

〈名詞+過去分詞+語句〉の語順!!

過去分詞が単独で名詞を修飾するときは，過去分詞を名詞の前に置きます。

例 a used car（使われた車＝中古車）　a broken window（割れた窓）

〈名詞＋過去分詞＋語句〉が主語になっているとき，名詞を修飾する過去分詞を，過去の文や受け身の文の動詞とまちがえないように気をつけましょう。

過去の文　Bob made the box.

主語　動詞の過去形

ボブがその箱を作りました。

受け身の文　The box was made by Bob.

主語　be動詞がある！→受け身

その箱はボブによって作られました。

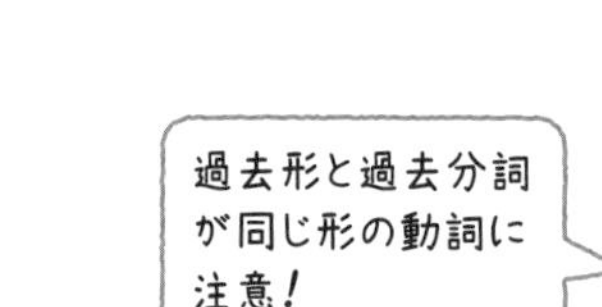

過去分詞の文　The box　made by Bob is useful.

‖ 長い主語　〈過去分詞＋語句〉　文の動詞

ボブによって作られたその箱は役に立ちます。

過去形と過去分詞が同じ形の動詞に注意！

過去分詞を使うときは，次の3つです。
- 現在完了形〈have[has]＋過去分詞〉　●受け身〈be動詞＋過去分詞〉
- 名詞を修飾〈名詞＋過去分詞＋語句〉/〈過去分詞＋名詞〉

合格ポイント　後ろから名詞を修飾する語句　4〈名詞＋過去分詞＋語句〉「～される[された]…」

過去分詞は ➡ 合格ミニBOOK p.12～14

解答 p.9

合格力チェック！
- □〈名詞＋過去分詞＋語句〉の形がわかる。
- □ 名詞を修飾する過去分詞の文の意味がわかる。
- □ 過去の文や受け身の文と区別できる。

1 □に適する語を書きましょう。

(1) これは中国で作られたバッグです。 中国：China

This is a [ ] [ ] in China.

(2) あれはヒバリと呼ばれる鳥です。 鳥：bird

That is a [ ] [ ] *hibari*.

(3) 私は英語で書かれた手紙を受け取りました。 手紙：letter 受け取る：receive

I received a [ ] [ ] in English.

2 下線部を日本語になおしましょう。

(1) This is a picture taken by my father. picture：写真

これは（ ）です。

(2) The mountain seen from there is Mt. Fuji. mountain：山

（ ）は富士山です。

(3) What is the language spoken in Australia? language：言語，言葉

（ ）は何ですか。

3 〔 〕内の語句を並べかえて，英文を作りましょう。

(1) これは多くの人々に愛されている歌です。 歌：song

This is 〔 by / a song / many people / loved 〕.

This is ______________________.

(2) エミが作ったケーキはとてもおいしかったです。

〔 was / Emi / the cake / by / made 〕 very good.

______________________ very good.

入試に挑戦 対話文が成り立つように，〔 〕内の語を並べかえて書きなさい。 〈千葉改〉

A： Where did you stay during your trip to the U.S.?

B： I stayed 〔 the / by / at / hotel / built 〕 a famous American.

I stayed ______________________ a famous American.

during：～の間ずっと trip：旅行 famous：有名な

21 「～する…」の文 ①

関係代名詞・主格の who / that

名詞に文をつけ加えて説明するときは，関係代名詞を使います。関係代名詞の種類と使い方を理解しましょう。

「ギターをひくことができる友だち」は，a friend who can play the guitar といいます。この who を**関係代名詞**といいます。who ～の文が，名詞 a friend を後ろから修飾しています。who が修飾する文の始まりを示す**目印**のような役割をしています。

関係代名詞…修飾する文の始まりの目印

I have a friend who can play the guitar.

後ろから修飾

私にはギターをひくことができる友だちがいます。

who は修飾される名詞（**先行詞**）が「**人**」のときに使います。また，who は修飾する文の中で主語の働きをしています（**主格**）。who のあとには**（助）動詞**が続きます。

I don't know the girl who is talking with Tom.
先行詞＝人　（主語）（動詞）

私はトムと話している女の子を知りません。

修飾する文の中で，主語の働き！

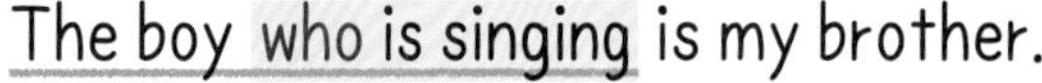

The boy who is singing is my brother.
主語　（主語）（動詞）　動詞

歌っている男の子は私の弟です。

主格の関係代名詞に続く動詞の形は，先行詞に合わせます。
例 I have a friend who lives in Tokyo.　先行詞が単数名詞
⇒ I have two friends who live in Tokyo.　先行詞が複数名詞

who の代わりに，**that** を使うこともできます。

I know a girl who can speak English.
↓
I know a girl that can speak English.

私は英語を話すことができる女の子を知っています。

「人」を修飾するときは，who か that を使う！

練習問題

➡ 解答 p.9

合格力チェック！
- □ 関係代名詞(主格)の who / that の使い方がわかる。
- □ 関係代名詞 who / that の文の意味がわかる。
- □ 関係代名詞 who / that を使って文を作れる。

1 □に適する語を書きましょう。

(1) ボブはカナダ出身の生徒です。　カナダ：Canada

Bob is a [　　] [　　] comes from Canada.

(2) 私には大阪に住んでいるおばがいます。　おば：aunt

I have an aunt [　　] [　　] in Osaka.

(3) ピアノをひいている女の子はミカです。

The [　　] [　　] is playing the piano is Mika.

2 下線部を日本語になおしましょう。

(1) I have a friend who has a lot of comic books.　comic book：マンガ本

私には(　　　　　　　　　　　　)がいます。

(2) Do you know the boy that is standing by the door?

あなたは(　　　　　　　　　　　　)を知っていますか。

(3) The girl who wrote this story is Yuki.　story：物語

(　　　　　　　　　　　　)はユキです。

3 〔　〕内の語句を並べかえて，英文を作りましょう。

(1) ブラウン先生は日本語を話すことができる教師です。

Ms. Brown is〔 can / Japanese / a teacher / speak / who 〕.

Ms. Brown is ________________________.

(2) 新聞を読んでいる男の人は私の父です。　新聞：newspaper

〔 who / the man / a newspaper / is / reading 〕is my father.

________________________ is my father.

入試に挑戦 対話文が成り立つように，最も適切なものをア～エから１つ選び，記号で答えなさい。

〈栃木〉

A：How was the school trip?

B：Great!　The members (ア who is　　イ that is　　ウ which was　　エ who were) interested in Kyoto ate *tofu* at a famous temple.

school trip：修学旅行　ate：eat の過去形　temple：寺

(　　　)

22 「〜する…」の文 ②

関係代名詞・主格の that / which

「駅へ行くバス」は，the bus that[which] goes to the station といいます。この that，which は関係代名詞で，**「もの」**を後ろから文で修飾するときに使い，修飾する文の中で主語の働きをしています(**主格**)。that[which]のあとに**(助)動詞**が続きます。

関係代名詞＝修飾する文の始まりの目印

Is that the bus that goes to the station?

先行詞＝もの　(主語)(動詞)…先行詞の人称と数に合わせる。

＝ Is that the bus which goes to the station?　あれは駅へ行くバスですか。

後ろから修飾

「もの」を修飾するときは，that か which を使う！

関係代名詞を使った修飾する文の位置に注意しましょう。とくに修飾する文が主語についているときは，どこまでが修飾する文なのかに気をつけましょう。

関係代名詞＝修飾する文の始まりの目印

The house that[which] stands on the hill is mine.　丘の上に立っている家は私のです。

主語　ここまでが主語のまとまり！　動詞

The dog that[which] has a long tail is Koro.　長いしっぽをした犬はコロです。

主語　ここまでが主語のまとまり！　動詞

関係代名詞から，文の動詞の前までが修飾する文だね。

後ろから名詞を修飾する文

1 関係代名詞・主格　〈人＋ who[that]＋(助)動詞〉
〈もの＋ that[which]＋(助)動詞〉

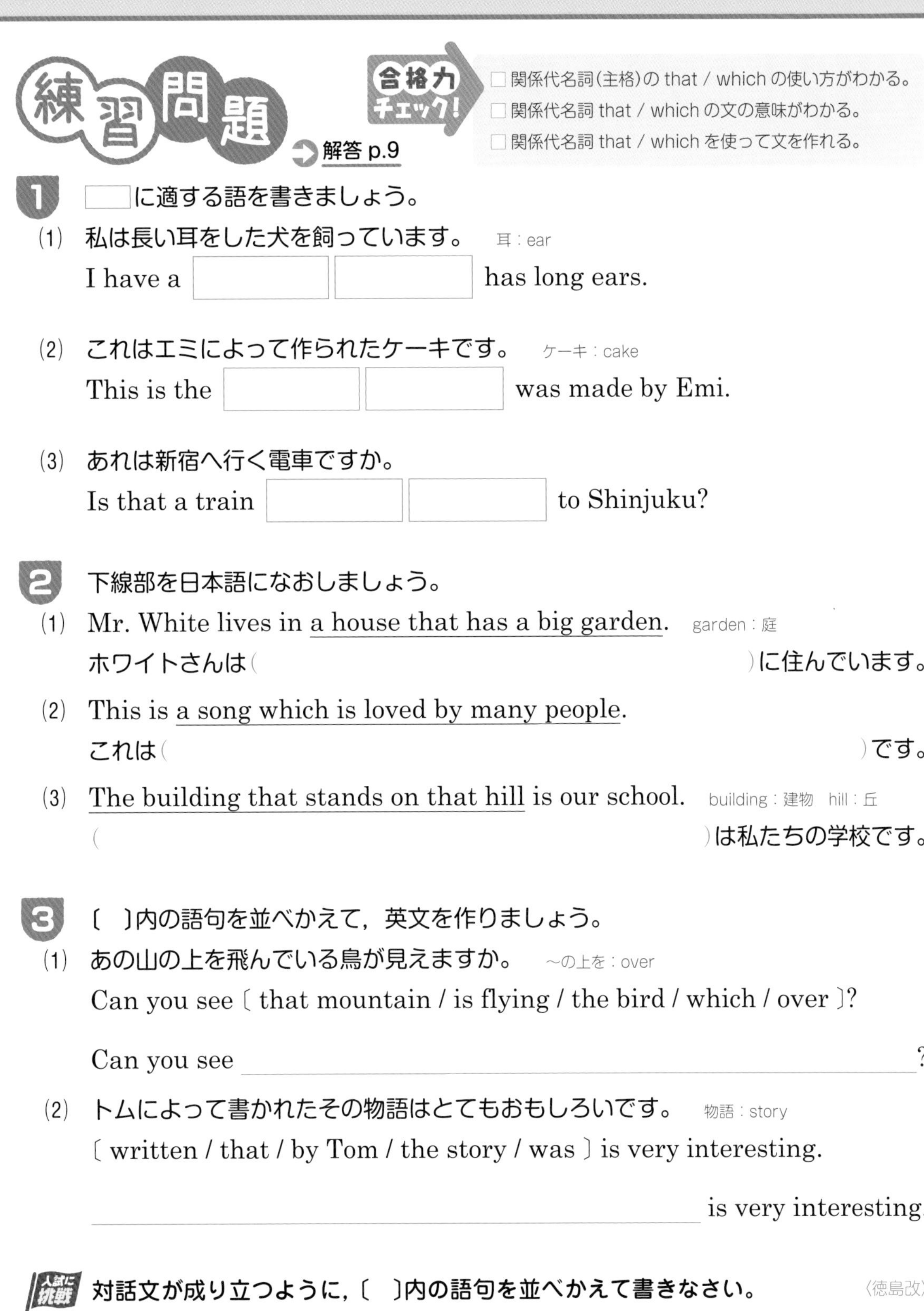

練習問題

解答 p.9

合格力チェック！
- □ 関係代名詞(主格)の that / which の使い方がわかる。
- □ 関係代名詞 that / which の文の意味がわかる。
- □ 関係代名詞 that / which を使って文を作れる。

1 □に適する語を書きましょう。

(1) 私は長い耳をした犬を飼っています。 耳：ear

I have a ＿＿ ＿＿ has long ears.

(2) これはエミによって作られたケーキです。 ケーキ：cake

This is the ＿＿ ＿＿ was made by Emi.

(3) あれは新宿へ行く電車ですか。

Is that a train ＿＿ ＿＿ to Shinjuku?

2 下線部を日本語になおしましょう。

(1) Mr. White lives in a house that has a big garden. garden：庭

ホワイトさんは（　　　　　　　　　　）に住んでいます。

(2) This is a song which is loved by many people.

これは（　　　　　　　　　　）です。

(3) The building that stands on that hill is our school. building：建物　hill：丘

（　　　　　　　　　　）は私たちの学校です。

3 〔　〕内の語句を並べかえて，英文を作りましょう。

(1) あの山の上を飛んでいる鳥が見えますか。 ～の上を：over

Can you see 〔 that mountain / is flying / the bird / which / over 〕?

Can you see ＿＿＿＿＿＿＿＿＿＿＿＿＿＿＿＿?

(2) トムによって書かれたその物語はとてもおもしろいです。 物語：story

〔 written / that / by Tom / the story / was 〕 is very interesting.

＿＿＿＿＿＿＿＿＿＿＿＿＿＿＿＿ is very interesting.

入試に挑戦 対話文が成り立つように，〔　〕内の語句を並べかえて書きなさい。 〈徳島改〉

A： Excuse me. Is 〔 the bus / goes / which / this 〕 to the airport?

B： Yes. It will leave at 8:00.

Is ＿＿＿＿＿＿＿＿＿＿＿＿＿＿＿＿ to the airport?

airport：空港　leave：出発する

「ーが～する…」の文 ①

関係代名詞・目的格の that / which

「昨日，私が買った本」は，the book that[which] I bought yesterdayといいます。このthat，whichは関係代名詞で，「もの」を後ろから「ーが～する」という意味の文で修飾するときに使います。that[which]のあとに〈主語＋(助)動詞〉が続きます。

関係代名詞
The book that[which] I bought yesterday is interesting.
先行詞＝もの
(主語)(動詞)
昨日，私が買った本はおもしろいです。
後ろから修飾
関係代名詞のあとに〈主語＋動詞〉が続いている！
BOOK

このthat[which]は，修飾する文の中でboughtの目的語の働きをしています（目的格）。the book（本）をI bought it yesterday（昨日，私はそれを買いました）の文で修飾するために，itが関係代名詞that[which]になり，前に出たと考えるとよいでしょう。

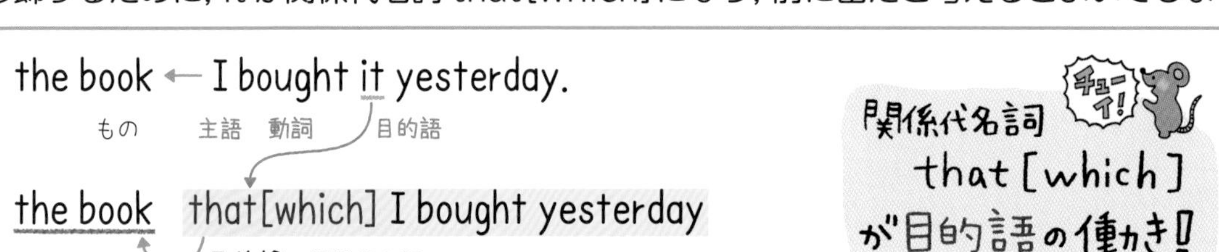

「人」を後ろから「ーが～する」の文で修飾するときは，thatを使います。

関係代名詞
I know the girl that you met at the station.
先行詞＝人
(主語)(動詞)
私はあなたが駅で会った女の子を知っています。
「人」を修飾するときは，thatを使う！

合格ポイント　後ろから名詞を修飾する文

2 関係代名詞・目的格
〈人＋that＋主語＋(助)動詞〉
〈もの＋that[which]＋主語＋(助)動詞〉

練習問題

解答 p.10

合格力チェック！
- □ 関係代名詞(目的格)の that / which の使い方がわかる。
- □ 関係代名詞 that / which の文の意味がわかる。
- □ 関係代名詞 that / which を使って文を作れる。

1 [ ] に適する語を書きましょう。

(1) これは私が昨日買ったペンです。
This is the [ ] [ ] I bought yesterday.

(2) あなたのお母さんが作ったクッキーを食べましょう。
Let's eat the cookies [ ] your mother [ ].

(3) メアリーは私たちがよく知っている女の子です。
Mary is the girl [ ] [ ] [ ] well.

2 下線部を日本語になおしましょう。

(1) That is <u>the bike which I always use</u>. always：いつも
あれは（ ）です。

(2) Is this <u>the letter that he wrote this morning</u>? this morning：今朝
これは（ ）ですか。

(3) <u>The boy that I met in the park</u> is Bob.
（ ）はボブです。

3 〔 〕内の語句を並べかえて，英文を作りましょう。

(1) あなたが京都で撮った写真を私に見せて。
Show me〔 you / in Kyoto / which / the pictures / took 〕.

Show me ＿＿＿＿＿＿＿＿＿＿.

(2) 私が先月訪れた都市はロンドンです。 都市：city
〔 last month / that / the city / I / visited 〕is London.

＿＿＿＿＿＿＿＿＿＿ is London.

入試に挑戦 対話文が成り立つように，〔 〕内の語句を並べかえて書きなさい。 〈山形〉
Harry ：What are you reading?
Wataru：This is〔 that / the / I / book / read / have to 〕for homework.

This is ＿＿＿＿＿＿＿＿＿＿ for homework.

24「一が〜する…」の文 

関係代名詞・目的格の省略

目的格の関係代名詞(→ p.60)は**省略**することができます。「私が京都で撮った写真」は，the pictures that[which] I took in Kyoto といいますが，関係代名詞の that [which]を省略して，the pictures I took in Kyoto ということもできます。

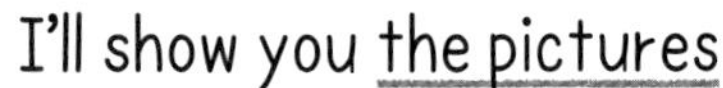

I'll show you the pictures that[which] I took in Kyoto.

省略できる！

↓

I'll show you the pictures I took in Kyoto.

私はあなたに私が京都で撮った写真を見せるつもりです。

チュー！

目的格の関係代名詞は省略できる！

関係代名詞が省略されると目印がなくなり，どこから修飾する文が始まるのかがわかりにくくなるので注意が必要です。**名詞のあとに〈主語＋(助)動詞〉**が続いたら，関係代名詞が省略されているのではないかと考えましょう。

The boy we like very much is Taku.

名詞　　名詞のあとに〈主語＋動詞〉が続いている！

↓

The boy [　] we like very much is Taku.　私たちが大好きな男の子はタクです。

that が省略されている！　　文の動詞

名詞のあとに，〈主語＋動詞〉！

合格ポイント	後ろから名詞を修飾する文	3 関係代名詞・目的格の省略	〈名詞＋主語＋(助)動詞〉

練習問題

➔ 解答 p.10

合格力チェック！
- □〈名詞＋主語＋動詞〉の形がわかる。
- □関係代名詞を省略した文の意味がわかる。
- □関係代名詞を省略した文を作れる。

1 □に適する語を書きましょう。

(1) これはユキが先月私にくれたバッグです。
This is the ＿＿ Yuki ＿＿ me last month.

(2) カナダは私がいつか訪れてみたい国です。　いつか：someday　国：country
Canada is a country ＿＿ ＿＿ to visit someday.

(3) あなたはトム(Tom)が先週書いた物語を読みましたか。　物語：story
Did you read the ＿＿ ＿＿ ＿＿ last week?

2 下線部を日本語になおしましょう。

(1) These are the pictures my father painted.　picture：絵　paint：(絵を)かく
これらは（　　　　　　　　　　）です。

(2) Who is the girl you met at the station?
（　　　　　　　　　　）はだれですか。

(3) The map I bought yesterday is very useful.　map：地図
（　　　　　　　　　　）はとても役に立ちます。

3 〔　〕内の語句を並べかえて，英文を作りましょう。

(1) 田中さんは私たちがよく知っている医者です。　医者：doctor
Mr. Tanaka 〔 we / know / a doctor / well / is 〕.

Mr. Tanaka ＿＿＿＿＿＿＿＿＿＿.

(2) 私が昨夜読んだ本はとてもおもしろかったです。
〔 was / I / last night / read / the book 〕 very interesting.

＿＿＿＿＿＿＿＿＿＿ very interesting.

入試に挑戦 対話文が成り立つように，〔　〕内の語を並べかえて書きなさい。〈秋田改〉

A：They all look so good. Which one should I buy?
B：This is the cake 〔 like / best / the / I / in 〕 this shop.

This is the cake ＿＿＿＿＿＿＿＿＿＿ this shop.

まとめのテスト

解答 p.10

勉強した日　　月　　日
得点　　/100点

1 次の英文の□に，（　）内から適する語を選んで書きなさい。 3点×5(15点)

(1) The boy □ TV is Jiro. (watches / watched / watching)

(2) This is a flower □ *himawari*. (call / called / calling)

(3) He needed something to □. (eat / eats / ate) need：必要とする

(4) I have some friends □ live in Tokyo. (who / which / whose)

(5) This is a bus that □ to the park. (go / goes / going)

2 次の日本語に合うように，□に適する語を書きなさい。 5点×5(25点)

(1) 木の下にいる女の子はだれですか。
Who is the □ □ the tree?

(2) あの眠っているネコを見なさい。 眠る：sleep
Look at that □ □.

(3) ケンは昨日，するべきことがたくさんありました。
Ken had a lot of things □ □ yesterday.

(4) ユキが撮ったその写真は美しいです。
The picture □ Yuki □ is beautiful.

(5) これは私がロンドンで買ったバッグです。
This is the bag □ □ in London.

こまったときのヒント

1 (1)「テレビを見ている男の子」 (2)「ヒマワリと呼ばれる花」 (3)不定詞が something を修飾している形。(4)関係代名詞以下が直前の friends を修飾する形に。先行詞は「人」。(5)この that は主格の関係代名詞。主格の関係代名詞に続く動詞の形は先行詞に合わせる。

2 (1)「～の下に」は under。(2)「～している…」は現在分詞で表す。(3)不定詞が名詞 things を修飾する形に。(4)目的格の関係代名詞を使って表す。(5)目的格の関係代名詞が省略されている文。

3 次の英文を日本語になおしなさい。 6点×5(30点)

(1) The pen on the table is mine. table：テーブル

( )

(2) English is the language spoken in many countries. language：言語，言葉 country：国

( )

(3) Is she the woman you met at the station?

( )

(4) Do you know the boy playing the piano?

( )

(5) These are the letters which came this morning. letter：手紙

( )

入試に挑戦 〔 〕内の語を並べかえて，英文を完成させなさい。 10点×3(30点)

(1) A：Can I talk to Mr. Brown? 〈千葉改〉

B：He looks busy, so I think he〔 listen / to / no / has / time 〕to you now.

..., so I think he ____________________ to you now.

(2) A：Who's〔 playing / that / in / boy / soccer 〕the park? 〈宮崎〉

B：That's my brother.

Who's ____________________ the park?

(3) A：I'm looking〔 who / someone / take / for / can / care 〕of my dog. 〈兵庫改〉

I'm going to travel this weekend.

B：I'll be happy to do that for you.

I'm looking ____________________ of my dog.

someone：だれか，ある人

3 (1)on the tableが直前の名詞the penを修飾。(2)過去分詞spoken以下が直前の名詞the languageを修飾。(3) the woman のあとに目的格の関係代名詞が省略されている。(4)現在分詞 playing 以下が直前の名詞 the boy を修飾。(5)関係代名詞 which 以下が先行詞 the letters を修飾。

入試に挑戦 (1)不定詞が名詞 time を修飾する形に。(2)現在分詞 playing 以下が that boy を修飾する形に。(3)「私は私の犬の世話をすることができる人を探しています」という意味の文に。who は主格の関係代名詞。

特集 まとめて整理 名詞を後ろから修飾するまとまり(後置修飾)

名詞を後ろから修飾するまとまりを整理しましょう。

名詞を後ろから修飾するまとまりには次のようなものがあります。また，名詞を後ろから修飾することを後置修飾といいます。

前置詞＋名詞

The picture on the wall is beautiful.　壁にかかっている絵は美しいです。
主語　動詞

不定詞(形容詞的用法)　・〈to ＋動詞の原形〉の形。

I have many things to do today.　私は今日，するべきたくさんのことがあります。
主語　動詞　目的語　〜するべき

現在分詞＋語句　・「〜している…」。現在分詞だけのときは，前から名詞を修飾。

Look at the girl dancing on the stage.　ステージでおどっている女の子を見て。
動詞　〜している

過去分詞＋語句　・「〜される[された]…」。過去分詞だけのときは，前から名詞を修飾。

The books written by her are interesting.　彼女によって書かれた本はおもしろいです。
主語　〜された　動詞

関係代名詞

主格　・〈名詞＋who[that, which]＋(助)動詞 〜〉の形。

名詞が「人」か「もの」かによって関係代名詞を使い分けるね。

The man who is talking with Emi is our teacher.
主語　動詞
エミと話している男の人は私たちの先生です。

目的格　・〈名詞＋ that[which]＋主語＋(助)動詞 〜〉の形。

This is the movie that I want to see.　これは私が見たいと思っている映画です。
主語　動詞

目的格の省略　・〈名詞＋主語＋(助)動詞 〜〉の形。

The cake she made is so good.　彼女が作ったケーキはとてもおいしいです。
主語　動詞

4 名詞の働きをするまとまり

名詞は文の主語や，目的語，補語になったり，前置詞のあとにきたりします。語句のまとまりや文の形で，1つの名詞として働くものがあります。どのようなものがあるか，学習しましょう。

名詞の働き

主語，目的語，補語になる。前置詞のあとにきて，修飾語のまとまりを作る。

主語　文の話題となる語。「～は，～が」
The bird is so beautiful.　その鳥はとても美しいです。

目的語　動詞の動作を受ける。「～を，～に」
I eat apples every day.　私は毎日リンゴを食べます。

補語　主語を説明する。
My father is a teacher.　私の父は教師です。
(My father = a teacher)

前置詞＋名詞　前置詞とともに意味のまとまりを作る。
There is a cup on the table.　テーブルの上にカップが1つあります。

●名詞の働きをするまとまりを作ることばと形

不定詞　動名詞　疑問詞＋to＋動詞の原形　接続詞 that　間接疑問

25 「～すること」の表し方 ①

不定詞（名詞的用法）・動名詞 ①

複数の語がまとまって名詞と同じような働き（主語や目的語などになる）をするものがあります。それらを見ていきましょう。

動名詞 Getting up early is good for the health.

「早起きすることは健康によいです」のように，**「～すること」**が主語になっている文を見てみましょう。「～すること」は，①**不定詞〈to ＋動詞の原形〉**（名詞的用法），または，②**動名詞（動詞の ing 形）**で表すことができます。

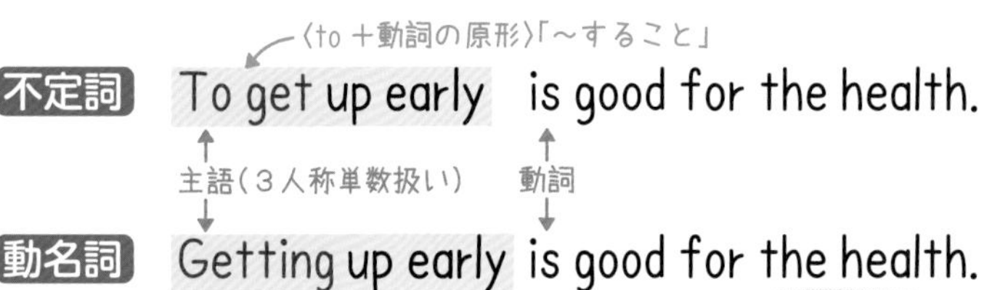

不定詞 To get up early is good for the health.
主語（3人称単数扱い）

不定詞も動名詞も，be 動詞のあとにきて主語の説明をすることがあります（補語）。
例 My hobby is to read books. = My hobby is reading books.　私の趣味は本を読むことです。
動名詞が補語の文と進行形〈be 動詞＋動詞の ing 形〉をまちがえないように注意しましょう。

不定詞が主語のとき，**it を仮の主語**として不定詞の代わりに置き，**不定詞を文の終わりに置く**こともできます。**「―が［にとって］」**と動作をする人を表すときは，**for ―**を不定詞の前に置きます。

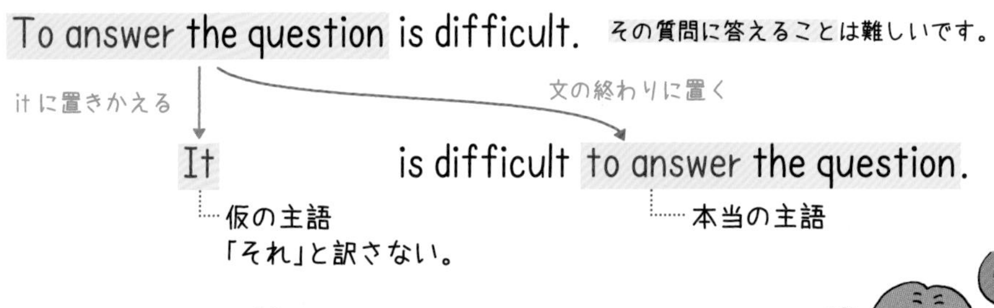

To answer the question is difficult.　その質問に答えることは難しいです。
it に置きかえる
文の終わりに置く
It is difficult to answer the question.
仮の主語
「それ」と訳さない。
本当の主語
It is difficult for me to answer the question.
～が［にとって］
その質問に答えることは私にとって難しいです。

「（―が［にとって］）～することは…だ」　It is ... (for ―) to ～.

解答 p.11

合格力チェック！
- □ 主語の働きをする不定詞がわかる。
- □ 主語の働きをする動名詞がわかる。
- □ It is ... (for —) to ～. の文がわかる。

1 □に適する語を書きましょう。

(1) テレビを見ることはとても楽しいです。 楽しいこと：fun

□ TV is a lot of fun.

(2) 私の趣味は写真を撮ることです。 写真を撮る：take pictures

My hobby is □ pictures.

(3) 2つの言語を話すことは難しいです。 言語，言葉：language

□ is difficult □ speak two languages.

(4) ボブにとって漢字を書くことは簡単ではありません。

□ isn't easy □ Bob □ write *kanji*.

2 2つの文がほぼ同じ内容を表すように，□に適する語を書きましょう。

(1) To swim in this river is dangerous. dangerous：危険な

□ in this river is dangerous.

(2) To have breakfast every day is important. important：大切な

□ is important □ have breakfast every day.

(3) To get up early was hard for Emi.

□ was hard □ Emi □ get up early.

3 英語で書きましょう。

(1) 英語を勉強することはおもしろいです。 (動名詞を使って) おもしろい：interesting

____

(2) 私にとってギターをひくことは簡単です。 (It で文を始めて) ギター：guitar

____

入試に挑戦 日本語に合う英文となるように，〔 〕内の語を並べかえて書きなさい。 〈北海道改〉

平和について考えることは大切です。 平和：peace

It's〔 think / important / about / to 〕peace.

It's ______________________________ peace.

「～すること」の表し方 ②

不定詞(名詞的用法)・動名詞 ②

「～すること」を表す不定詞(名詞的用法)と動名詞は，動詞の目的語になります。

I like tennis.　私はテニスが好きです。
主語 動詞 目的語

不定詞 I like to play tennis.　私はテニスをすることが好きです。
〈to＋ 動詞の原形〉

動名詞 I like playing tennis.
動詞の ing 形

不定詞，動名詞は目的語になる！

動詞により，目的語に不定詞と動名詞の両方とも使えるもの，どちらか一方しか使えないものがあります。使い分けに注意しましょう。

不定詞のみ I want to watch TV.　私はテレビを見たいです。

動名詞のみ Bob enjoyed dancing with Emi.　ボブはエミとダンスをして楽しみました。

両方 OK Yuki began to play the piano. / playing the piano.　ユキはピアノをひき始めました。

まとめて覚えよう 目的語に不定詞と動名詞のどちらを使えるか

不定詞(to ～)だけ		動名詞(～ing)だけ		両方ＯＫ	
want	したいと思う	enjoy	楽しむ	like	好きだ
hope	したいと思う	stop	やめる	love	大好きだ
decide	決心する	finish	終える	begin / start	始める

at，in，for などの前置詞は，あとに名詞を置いて，意味のまとまりを作ります。動名詞は前置詞のあとに置けますが，不定詞は置けません。

I am good at playing tennis.　私はテニスをすることが得意です。
前置詞
be good at ～「～が得意だ」
✖ to play

〈前置詞＋動名詞〉の形！ 不定詞は置けない。

合格ポイント 名詞の働きをする語句
1 不定詞〈to ＋ 動詞の原形〉
2 動名詞〈動詞の ing 形〉

動詞のing形の作り方は ➡ 合格ミニBOOK p.12～14

解答 p.11

合格力チェック！
- □ 目的語になる不定詞・動名詞がわかる。
- □ 不定詞・動名詞の動詞による使い分けができる。
- □ 〈前置詞＋動名詞〉の形がわかる。

1 □に適する語を書きましょう。

(1) ケンはマンガ本を読むことが好きです。　マンガ本：comic book

Ken likes ＿＿ ＿＿ comic books.

(2) 私は英語の歌を歌うことが好きです。　歌う：sing

I ＿＿ ＿＿ English songs.

(3) あなたは部屋のそうじを終えましたか。　そうじする：clean

Did you ＿＿ ＿＿ your room?

2 (　)内から適する語句を選び，□に書きましょう。

(1) We enjoyed ＿＿ basketball.　(playing / to play)

(2) Tom wants ＿＿ a new bike.　(buy / to buy)

(3) It stopped ＿＿ this morning.　(raining / to rain)　rain：雨が降る

(4) Aya is good at ＿＿ cakes.　(making / to make)

3 〔　〕内の語句を並べかえて，英文を作りましょう。

(1) 私の母は昨年，スペイン語を習い始めました。　スペイン語：Spanish　習う：learn

〔 learning / my mother / Spanish / started 〕 last year.

＿＿＿＿＿＿＿＿＿＿＿＿ last year.

(2) 彼は医者になる決心をしました。　医者：doctor　～になる：be (be動詞の原形)

〔 to / a doctor / he / be / decided 〕.

＿＿＿＿＿＿＿＿＿＿＿＿

入試に挑戦 対話文の(　)に入る最も適切なものを，ア～エから1つ選び，記号で答えなさい。

A：The Internet is useful, but you have used it too long today.　〈岩手改〉

B：OK.　I'll finish (　　) it soon.　Internet：インターネット　soon：すぐに

ア use　イ using　ウ used　エ to use　(　　)

27 「～のしかた」などの文

〈疑問詞＋to＋動詞の原形〉

疑問詞 how のあとに不定詞を続け，〈how to ＋動詞の原形〉で，「～のしかた［する方法］」という意味になります。この how to ～は名詞と同じ働きをし，動詞のあとにきて，目的語になります。

目的語になっている

I don't know how to cook *sukiyaki*.
主語　動詞　～のしかた

私はすき焼きの作り方を知りません。

〈疑問詞＋ to ＋動詞の原形〉には，what to ～(何を～したらよいか)，when to ～(いつ～したらよいか)，where to ～(どこで～したらよいか)などがあります。

まとめて覚えよう　〈疑問詞＋to ～〉

- how to ～　～のしかた，～する方法
- what to ～　何を～したらよいか，すべきか
- when to ～　いつ～したらよいか，すべきか
- where to ～　どこで～したらよいか，すべきか

Do you know what to do next?　あなたは次に何をしたらよいか知っていますか。
何を～したらよいか

I don't know when to start.　私はいつ出発したらよいかわかりません。
いつ～したらよいか

He knows where to buy the ticket.　彼はどこでチケットを買ったらよいか知っています。
どこで～したらよいか

〈疑問詞＋ to ＋動詞の原形〉の形！

teach や tell など，〈動詞＋人＋もの［こと］〉の形で目的語を２つとる動詞の，「もの［こと］」の部分に〈疑問詞＋ to ＋動詞の原形〉が使われることもあります。

My brother taught me how to use the computer.
主語　動詞　人　こと

兄は私にそのコンピューターの使い方を教えてくれました。

目的語が2つある文！

名詞の働きをする語句　3 〈疑問詞＋ to ＋動詞の原形〉

練習問題

➔ 解答 p.12

合格力チェック！
- □〈疑問詞＋ to ＋動詞の原形〉の意味がわかる。
- □〈疑問詞＋ to ＋動詞の原形〉が目的語に使われている文がわかる。

1 □に適する語を書きましょう。

(1) トムはギターのひき方を知っています。

Tom knows □ □ play the guitar.

(2) 私はそのとき何をしたらよいかわかりませんでした。　そのとき：then

I didn't know □ □ do then.

2 日本語になおしましょう。

(1) We know where to eat lunch.　lunch：昼食

私たちは（　　　　　　　　　　）知っています。

(2) My father taught me how to swim.　taught：teach の過去形　swim：泳ぐ

父は（　　　　　　　　　　）を教えてくれました。

3 〔　〕内の語句を並べかえて，英文を作りましょう。

(1) 彼女はコンピューターの使い方を習いました。　習う：learn

She learned〔 use / to / how / a computer 〕.

She learned ＿＿＿＿＿＿＿＿＿＿.

(2) あなたはいつ出発すればよいか知っていますか。　出発する：leave

Do you〔 to / know / leave / when 〕?

Do you ＿＿＿＿＿＿＿＿＿＿?

(3) ロンドンで何を見ればよいか私たちに教えてください。　教える：tell

Please〔 us / to / see / tell / what 〕in London.

Please ＿＿＿＿＿＿＿＿＿＿ in London.

入試に挑戦 対話文の（　）に入る最も適切なものを，ア～エから１つ選び，記号で答えなさい。

A：I don't know (　　　) to buy for Michiko's birthday present.　〈沖縄〉

B：Why don't you buy some flowers?

ア who　イ what　ウ when　エ where　（　　　）

birthday present：誕生日プレゼント　Why don't you ～?：～してはどうですか。　flower：花

28 「～ということ」を表すthat

接続詞 that

「私はその映画はおもしろいと思います」は，I think that the movie is fun. といいます。この that は「～ということ」という意味の**接続詞**で，I think と the movie is fun をつなげます。**that のあとは〈主語＋動詞〉**が続き，that 以下のまとまりが名詞と同じ働きをして，動詞の目的語になります。

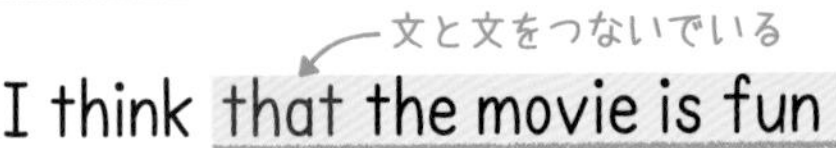

私はその映画はおもしろいと思います。

that～が目的語になっている！

まとめて覚えよう

接続詞の that ～を目的語にする動詞

- think　～と思う，考える
- know　～と知っている
- hope　～だといいなと思う
- hear　～だと聞いている
- believe　～だと思う，信じる
- say　～だと言う

happy，sure などの**形容詞のあとに〈接続詞 that ＋主語＋動詞〉**が続くことがあります。この場合の that は**「～して」「～であること」**という意味になります。

I am happy that you won the game .　私はあなたが試合に勝ってうれしいです。
be動詞 形容詞　接続詞〈主語＋動詞〉
that 以下は形容詞の原因などになることがら

主な〈be 動詞＋形容詞＋ that ～〉を覚えましょう。
be happy[glad] that ～「～してうれしい」　be afraid that ～「残念ながら～だと思う」
be sure that ～「きっと～だと思う」　be surprised that ～「～であることに驚く」

接続詞の **that はよく省略されます。**I think などの〈主語＋動詞〉のあとに，また〈主語＋動詞〉が続いているときは，間に that が省略されているのではないかと考えましょう。

I think the girl lives near my house.
主語 動詞
〈主語＋動詞〉のあとに，また〈主語＋動詞〉が続いている！

＝I think that the girl lives near my house.

that が省略されている！　私はその女の子は私の家の近くに住んでいると思います。

接続詞の that はよく省略される！

名詞の働きをする文　**1**〈接続詞 that ＋主語＋動詞 ～〉

合格力チェック！
- □ 接続詞that以下のまとまりを目的語にする動詞がわかる。
- □ 〈be 動詞＋形容詞＋ that ～〉の形と意味がわかる。
- □ 接続詞 that が省略された文がわかる。

解答 p.12

1 ☐に適する語を書きましょう。

(1) 私はコンピューターは役に立つと思います。　役に立つ：useful
I think ☐ computers are useful.

(2) 私はユウタがサッカーファンだということを知っています。　ファン：fan
I ☐ ☐ Yuta is a soccer fan.

(3) あなたはきっとそのコンサートを楽しめると思います。　コンサート：concert
I'm ☐ ☐ ☐ can enjoy the concert.

(4) 私たちはトム(Tom)がすしを好きだということを知っています。
We know ☐ ☐ sushi.

2 日本語になおしましょう。

(1) I think that Japan is a beautiful country.　beautiful：美しい　country：国
私は（　　　　　　　　　　　　）。

(2) I'm afraid that it will be rainy tomorrow.　rainy：雨降りの
（　　　　　　　　　　　　）

3 〔　〕内の語を並べかえて，英文を作りましょう。

(1) 私たちはエミはテニスが上手だと聞いています。
We〔 plays / hear / Emi / that 〕tennis well.

We ＿＿＿＿＿＿＿＿＿＿＿＿ tennis well.

(2) 私はあなたがそのニュースを知っていることに驚いています。
〔 that / surprised / know / I'm / you 〕the news.

＿＿＿＿＿＿＿＿＿＿＿＿ the news.

入試に挑戦 対話文が成り立つように，〔　〕内の語句を並べかえて書きなさい。　〈山形〉

Paul ：〔 you / your friend / a / got / know / do 〕prize in the speech contest?
Yuka：You mean Kaori?　Yes.　She told me about it yesterday.

＿＿＿＿＿＿＿＿＿＿＿＿ prize in the speech contest?

prize：賞　speech contest：スピーチコンテスト　mean：～のことを言う［意味する］　told：tell の過去形

29 文の中に入る疑問文

間接疑問 

「私はその男の子がだれなのか知りません」というときは，I don't know who the boy is. といいます。これは「私は知りません」(I don't know)の文に，疑問文の「その男の子はだれですか」(Who is the boy?)が入った形です。**疑問詞で始まる疑問文が別の文の中に入るときは，〈疑問詞＋主語＋動詞〉の語順になります。**これを**間接疑問**といいます。

〈疑問詞＋主語＋動詞〉のまとまりは，文の中で名詞と同じ働きをします。

 その男の子はだれですか。 Who is the boy?

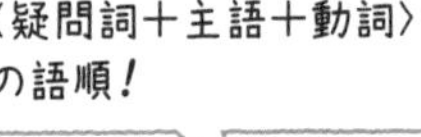

間接疑問 I don't know who the boy is.
（I＝主語，know＝動詞，who the boy is＝〈疑問詞＋主語＋動詞〉目的語）

私はその男の子がだれなのか知りません。

疑問詞が主語の疑問文は，間接疑問にしても語順は変わりません。

例 Do you know who wrote this letter? あなたはだれがこの手紙を書いたか知っていますか。
(Who wrote this letter? だれがこの手紙を書きましたか)

一般動詞の疑問文や，助動詞の疑問文を間接疑問にするときの語順や動詞の形に注意しましょう。

3単現の文 What does she like to do?
↓
I know what she likes to do.
3単現の(e)sをつける　私は彼女が何をするのが好きなのか知っています。

過去の文 When did he come to Japan?
↓
Do you know when he came to Japan?
過去形にする　あなたは彼がいつ日本に来たのか知っていますか。

助動詞の文 Where can I get the map?
↓
Please tell me where I can get the map.
助動詞を動詞の前に　私にどこでその地図を手に入れることができるか教えてください。

合格ポイント 名詞の働きをする文　2 間接疑問〈疑問詞＋主語＋動詞 ～〉

➡ 解答 p.12

合格力チェック！
- □〈疑問詞＋主語＋動詞〉の形と意味がわかる。
- □間接疑問の文を日本語にできる。
- □間接疑問の文を作ることができる。

1 □に適する語を書きましょう。

(1) あなたは彼女がだれなのか知っていますか。

Do you know who [ ] [ ] ?

(2) 私はケン(Ken)が何を好きなのか知りたいです。

I want to know [ ] [ ] [ ] .

(3) あなたが昨日どこへ行ったのか教えてください。

Please tell me [ ] [ ] [ ] yesterday.

2 下線部を日本語になおしましょう。

(1) I don't know <u>what he is doing there</u>.　there：そこで

私は（　　　　　　　　　　　　　　　　）知りません。

(2) Do you know <u>how old your grandmother is</u>?　how old：何歳　grandmother：おばあさん

あなたは（　　　　　　　　　　　　　　　　）知っていますか。

3 〔　〕内の語句を並べかえて，英文を作りましょう。

(1) 私はなぜユキが悲しんでいるのかわかりません。　悲しい：sad

I don't know 〔 sad / Yuki / why / is 〕.

I don't know ________________________________.

(2) 私たちはボブがいつその自転車を買ったのか知っています。

We 〔 when / bought / know / Bob / the bike 〕.　bought：buy の過去形

We ________________________________.

(3) あなたはだれがこの人形を作ったのか知っていますか。　人形：doll

Do you 〔 made / who / this doll / know 〕?

Do you ________________________________?

入試に挑戦 対話文が成り立つように，〔　〕内の語を並べかえて書きなさい。　〈愛媛改〉

A： Do you remember 〔 she / come / when / will 〕?　remember：覚えている

B： Yes.　Next Friday.

Do you remember ________________________________?

まとめのテスト

解答 p.12

勉強した日　　月　　日

得点　　/100点

1 次の文の□に，（　）内から適する語句を選んで書きなさい。　3点×5(15点)

(1) We enjoyed □ to music.　(listen / listening / to listen)
listen to ～：～を聞く

(2) I hope □ you again.　(see / seeing / to see)　again：もう１度

(3) Thank you for □.　(come / coming / to come)
Thank you for ～.：～をありがとう。

(4) I know □ Tom is from America.　(that / what / how)

(5) A：Do you know □ that building is?　(where / what / who)
B：Yes. It's a hospital.
building：建物　hospital：病院

2 次の日本語に合うように，□に適する語を書きなさい。　5点×5(25点)

(1) 本をたくさん読むことは大切です。　大切な：important
□ many books □ important.

(2) 私はあなたがそのプレゼントを気に入ってくれてうれしいです。　プレゼント：present
I'm □ □ you liked the present.

(3) 海で泳ぐことはとても楽しいです。　海：sea　泳ぐ：swim
□ is a lot of fun □ □ in the sea.

(4) 私は夕食に何を料理したらよいかわかりませんでした。　料理する：cook
I didn't know □ □ □ for dinner.

(5) あなたは彼がどこに住んでいるか知っていますか。　住む，住んでいる：live
Do you know □ □ □?

こまったときのヒント

1 (1) enjoy は動名詞を目的語にする動詞。(2) hope は不定詞を目的語にする動詞。(3)前置詞のあとは動名詞。(4)「～ということ」という意味の接続詞が入る。(5)「あの建物は何か知っていますか」という文に。

2 (1)動名詞を主語にして表す。(2)「～して，～ということ」という意味の接続詞を使う。(3)「～することは…だ」を It is ... to ～. の文で表す。(4)「何を～したらよいか」は〈what to ＋動詞の原形〉で表す。(5)疑問詞 where を使った間接疑問で表す。疑問詞のあとは〈主語＋動詞〉の語順。

3 次の英文を日本語になおしなさい。 6点×5(30点)

(1) What do you want to be in the future? be：～になる(be動詞の原形) in the future：将来(に)
あなたは(　　　　　　　　　　　　　　　　)。

(2) We don't know when to leave here. leave：出発する
私たちは(　　　　　　　　　　　　　　　　)わかりません。

(3) It is interesting for Emi to study English. interesting：おもしろい
エミにとって(　　　　　　　　　　　　　　　　)。

(4) I think this question is very difficult. question：質問 difficult：難しい
私は(　　　　　　　　　　　　　　　　)。

(5) Please tell me why you were late. late：遅れた
(　　　　　　　　　　　　　　　　)私に教えてください。

入試に挑戦 〔 〕内の語句を並べかえて，英文を完成させなさい。 10点×3(30点)

(1) It is hard〔 to / for / speak / me 〕in front of many people. 〈栃木改〉

It is hard ＿＿＿＿＿＿＿＿＿＿＿＿ in front of many people.
in front of ～：～の前で

(2) My hamburger is gone! Do〔 the hamburger / know / ate / how / you / who 〕?
(1語不要) 〈沖縄改〉

Do ＿＿＿＿＿＿＿＿＿＿＿＿＿＿＿＿?
hamburger：ハンバーガー is gone：なくなった ate：eatの過去形

(3) Nami：I can〔 you / how / show / make / to 〕sushi. 〈高知改〉
Alex ：That's great.

I can ＿＿＿＿＿＿＿＿＿＿＿＿＿＿＿＿ sushi.
great：すばらしい

3 (1) want to be ～で「～になりたい」。(2)〈when to ＋動詞の原形〉で「いつ～したらよいか」。(3) It is ... for － to ～.「－が[にとって]～することは…だ」の文。(4) think のあとに接続詞 that が省略されている。(5)〈tell ＋人＋こと〉「(人)に(こと)を話す」の「こと」の部分に間接疑問がきている形。

入試に挑戦 (1) It is ... for － to ～. の文。(2)「あなたはだれがそのハンバーガーを食べたか知っていますか」という意味の文に。(3)「私はあなたにすしの作り方を教えることができます」という意味の文に。

特集 まとめて整理 名詞の働きをするまとまり

名詞と同じ働きをする複数の語のまとまりを整理しましょう。

不定詞（名詞的用法） ・〈to ＋動詞の原形〉の形。

I like to play the guitar.　私はギターをひくことが好きです。
主語 動詞 目的語

To study English is important.　英語を勉強することは大切です。
主語 動詞

動名詞 ・動詞の ing 形。

Reading books is interesting for me.　本を読むことは私にとっておもしろいです。
主語 動詞

Thank you for helping me.　私を手伝ってくれてありがとう。
〈前置詞＋動名詞〉

不定詞は前置詞のあとに置けないね。

疑問詞＋ to ＋動詞の原形

I don't know how to open the box.　私はその箱の開け方を知りません。
主語 動詞 目的語

Please tell me when to leave home.　いつ家を出たらよいか私に教えてください。
動詞 目的語 目的語

接続詞 that ・〈that ＋主語＋（助）動詞〉の形

I think that she can speak English.　私は彼女は英語を話せると思います。
主語 動詞 目的語

I'm sure that it will be sunny tomorrow.　私はきっと明日は晴れると思います。
be動詞 形容詞

that のあとは，〈主語＋動詞〉が続くよ。
that は省略されることも多いよ。

間接疑問 ・〈疑問詞＋主語＋動詞〉の形。

Do you know where Bob is?　あなたはボブがどこにいるか知っていますか。
主語 動詞 目的語

I don't know who made this cake.　私はだれがこのケーキを作ったのか知りません。
主語 動詞 目的語

名詞以外を修飾するまとまり

5

「早く起きる」の「早く」のように，名詞以外を修飾するものは副詞です。語句のまとまりや文の形で副詞と同じように働くものがあります。どのようなものがあるでしょうか。

名詞以外を修飾することば

副詞 動詞，形容詞，副詞，文全体など名詞以外を修飾する。

Hayato can play the piano well.

ハヤトはピアノを上手にひけます。

The library is so big.

その図書館はとても大きいです。

Yuki often goes to the park on Sunday.

ユキは日曜日によくその公園へ行きます。

●名詞以外を修飾するまとまりを作ることば

前置詞　**不定詞**　**接続詞 when，if など**

30 名詞以外を修飾する前置詞のまとまり

前置詞句

３章では〈前置詞＋名詞〉や不定詞が名詞を修飾することを学習しました。ここからは名詞以外を修飾する語句や文を学習します。

〈前置詞＋名詞〉は名詞を修飾するだけでなく，**動詞や文全体を修飾**します。

I have breakfast at seven.
主語　動詞　〈前置詞＋名詞〉
動詞を修飾

私は７時に朝食を食べます。

〈前置詞＋名詞〉は時，場所，方向，手段・方法などいろいろな意味を表します。前置詞のまとまりを置くことで，英文の内容をどんどんくわしくすることができます。

まとめて覚えよう 前置詞の意味と使い方

時・期間	場所	その他
at seven（７時に）…時刻	at the store（その店で）…１点	by train（電車で）…手段・方法
on Monday（月曜日に）…曜日 / 日付	in the room（部屋の中で）…内部	with me（私といっしょに）…同伴
in June（６月に）…月 / 季節 / 年	on the wall（壁に）…接触	in English（英語で）…言語
for a week（１週間）…不特定の期間	by the tree（木のそばに）	to the park（公園へ）…方向
during the summer（夏の間）…特定の期間	near my house（私の家の近くに）	about you（あなたについて）

I go to the library.
方向
私は図書館へ行きます。

I go to the library by bike.
手段
私は自転車で図書館へ行きます。

I go to the library by bike on Sundays.
時
私は日曜日に自転車で図書館へ行きます。

２つ以上の語のまとまりを１つの前置詞のように扱うものもあります。
because of（～のために）　in front of（～の前に）　thanks to（～のおかげで）
in case of（～の場合には）　instead of（～のかわりに）

名詞以外を修飾する語句　**1**〈前置詞＋名詞〉

合格力チェック！
- □〈前置詞＋名詞〉の形がわかる。
- □おもな前置詞の意味と使い方がわかる。
- □〈前置詞＋名詞〉を使って文をくわしくできる。

解答 p.13

1 ［　］に in, at, on のうち適する語を書きましょう。

(1) I usually get up ［　　］ six thirty.　usually：たいてい　get up：起きる

(2) We practice kendo ［　　］ Sunday.　practice：練習する

(3) Mr. Brown came to Japan ［　　］ 2010.

2 ［　］に適する語を書きましょう。

(1) 私はよくエミとテニスをします。　I often play tennis ［　　］ Emi.

(2) トムはこの近くに住んでいます。　Tom lives ［　　］ here.

(3) 私にあなたの国について話してください。　国：country
Please tell me ［　　］ your country.

(4) その手紙は英語で書かれていました。　手紙：letter
The letter was written ［　　］ English.

(5) 私たちの学校は公園の前にあります。
Our school is ［　　］ front ［　　］ the park.

3 〔　〕内の語句を並べかえて，英文を作りましょう。

(1) 彼らは１週間そのホテルに滞在しました。　ホテル：hotel　滞在する：stay
They stayed〔 for / at / a week / the hotel 〕.

They stayed ＿＿＿＿＿＿＿＿＿＿＿＿＿＿＿＿.

(2) 私たちは雪のために歩いて学校へ行きました。　雪：snow
We walked〔 the snow / school / of / to / because 〕.

We walked ＿＿＿＿＿＿＿＿＿＿＿＿＿＿＿＿.

入試に挑戦 対話文が成り立つように，〔　〕内の語を並べかえて書きなさい。　〈岩手〉

A：What are you looking for?　look for ～：～を探す

B：I'm looking for my Japanese dictionary.　Japanese dictionary：国語辞典

A：I〔 it / on / saw 〕the table.

I ＿＿＿＿＿＿＿＿＿＿＿＿＿＿＿＿ the table.

31 名詞以外を修飾する不定詞

不定詞（副詞的用法）

不定詞〈to ＋動詞の原形〉は「〜するために」という意味で，動詞や文全体を修飾し，その目的を表します（副詞的用法・目的）。

I went to the library to do my homework.　私は宿題をするために図書館へ行きました。
主語 動詞　〈to ＋動詞の原形〉
動詞を修飾

Ken studies math hard to be a teacher.　ケンは教師になるために熱心に数学を勉強します。
主語 動詞
動詞を修飾

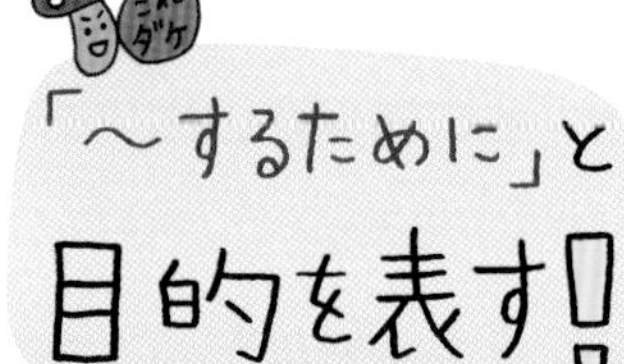

「〜するために」という意味の不定詞は，Why 〜? の文への答えとしても使います。
例 Why did you go to the library? ― To do my homework.
なぜあなたは図書館へ行ったのですか。― 宿題をするためです。

また，〈to ＋動詞の原形〉は「〜して」という意味で，happy など感情を表す形容詞を修飾し，その感情の原因を表します（副詞的用法・原因）。

I am happy to see you again.
形容詞　〈to ＋動詞の原形〉
私はあなたにまたお会いできてうれしいです。

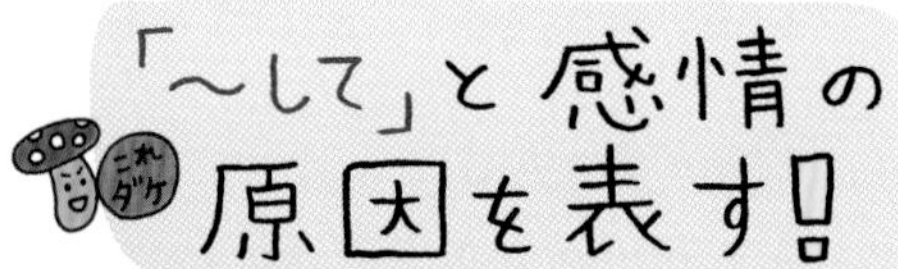

She became sad to know the news.
彼女はその知らせを知って悲しくなりました。

He was surprised to read the letter.
彼はその手紙を読んで驚きました。

名詞以外を修飾する語句　2 不定詞〈to ＋動詞の原形〉「〜するために」「〜して」

練習問題

解答 p.13

合格力チェック！
□ 動詞や形容詞を修飾する〈to ＋動詞の原形〉がわかる。
□「〜するために」を表す不定詞の文を作れる。
□「〜して」を表す不定詞の文を作れる。

1 ［　］に適する語を書きましょう。

(1) ユカはお母さんを手伝うために早く起きました。　手伝う：help
Yuka got up early ［　　］［　　］ her mother.

(2) あなたはなぜ公園へ行ったのですか。 — サッカーをするためです。
Why did you go to the park? — ［　　］［　　］ soccer.

(3) 私はあなたにお会いできてうれしいです。　うれしい：glad
I am glad ［　　］［　　］ you.

(4) 彼女はその本を読んで悲しくなりました。　悲しい：sad
She became ［　　］［　　］［　　］ the book.

2 下線部を日本語になおしましょう。

(1) He studied hard <u>to be a scientist</u>.　hard：熱心に　scientist：科学者
彼は（　　　　　　　　　　）熱心に勉強しました。

(2) Ken was very happy <u>to get a present</u>.　get：もらう　present：贈り物
ケンは（　　　　　　　　　　）とても喜びました。

3 〔　〕内の語を並べかえて，英文を作りましょう。

(1) 私は写真を撮るために京都を訪れました。　写真を撮る：take pictures
I visited 〔 pictures / to / Kyoto / take 〕.

I visited ＿＿＿＿＿＿＿＿＿＿＿＿＿＿＿＿.

(2) 私たちはその知らせを聞いて驚きました。
We 〔 to / surprised / hear / were 〕 the news.

We ＿＿＿＿＿＿＿＿＿＿＿＿＿＿＿＿ the news.

入試に挑戦 対話文の（　）に入る最も適切なものを，ア〜エから１つ選び，記号で答えなさい。

[*In an English class*]　〈福島〉

A : What's your plan during this vacation?　plan：計画　vacation：休暇，休み
B : I'll go to Hokkaido (　　　) with my family.

ア ski　イ to ski　ウ skied　エ is skiing　（　　　）

32 「〜するとき」「もし〜ならば」の文

時や条件を表す接続詞

「彼は本を読んでいました」という文を，「私が彼を訪ねたとき」という文で修飾するときは，接続詞の when（〜するとき）を使います。when のあとには〈主語＋動詞〉が続きます。when 〜などのまとまりは文の前半にも後半にも置くことができます。

まとめて覚えよう　時を表す接続詞

・when 〜　〜するとき　・while 〜　〜する間に　・until 〜　〜するまで
・before 〜　〜する前に　・after 〜　〜したあとで

He was reading a book when I visited him.
主語 動詞　文を修飾　(主語)(動詞)　〜するとき

= When I visited him, he was reading a book.
コンマをつける

私が彼を訪ねたとき，彼は本を読んでいました。

〈when＋主語＋動詞〜〉で「〜するとき」!

接続詞のあとに〈主語＋動詞〉が続く！

接続詞の if は「もし〜ならば」という意味で条件を表します。

Please help me if you are free.
もし〜ならば

もしひまならば，私を手伝ってください。

〈if＋主語＋動詞〜〉で「もし〜ならば」!

when などの時を表す接続詞や条件を表す接続詞 if のまとまりの中では，未来のことでも現在形で表します。

If it rains tomorrow, I won't go to the park.
✖ will rain

もし明日雨が降ったら，私は公園には行きません。

チューイ！ when 〜や if 〜の中では，未来のことでも現在形で表す！

合格ポイント　まとまりを作る接続詞

〔時を表す接続詞〕 when 〜「〜するとき」 など
〔条件を表す接続詞〕 if 〜「もし〜ならば」

解答 p.13

合格力チェック！
- □〈接続詞＋主語＋動詞 ～〉の形がわかる。
- □時や条件を表す接続詞がわかる。
- □接続詞のまとまりを含む文の意味がわかる。

1 ［　］に適する語を書きましょう。

(1) 私が帰宅したとき，弟は勉強していました。　帰宅する：come home

My brother was studying ［　　　］ I came home.

(2) 私はたいてい寝る前にふろに入ります。　たいてい：usually　寝る：go to bed　ふろに入る：take a bath

I usually take a bath ［　　　］ I go to bed.

(3) もしあなたが疲れているならば，ここにすわってもいいですよ。　疲れた：tired

You can sit here ［　　　］ you are tired.

(4) もし明日晴れたら，野球をしましょう。　晴れた：sunny

［　　　］ it ［　　　］ sunny tomorrow, let's play baseball.

2 下線部を日本語になおしましょう。

(1) <u>When we went to Canada</u>, we saw beautiful lakes.　lake：湖

(　　　　　　　　　　)，美しい湖を見ました。

(2) He watched TV <u>after he did his homework</u>.　do ~'s homework：宿題をする

(　　　　　　　　　　)，テレビを見ました。

(3) <u>If you want this book</u>, I will give it to you.　give：あたえる

(　　　　　　　　　　)，あなたにそれをあげましょう。

3 英語で書きましょう。

(1) 私がユキ(Yuki)を訪ねたとき，彼女は家にいませんでした。　訪ねる：visit

____________________, she wasn't at home.

(2) もしあなたが忙しいならば，私が手伝ってあげましょう。　忙しい：busy

I will help you ____________________.

入試に挑戦 日本語に合う英文となるように，〔　〕内の語を並べかえて書きなさい。　〈北海道〉

彼は，ひまなときはたいてい映画を見て楽しんでいる。　ひまな：free

He usually enjoys watching movies〔 has / when / he 〕free time.

He usually enjoys watching movies ____________________ free time.

「～だから」「～だけれども」の文

理由や譲歩を表す接続詞

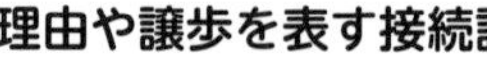

接続詞の because は「(なぜなら)～だから[なので]」という意味で理由を表します。

We didn't go to the park because it was raining.
～だから

雨が降っていたので，私たちは公園へ行きませんでした。

〈because＋主語＋動詞～〉で「なぜなら～だから」！

Because I want to watch TV, I will go home early.
コンマをつける

テレビが見たいので，私は早く家に帰るつもりです。

because は，理由をたずねる Why ～? の疑問文への答えとしても使います。

Why were you late for school?

― Because I couldn't get up at seven.

なぜ学校に遅刻したのですか。
― 7時に起きられなかったからです。

Why ～? に答えるときを除き，because のまとまりだけでは文が成り立ちません。
例 ×I like history. Because it is interesting. ← 2文に分けられない
○I like history because it is interesting. 歴史はおもしろいので，私は歴史が好きです。

接続詞の though は「～だけれども」という意味を表します(譲歩)。

Though I was tired, I did my homework.
～だけれども

私は疲れていたけれども，宿題をしました。

まとまりを作る接続詞

〔理由を表す接続詞〕because ～「(なぜなら)～だから」
〔譲歩を表す接続詞〕though ～「～だけれども」

解答 p.14

合格力チェック!
- □〈接続詞＋主語＋動詞 〜〉の形がわかる。
- □ 理由や譲歩を表す接続詞がわかる。
- □ 接続詞のまとまりを含む文の意味がわかる。

1 □に適する語を書きましょう。

(1) 母が忙しかったので，私が夕食を作りました。 夕食：dinner
I made dinner [　　　] my mother was busy.

(2) あなたはなぜトムが好きなのですか。― なぜなら彼は親切だからです。
Why do you like Tom? ― [　　　] he is kind. 親切な：kind

(3) 雨が降っていたけれども，彼らはサッカーの練習をしました。 練習する：practice
[　　　] it was raining, they practiced soccer.

2 下線部を日本語になおしましょう。

(1) I went to bed early <u>because I was very tired.</u> tired：疲れた
(　　　　　　　　　　　　)，早く寝ました。

(2) <u>Though she is from China,</u> she speaks Japanese well. China：中国
(　　　　　　　　　　　　)，日本語を上手に話します。

3 〔　〕内の語句を並べかえて，英文を作りましょう。

(1) 姉は音楽が好きなので，CD をたくさん持っています。
〔 music / my sister / because / likes 〕, she has many CDs.
________________________, she has many CDs.

(2) リョウは忙しかったけれども，パーティーに行きました。
Ryo went to the party〔 he / busy / was / though 〕.
Ryo went to the party ________________________.

入試に挑戦 次の英文は，友人同士の討論の場面での対話文です。2人の対話が交互に自然につながるようにア～ウの文を並べかえて，記号で答えなさい。 〈沖縄改〉

I think that we should stop wearing school uniforms.

ア　Because I want to wear my own clothes to school.
イ　I'm afraid I don't agree with you.
ウ　Why do you think so?

(　　　)→(　　　)→(　　　)

should：～すべきである　wear：着ている　school uniform：学校の制服　own：自分自身の　clothes：衣服
I'm afraid (that) ～：(残念ながら)～だと思う　agree with ～：～に賛成する

5 名詞以外を修飾するまとまり

まとめのテスト

➡ 解答 p.14

勉強した日　　月　　日

得点　　/100点

1 次の文の□に，（　）内から適する語句を選んで書きなさい。　4点×5(20点)

(1) We visit Nagano □ August.　(at / on / in)

(2) Kaori comes to school □ train.　(with / by / for)

(3) I'm happy □ your soccer team.　(join / joining / to join)

join：加わる

(4) Everyone likes him □ he is cool.　(because / that / before)

cool：かっこいい

(5) She lived in Tokyo □ she was young.　(which / when / that)

young：若い

2 次の日本語に合うように，□に適する語を書きなさい。　5点×5(25点)

(1) ブラウン先生は英語を教えるために日本に来ました。

Mr. Brown came to Japan □ □ English.

(2) ナオトは夏休みの間，沖縄に滞在しました。　夏休み：summer vacation

Naoto stayed □ Okinawa □ the summer vacation.

(3) あなたはなぜ冬が好きなのですか。— なぜならスケートをして楽しめるからです。

□ do you like winter? — □ I can enjoy skating.

スケートをする：skate

(4) あなたが私に電話をくれたとき，私はテレビを見ていました。　電話をかける：call

□ □ □ me, I was watching TV.

(5) もし明日雨が降ったら，私たちは家にいます。　雨が降る：rain

We will be at home □ □ □ tomorrow.

こまったときのヒント

1 (1)時を表す前置詞で，月名の前で使うのは？　(2)「電車で」と交通手段を表すときの前置詞は？　(3)「私はあなたのサッカーチームに加わってうれしい」という意味の文に。(4)「彼はかっこいいので，…」と理由を表す接続詞を選ぶ。(5)「彼女が若かったとき」と時を表す接続詞を選ぶ。

2 (1)「～するために」を表す不定詞を使う。(2)「～の間」と特定の期間を表す前置詞は？　(3)理由をたずねる文と答え。(4)「～するとき」と時を表す接続詞を使う。(5)「もし～ならば」と条件を表す接続詞を使う。

3 次の英文を日本語にしなさい。 7点×4(28点)

(1) I often go to the park with my family on weekend. often：よく weekend：週末

私はよく(　　　　　　　　　　　　　　)。

(2) I listen to music when I am free. listen to ～：～を聞く free：ひまな

私は(　　　　　　　　　　　　　　)。

(3) Though I was sleepy, I finished reading the book. sleepy：眠い

私は(　　　　　　　　　　　　　　)。

(4) Yumi was very surprised to read the e-mail. e-mail：Eメール

ユミは(　　　　　　　　　　　　　　)。

入試に挑戦 〔 〕内の語を並べかえて，英文を完成させなさい。 9点×3(27点)

(1) A：Did you go anywhere last Sunday? 〈宮崎〉

B：Yes. I went to 〔 see / aunt / to / my / Fukuoka 〕.

I went to ______________________________.

anywhere：どこかへ aunt：おば

(2) A：The soccer game will be held tonight. Let's 〔 in / of / meet / the / front 〕 station.

B：OK. See you there. 〈島根〉

Let's ______________________________ station.

be held：開催される tonight：今夜 station：駅

(3) Mother：We are going to have dinner at the new restaurant near our house.

Jun　：All right. I will 〔 after / over / school / there / is / go 〕. 〈山形〉

I will ______________________________.

restaurant：レストラン over：終わって

3 (1) with my familyは「私の家族といっしょに」。(2) whenは「～するとき」と時を表す接続詞。(3) thoughは「～だけれども」と譲歩を表す接続詞。finish ～ingは「～し終える」という意味。(4) to readは「～して」と感情の原因を表す不定詞。

入試に挑戦 (1)「私はおばに会うために福岡へ行きました」という意味の文に。(2)「駅の前で会いましょう」という意味の文に。(3)「学校が終わったらそこへ行くつもりです」という意味の文に。

特集 まとめて整理 接続詞の種類

★接続詞の種類と使い方を整理しましょう。

接続詞には大きく分けて２種類あります。and や but などの単語や文を並べる接続詞と，that や when などの文のまとまりを作る接続詞です。

並べる接続詞 and, but, or など。単語と単語，句と句，文と文を並べる。句とは，〈主語＋動詞〉のない２語以上のまとまりのこと。

I bought a pencil **and** a notebook.　私はえんぴつとノートを買いました。
（a pencil：単語　a notebook：単語）

They came here by car **or** by train.　彼らは自動車か電車でここに来ました。
（by car：句　by train：句）

I like dogs very much **but** I don't have any dogs.　私は犬が大好きですが，犬を飼っていません。
（I like dogs very much：文　I don't have any dogs：文）

まとまりを作る接続詞 that など名詞の働きをするまとまりを作るものと，when, if，because など文を修飾するまとまりを作るものの２種類がある。

名詞の働きをするまとまりを作る

I know **that Ken can cook very well**.
（I：主語　know：動詞　that Ken can cook very well：目的語）

私はケンはとても上手に料理をすることができると知っています。

文を修飾するまとまりを作る

I'm going to see a lot of old buildings **when I go to Kyoto**.
（when I go to Kyoto が修飾する）

京都に行ったとき，私はたくさんの古い建物を見るつもりです。

Please call me **if you want to talk with me**.
（if you want to talk with me が修飾する）

もし私と話したくなったら，私に電話してください。

when ～や if ～のまとまりを文の前半に置くこともできたね。

比較の文／仮定法／その他の文

「A は B よりも～だ」「A は…の中でいちばん～だ」のような比較の文や，「もし～ならば，…なのに」「～だったらいいのに」のような仮定法の文を学習しましょう。また，入試でよく出る文の形も覚えましょう。

比較の文

比較級の文

最上級の文

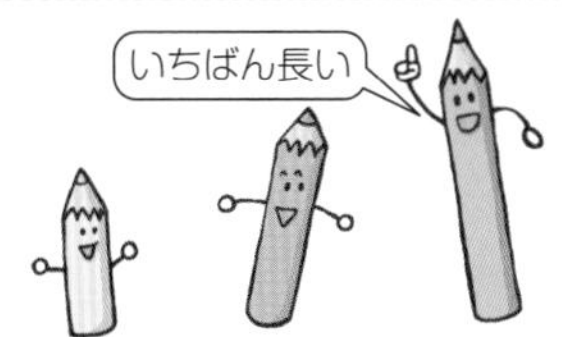

原級の文

仮定法

〈If I+動詞の過去形～, I+助動詞の過去形….〉

もし～ならば，…なのに

I wish ～.

～だったらいいのに

その他の文

not only ～ but also ...

～だけでなく…も

34 「…よりも～」の表し方

比較級の文

「…よりも～」や「いちばん～」のように，人やものを比べるときの言い方を学習します。形容詞・副詞の形の変化に注意しましょう。

2人［2つのもの］を比べて，「…よりも～」というときは，形容詞や副詞を比較級にします。比較級には，もとの形（原級）に er をつけるもの，前に more を置くもの，形が変わるものがあります。

原　級	比較級	原　級	比較級	原　級	比較級
tall	taller	famous	more famous	good	better
fast	faster	popular	more popular	well	better
large	larger	beautiful	more beautiful	many	more
big	bigger	important	more important	much	more
pretty	prettier	difficult	more difficult		

比較級の文では，主語と比べる相手やものを比較級のあとでthan ...（…よりも）で示します。

ふつうの文　Tom can swim fast.（副詞）
トムは速く泳ぐことができます。

比較級の文　Tom can swim faster than Bob.
（faster：比較級　than Bob：比べる相手）
トムはボブよりも速く泳ぐことができます。

ふつうの文　This song is popular.（形容詞）
この歌は人気があります。

比較級の文　This song is more popular than that one.
（more popular：比較級　than that one：比べるもの　one：song のかわり）
この歌はあの歌よりも人気があります。

好きなものについての比較は，better を使います。※最上級は best

例 I like tea better than coffee.　私はコーヒーよりも紅茶のほうが好きです。
Which do you like better, dogs or cats?　犬とネコでは，どちらのほうが好きですか。

比較級の文　〈比較級＋ than ...〉「…よりも～」

比較級・最上級の作り方は ➡ 合格ミニBOOK p.16

解答 p.15

合格力チェック!
- □ 形容詞・副詞の比較級の形がわかる。
- □ 比較級を使った文の形と意味がわかる。
- □ 比較級を使った文を作ることができる。

1 （　）内の語を適する形にかえて，□に書きましょう。ただし，2語になる場合もあります。

(1) Tom is ＿＿＿＿ than Ken. (tall) tall：背が高い

(2) Canada is ＿＿＿＿ than Australia. (large) large：大きい，広い

(3) Your dog is ＿＿＿＿ than Saki's. (big)

(4) My mother is ＿＿＿＿ than my father. (busy) busy：忙しい

(5) This flower is ＿＿＿＿ than that one. (beautiful) flower：花

(6) Your camera is ＿＿＿＿ than mine. (good) camera：カメラ

2 〔　〕内の語を並べかえて，英文を作りましょう。

(1) アヤはミホよりも速く走ることができます。

Aya can 〔 faster / run / Miho / than 〕.

Aya can ＿＿＿＿＿＿＿＿＿＿＿＿＿＿＿＿.

(2) 私は夏よりも冬のほうが好きです。

I like 〔 summer / winter / than / better 〕.

I like ＿＿＿＿＿＿＿＿＿＿＿＿＿＿＿＿.

3 英語で書きましょう。

(1) 私のかばんはあなたのよりも古いです。 古い：old

＿＿＿＿＿＿＿＿＿＿＿＿＿＿＿＿ yours.

(2) この質問はあの質問よりも難しいです。 質問：question 難しい：difficult

＿＿＿＿＿＿＿＿＿＿＿＿＿＿＿＿ that one.

入試に挑戦 日本語に合う英文となるように，最も適切なものをア～ウから1つ選び，記号で答えなさい。 〈大阪〉

私は毎朝，私の弟より早く起きます。

I get up (ア early　イ earlier　ウ earliest) than my brother every morning. (　　　)

35 「いちばん～」の表し方

最上級の文 A35

3人以上[3つ以上のもの]を比べて,「いちばん[もっとも]～」というときは,形容詞や副詞を最上級にします。最上級には,原級に est をつけるもの,前に most を置くもの,形が変わるものがあります。

原級	最上級	原級	最上級	原級	最上級
tall	tallest	famous	most famous	good	best
fast	fastest	popular	most popular	well	best
large	largest	beautiful	most beautiful	many	most
big	biggest	important	most important	much	most
pretty	prettiest	difficult	most difficult		

最上級の文では,最上級の前に the を置きます。副詞の最上級の場合は the を省略することもあります。「…(の中)で」は in … または of … で表します。

まとめて覚えよう in と of の使い分け

- in ＋場所や範囲を表す語句
  - ・in my class　私のクラスで
  - ・in Japan　日本で
- of ＋複数を表す語句
  - ・of the five　5人[5つ]の中で
  - ・of all　すべての中で

ふつうの文　Tom can swim fast.

トムは速く泳ぐことができます。　（fast：副詞）

最上級の文　Tom can swim the fastest in his class.

（the fastest：最上級　in his class：～(の中)で）

トムは彼のクラスでいちばん速く泳ぐことができます。

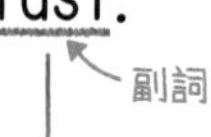

〈the＋最上級＋in[of]…〉で「…(の中)でいちばん～」!

ふつうの文　This song is popular.

この歌は人気があります。（popular：形容詞）

最上級の文　This song is the most popular of the three.

（the most popular：最上級　of the three：～の中で）

この歌は3つの中でいちばん人気があります。

合格ポイント　最上級の文　〈the ＋最上級＋ in[of] …〉「…(の中)でいちばん～」

比較級・最上級の作り方は ➡ 合格ミニBOOK p.16

解答 p.15

合格力チェック！
- □形容詞・副詞の最上級の形がわかる。
- □最上級を使った文の形と意味がわかる。
- □最上級を使った文を作ることができる。

1 (　)内の語を適する形にかえて，[　　]に書きましょう。ただし，２語になる場合もあります。

(1) Shota is the [　　　　] in his class.　(tall)

(2) This guitar is the [　　　　] of all.　(nice)　nice：すてきな

(3) Tom's dog is the [　　　　] of the three.　(big)

(4) My mother gets up the [　　　　] in my family.　(early)　early：早く

(5) That temple is the [　　　　] in Kyoto.　(famous)　temple：寺

(6) The computer is the [　　　　] of the five.　(good)

2 〔　〕内の語句を並べかえて，英文を作りましょう。

(1) 私のネコは４匹の中でいちばん小さいです。　小さい：small

My cat is〔 smallest / the four / of / the 〕.

My cat is ______________________.

(2) 富士山は日本でいちばん高い山です。　山：mountain

Mt. Fuji is〔 mountain / Japan / the / in / highest 〕.

Mt. Fuji is ______________________.

3 英語で書きましょう。

(1) エリカ(Erika)は家族の中でいちばん若いです。　若い：young

______________________ her family.

(2) この写真がすべての中でいちばん美しいです。　美しい：beautiful

This picture ______________________ all.

入試に挑戦 対話文が成り立つように，〔　〕内の語を並べかえて書きなさい。　〈秋田改〉

A：The city hall looks old.　city hall：市役所

B：The〔 in / oldest / is / the / building 〕our city.　building：建物

The ______________________ our city.

36 「…と同じくらい～」などの表し方

原級を使った比較の文

2人[2つのもの]を比べて「…と同じくらい～」というときは，〈as ＋形容詞[副詞]の原級(もとの形)＋ as ...〉で表します。2つ目の as のあとに主語と比べる相手やものを置きます。

ふつうの文　Bob can swim fast.（副詞）
ボブは速く泳ぐことができます。

原級の文　Bob can swim as fast as Ken.
（原級　比べる相手）
ボブはケンと同じくらい速く泳ぐことができます。

ふつうの文　This song is popular.（形容詞）
この歌は人気があります。

原級の文　This song is as popular as that one.
（原級　比べるもの ……song のかわり）
この歌はあの歌と同じくらい人気があります。

これダケ　〈as＋形容詞[副詞]+as...〉で「…と同じくらい～」！

as ～ as ... の否定文 not as ～ as ... は，「…ほど～ではない」という意味になります。また，not as ～ as ... の文は，比較級を使った文で似た意味を表すことができます。

Emi's bike is not as old as Yuki's.（原級）　エミの自転車はユキのものほど古くありません。

＝ Emi's bike is newer than Yuki's.（比較級）　エミの自転車はユキのものよりも新しいです。

＝ Yuki's bike is older than Emi's.（比較級）　ユキの自転車はエミのものよりも古いです。

〈not as+形容詞[副詞]+as...〉で「…ほど～ではない」！

原級を使った比較の文
〈as ＋形容詞[副詞]＋ as ...〉「…と同じくらい～」
〈not as ＋形容詞[副詞]＋ as ...〉「…ほど～ではない」

解答 p.15

□ as ～ as ... の形と意味がわかる。
□ not as ～ as ... の形と意味がわかる。
□ not as ～ as ... を比較級の文でいいかえられる。

1 □に適する語を書きましょう。

(1) 私は母と同じくらいの背の高さです。

I am ☐ tall ☐ my mother.

(2) ユキはメアリーと同じくらい速く走ることができます。

Yuki can run ☐ ☐ ☐ Mary.

(3) この湖は十和田湖ほど大きくありません。　湖：lake　十和田湖：Lake Towada

This lake is ☐ ☐ large ☐ Lake Towada.

2 〔　〕内の語句を並べかえて，英文を作りましょう。

(1) ブラウン先生は私の父と同じ年です。

Mr. Brown〔 old / is / my father / as / as 〕.

Mr. Brown ＿＿＿＿＿＿＿＿＿＿＿＿＿＿＿＿.

(2) この絵はあの絵ほど有名ではありません。　絵：picture　有名な：famous

This picture〔 as / not / famous / is / as 〕that one.

This picture ＿＿＿＿＿＿＿＿＿＿＿＿＿＿＿＿ that one.

3 3つの文がほぼ同じ内容を表すように，□に適する語を書きましょう。

(1) My bag is not as new as Ken's.（私のかばんはケンのものほど新しくありません）

My bag is ☐ than Ken's.

Ken's bag is ☐ than mine.

(2) Emi's dog is not as big as Tom's.（エミの犬はトムの犬ほど大きくありません）

Emi's dog is ☐ than Tom's.

Tom's dog is ☐ than Emi's.

入試に挑戦 対話文が成り立つように，〔　〕内の語を並べかえて書きなさい。〈岩手〉

A：How was the movie?　movie：映画

B：Well, it〔 interesting / not / as / was 〕as the movie we saw last month.

Well, it ＿＿＿＿＿＿＿＿＿＿＿＿＿＿＿＿ as the movie we saw last month.

37 比較のいろいろな表現

倍数表現，意味上の最上級

比較のいろいろな表現を見ていきましょう。

as ～ as ... の1つ目の as の前に倍数を表す語句を置くと，「…の－倍～」という意味になります。「2倍」は twice，「3倍」以上は three times のように－ times と表します。

This bridge is as long as that one.
この橋はあの橋と同じくらいの長さです。

This bridge is twice as long as that one.
2倍
この橋はあの橋の2倍の長さです。

〈one of the ＋最上級＋複数名詞〉で「もっとも～な…の1人［1つ］」という意味です。

また，比較級を使って，最上級と同じような意味を表すこともできます。〈比較級＋than any other ＋単数名詞〉で「ほかのどの…よりも～」という意味になります。

She is one of the most famous musicians in Japan.
最上級　複数名詞
彼女は日本でもっとも有名な音楽家の1人です。

Mt. Fuji is higher than any other mountain in Japan.
比較級　単数名詞
富士山は日本のほかのどの山よりも高いです。

比較級の前に much を置いて〈much ＋比較級〉とすると，「ずっと～」と比較級の意味を強められます。また同じ比較級を and でつないで，〈比較級＋ and ＋比較級〉とすると「だんだん～」「ますます～」という意味になります。

This dog is much smaller than that one. この犬はあの犬よりもずっと小さいです。
〈much ＋比較級〉

It's getting colder and colder. だんだん寒くなってきています。
〈比較級＋ and ＋比較級〉

まとめて覚えよう 比較のいろいろな表現

- 〈倍数＋ as ＋原級＋ as ...〉「…の－倍～」
- 〈one of the ＋最上級＋複数名詞〉「もっとも～な…の1人［1つ］」
- 〈比較級＋ than any other ＋単数名詞〉「ほかのどの…よりも～」
- 〈much ＋比較級〉「ずっと～」
- 〈比較級＋ and ＋比較級〉「だんだん～」「ますます～」

比較級・最上級の作り方は ➡合格ミニBOOK p.16

解答 p.15

□ 倍数表現の形と意味がわかる。
□ 最上級の内容を比較級を使って表せる。
□ 比較級・最上級を使った連語表現がわかる。

1 ＿＿に適する語を書きましょう。

(1) この部屋は私の部屋の２倍の広さです。
This room is twice ＿＿ large ＿＿ mine.

(2) ボブはクラスのほかのどの少年よりも背が高いです。
Bob is ＿＿ ＿＿ any other boy in his class.

(3) 彼女は私の母よりもずっと若いです。 若い：young
She is ＿＿ ＿＿ than my mother.

(4) だんだん暖かくなってきています。 暖かい：warm
It's getting ＿＿ and ＿＿.

2 〔 〕内の語を並べかえて，英文を作りましょう。

(1) 奈良は日本でもっとも古い都市の１つです。 都市：city
Nara is 〔 oldest / one / the / of / cities 〕 in Japan.

Nara is ＿＿＿＿＿＿＿＿ in Japan.

(2) この船はあの船の３倍の長さです。 船：ship
This ship is 〔 three / as / as / long / times 〕 that one.

This ship is ＿＿＿＿＿＿＿＿ that one.

3 比較級を使って，同じ内容を表す英文に書きかえましょう。

(1) That is the oldest house in this town. （あれはこの町でいちばん古い家です）
That is ＿＿ than ＿＿ ＿＿ ＿＿ in this town.

(2) Lake Biwa is the largest lake in Japan.
（琵琶湖は日本でいちばん大きな湖です）
Lake Biwa is ＿＿ than ＿＿ ＿＿ ＿＿ in Japan.

入試に挑戦 対話文が成り立つように，〔 〕内の語を並べかえて書きなさい。 〈愛媛改〉

A： Who's that boy over there? over there：あちらの
B： He's Satoshi. He's 〔 of / best / one / my 〕 friends.

He's ＿＿＿＿＿＿＿＿ friends.

38 「もし～ならば，…なのに」の文

仮定法①〈If I＋動詞の過去形～，I＋助動詞の過去形....〉

現実とは異なることを仮定して「もし～ならば，…なのに」というときは，仮定法を使います。仮定法の使い方を理解しましょう。

「もし～であれば，…なのに」は，〈If ＋主語＋ be 動詞の過去形 ～，主語＋助動詞の過去形＋動詞の原形 ....〉で表し，これを仮定法といいます。be 動詞は主語に関係なく were が使われ，助動詞は would，could がよく使われます。動詞は過去形でも現在のことを表します。

If I were you, I would buy that T-shirt. もし私があなたなら，そのTシャツを買うのに。

〈助動詞の過去形＋動詞の原形〉

be動詞は主語に関係なく wereがよく使われる

「もし～すれば，…なのに」と表す場合は，if ～の部分で一般動詞を使って〈If ＋主語＋一般動詞の過去形 ～，主語＋助動詞の過去形＋動詞の原形 ....〉となります。

仮定法　If I had enough time, I could read the book.　もし私に十分な時間があれば，その本を読めるのに。
（had：過去形／could read：〈助動詞の過去形＋動詞の原形〉）

現　実　I don't have enough time, so I can't read the book.
私には十分な時間がないので，その本を読めません。

これもタイせつ　if ～の部分で助動詞が使われる場合は，〈if＋主語＋助動詞の過去形＋動詞の原形 ～〉の形になります。

例　If I could speak English well, I would talk to Alice.
（could：助動詞の過去形）「もし私が英語を上手に話せれば，アリスと話すのに」

単なる条件の if ～と仮定法の if ～を区別しましょう。

単なる条件　If it is sunny tomorrow, I will go cycling.
もし明日晴れれば，私はサイクリングに行きます。（→明日晴れるかもしれないし，晴れないかもしれない）

仮定法　If it were fine today, I would go cycling.
もし今日晴れていれば，私はサイクリングに行くのに。（→現実では今日は晴れていない）

合格ポイント　仮定法

1 〈If ＋主語＋(助)動詞の過去形 ～，主語＋助動詞の過去形＋動詞の原形 ....〉　「もし～であれば[～すれば]，…なのに」

解答 p.16

合格力チェック！
- □ 仮定法と単なる条件の文の違いがわかる。
- □ if ～に be 動詞がある仮定法の形と意味がわかる。
- □ if ～に(助)動詞がある仮定法の形と意味がわかる。

1 □に適する語を書きましょう。

(1) もしあなたが私の家の近くに住んでいれば，私はあなたを助けられるのに。
If you [ ] near my house, I [ ] [ ] you.

(2) もしトムが日本にいれば，私は彼を多くの場所に連れていくのに。　連れていく：take
If Tom [ ] in Japan, I [ ] [ ] him to many places.

(3) もし私が上手に歌うことができれば，あなたのバンドに入るのに。　バンド：band
[ ] I [ ] sing well, I [ ] join your band.

2 日本語になおしましょう。

(1) If I knew his phone number, I could call him.　phone number：電話番号
もし私が(　　　　　　　　　　　　　　　　)。

(2) If you practiced harder, you would be a good player.
もしあなたが(　　　　　　　　　　　　　　　　)。

3 〔　〕内の語句を並べかえて，英文を作りましょう。

(1) もし私にお金がたくさんあれば，世界一周旅行をするのに。
〔 a lot of / if / money / had / I 〕, I would travel around the world.

__________________________, I would travel around the world.

(2) もし私が鳥なら，空を飛べるのに。　空：sky
If I were a bird, 〔 could / the sky / in / fly / I 〕.

If I were a bird, __________________________.

入試に挑戦 対話文の(　)に入る最も適切なものを，ア～エから１つ選び，記号で答えなさい。

〈岩手改〉

A : I have been sick since this morning.
B : Oh, really? How do you feel now?
A : Not so good. I will go to bed earlier.
B : If I (　　　) you, I would go to the doctor.

ア am　　イ were　　ウ are　　エ would　　(　　　)

39 「～だったらいいのに」の文

仮定法②（I wish ～.）

「～だったらいいのに」という現実と異なる願望は，〈I wish ＋主語＋動詞の過去形 ～.〉で表します。be 動詞を使う場合は主語に関係なく，ふつう were が使われます。

現実　I am not a bird.　私は鳥ではありません。

仮定法　I wish I were a bird.　私が鳥だったらいいのに。
（were：be 動詞の過去形）

I wish に続く文で一般動詞や助動詞が使われる場合も，過去形を使います。

現実　I don't have a robot.　私はロボットを持っていません。

仮定法　I wish I had a robot.　私がロボットを持っていればいいのに。
（had：一般動詞の過去形）

現実　I cannot run fast.　私は速く走れません。

仮定法　I wish I could run fast.　私が速く走れたらいいのに。
（could：助動詞の過去形）

I wish ～. の文と，I hope ～. の文を区別しましょう。

I wish Tom would come to the party.
トムがパーティーに来てくれたらいいのに。　（→実際には，トムはパーティーに来ていない）

I hope Tom will come to the party.
トムがパーティーに来てくれたらいいと思います。　（→トムがパーティーに来るかどうかはわからない）

仮定法　**2** 〈I wish ＋主語＋（助）動詞の過去形 ～.〉「～だったらいいのに」

解答 p.16

□「～だったらいいのに」と，現実と異なる願望を表す I wish ～. の文の意味がわかる。
□ wish に続く文の（助）動詞の形がわかる。

1 □に適する語を書きましょう。

(1) 私はスキーが上手だったらいいのに。　スキー（をすること）：skiing

I □ I □ good at skiing.

(2) 彼らがそのことを知っていればいいのに。

I □ they □ that.

(3) 私はタイムマシーンを作ることができればいいのに。　タイムマシーン：time machine

I □ I □ □ a time machine.

2 日本語になおしましょう。

(1) I wish you were here with us.

あなたが（　　　　　　　　　　　　　　　　）。

(2) I wish I had a brother.

私に（　　　　　　　　　　　　　　　　）。

3 〔　〕内の語を並べかえて，英文を作りましょう。

(1) 私たちが私たちの犬を見つけることができたらいいのに。

I〔 we / could / our / find / wish 〕dog.

I ＿＿＿＿＿＿＿＿＿＿＿＿＿＿＿＿ dog.

(2) この近くにコンビニエンスストアがあったらいいのに。　この近くに：near here

〔 a / were / wish / I / there 〕convenience store near here.

＿＿＿＿＿＿＿＿＿＿＿＿＿＿＿＿ convenience store near here.

(3) あなたをお手伝いできればいいのですが。

I〔 help / I / you / could / wish 〕.

I ＿＿＿＿＿＿＿＿＿＿＿＿＿＿＿＿.

入試に挑戦 対話文の（　）に入る最も適切なものを，ア～エから１つ選び，記号で答えなさい。

A : Look at the man over there! He's playing basketball very well. 〈熊本〉

B : Right. He's so cool! I wish I (　　　) play like him.

ア will　イ can　ウ could　エ should　（　　　）

40 その他の文 ①

so ～ that ..., too ～ to ..., ～ enough to ...

ここからは入試でよく出る文の形を学習します。決まった文の形に語句を当てはめれば文ができあがります。

〈so ＋形容詞［副詞］＋ that ＋主語＋動詞 ...〉で，「とても～なので…」という意味になります。that のあとには〈主語＋動詞〉が続きます。

Bob was so hungry that he ate a lot of bananas.
（so hungry：とても～なので　he：(主語)　ate：(動詞)）

ボブはとてもおなかがすいていたので，たくさんバナナを食べました。

I was so tired that I couldn't do my homework.
（so tired：とても～なので　I：(主語)　couldn't do：(動詞)）

私はとても疲れていたので，宿題をすることができませんでした。

〈too ＋形容詞［副詞］＋ to ＋動詞の原形 ...〉で，「…するには～すぎる」「あまりにも～なので…できない」という意味です。

This box is too heavy to carry.　この箱はあまりにも重いので運べません。
（too：～すぎる　to carry：…するには）

This question is too difficult to answer.　この問題はあまりにも難しいので答えられません。
（too：～すぎる　to answer：…するには）

too ～ to ... の文は，so ～ that － can't ... の文で表すことができます。

例 I am too busy to play tennis.　私は忙しすぎてテニスができません。
＝I am so busy that I can't play tennis.　私はとても忙しいのでテニスができません。

Emi was kind enough to help me.
（enough：十分に　to help：…するのに）

エミは私を手伝うのに十分に親切でした。
→エミは親切にも私を手伝ってくれました。

〈形容詞［副詞］＋ enough to ＋動詞の原形 ...〉で「…するのに十分に～」という意味です。

まとめて覚えよう　入試でよく出る文の形①

- so ～ that ...　とても～なので…
- too ～ to ...　…するには～すぎる，あまりにも～なので…できない
- ～ enough to ...　…するのに十分に～

練習問題

解答 p.16

合格力チェック！
- □ so ～ that ... の形と意味がわかる。
- □ too ～ to ... の形と意味がわかる。
- □ ～ enough to ... の形と意味がわかる。

1 □に適する語を書きましょう。

(1) 私はとても眠かったので，早く寝ました。 眠い：sleepy

I was [　　] sleepy [　　] I went to bed early.

(2) このコーヒーはあまりにも熱いので飲めません。 熱い：hot

This coffee is [　　] hot [　　] drink.

(3) 私の弟は学校に通うのに十分な年齢です。

My brother is old [　　] [　　] go to school.

2 〔　〕内の語を並べかえて，英文を作りましょう。

(1) 彼はあまりにも疲れていたので，速く歩けませんでした。 歩く：walk

He was 〔 to / tired / walk / too 〕 fast.

He was ＿＿＿＿＿＿＿＿＿＿ fast.

(2) ユカは親切にも私に昼食を作ってくれました。 昼食：lunch

Yuka was 〔 make / kind / to / enough 〕 lunch for me.

Yuka was ＿＿＿＿＿＿＿＿＿＿ lunch for me.

(3) トムはとても興奮していたので，よく眠れませんでした。 興奮した：excited　眠る：sleep

Tom was 〔 excited / he / that / so / couldn't 〕 sleep well.

Tom was ＿＿＿＿＿＿＿＿＿＿ sleep well.

3 2つの文がほぼ同じ内容を表すように，□に適する語を書きましょう。

私はあまりにも忙しいので買い物に行けません。

I am too busy to go shopping. go shopping：買い物に行く

I am [　　] busy [　　] I can't go shopping.

入試に挑戦 正しい英文となるように，最も適切なものをア～エから１つ選び，記号で答えなさい。

〈栃木〉

My sister is (ア enough　イ such　ウ well　エ too) young to drive a car. drive：(車などを)運転する

(　　　)

41 その他の文 ②

〈want / ask / tell ＋人＋ to ～〉

want to ～は「～したい」という意味ですが，to ～の前に(人)を表すことばが入った〈want ＋人＋ to ＋動詞の原形〉の形で「(人)に～してほしい」という意味になります。

I want to play baseball.　私は野球をしたいです。
するのはI(私)

I want you to play baseball.　私はあなたに野球をしてほしいです。
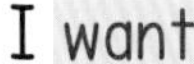
人　不定詞　するのはyou(あなた)

不定詞の前に(人)を表すことばが入る!

want 人 to～
「人に～してほしい」

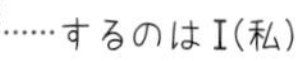

不定詞〈to ＋動詞の原形〉の前に(人)が入る他の文の形を見ていきましょう。
〈ask ＋人＋ to ＋動詞の原形〉は，「(人)に～するように頼む」という意味になります。

My father asked me to help him.

人　不定詞

父は私に彼を手伝うように頼みました。

ask 人 to～「人に～するように頼む」

〈tell ＋人＋ to ＋動詞の原形〉は，「(人)に～するように言う〔伝える〕」という意味になります。

My mother told me to do my homework.

人　不定詞

母は私に宿題をするように言いました。

tell 人 to～「人に～するように言う」

まとめて覚えよう　入試でよく出る文の形②

- 〈want ＋人＋ to ＋動詞の原形〉　「(人)に～してほしい」
- 〈ask ＋人＋ to ＋動詞の原形〉　「(人)に～するように頼む」
- 〈tell ＋人＋ to ＋動詞の原形〉　「(人)に～するように言う〔伝える〕」

□ want（人）to ～の形と意味がわかる。
□ ask（人）to ～の形と意味がわかる。
□ tell（人）to ～の形と意味がわかる。

解答 p.17

1 □に適する語を書きましょう。

(1) 私はあなたにピアノをひいてほしいです。

I ＿＿ you ＿＿ play the piano.

(2) 私はマキに窓を開けるように頼みました。 開ける：open

I ＿＿ Maki ＿＿ ＿＿ the window.

(3) 父は私に毎日，勉強するように言いました。

My father ＿＿ ＿＿ to ＿＿ every day.

2 日本語になおしましょう。

(1) I asked her to wash the dishes. wash：洗う dish：皿

私は（　　　　　　　　　　　　）。

(2) My mother tells me to get up early. get up：起きる early：早く

母は（　　　　　　　　　　　　）。

3 〔　〕内の語句を並べかえて，英文を作りましょう。

(1) 私たちはケンに私たちのサッカーチームに入ってほしいです。 加わる：join

We〔 Ken / join / want / to 〕our soccer team.

We ＿＿＿＿＿＿＿＿ our soccer team.

(2) メアリーは私にこの漢字を読むように頼みました。

Mary〔 to / asked / read / me 〕this *kanji*.

Mary ＿＿＿＿＿＿＿＿ this *kanji*.

(3) 先生は私たちに教室をそうじするように言いました。 教室：classroom

Our teacher〔 clean / us / told / the classroom / to 〕.

Our teacher ＿＿＿＿＿＿＿＿.

入試に挑戦 対話文が成り立つように，〔　〕内の語を並べかえて書きなさい。 〈愛媛改〉

A：I〔 to / want / carry / you 〕this box with me. Can you help me?

B：Sure. carry：運ぶ

I ＿＿＿＿＿＿＿＿ this box with me.

42 その他の文 ③

not only A but (also) B, both A and B など

接続詞を含むよく使われる表現を覚えましょう。not only ～ but (also) ... は「～だけでなく…も」という意味になります。

The singer is popular not only in Japan but also in Korea.
～だけでなく　…も

その歌手は日本だけでなく，韓国でも人気があります。

not only～but (also)...
「～だけでなく…も」

both ～ and ... は「～も…も両方」という意味になります。

I like both dogs and cats. 私は犬もネコも両方好きです。
両方　～も　…も

both～and...
「～も…も両方」

動名詞を含むよく使われる表現を覚えましょう。thank you for ～ingは「～してくれてありがとう」，look forward to ～ing は「～するのを楽しみにする」という意味です。

Thank you for inviting me to the party.
←動名詞
パーティーに招待してくれてありがとう。

I'm looking forward to meeting you.
←動名詞。原形にしない！
あなたにお会いするのを楽しみにしています。

まとめて覚えよう 入試でよく出る文の形③

- not only ～ but (also) ... ～だけでなく…も
- both ～ and ... ～も…も両方
- thank you for ～ing ～してくれてありがとう
- look forward to ～ing ～するのを楽しみにする

何度も音読して，覚えよう！

解答 p.17

□ not only ～ but (also) ... の形と意味がわかる。
□ both ～ and ... の形と意味がわかる。
□ 動名詞を使ったよく使われる表現がわかる。

1 □に適する語を書きましょう。

(1) 父は野球もサッカーも両方好きです。
My father likes □ baseball □ soccer.

(2) 彼は英語だけでなく，フランス語も話すことができます。 フランス語：French
He can speak □ □ English □ also French.

(3) 私はナンシーに会うのを楽しみにしています。
I'm looking forward □ □ Nancy.

2 日本語になおしましょう。

(1) Emi can play both the guitar and the violin. violin：バイオリン
エミは（　　　　　　　　　　　　　　　　）ひくことができます。

(2) Thank you for coming to my house. house：家
私の家に（　　　　　　　　　　　　　　　　）。

3 〔　〕内の語句を並べかえて，英文を作りましょう。

(1) サムもユウジも両方ともテニス選手です。 選手：player
〔 and / Yuji / Sam / are / both 〕 tennis players.

____________________ tennis players.

(2) 彼女は歌手であるだけでなく，俳優でもあります。 歌手：singer　俳優：actor
She is 〔 only / but / not / also / a singer / an actor 〕.

She is ____________________.

入試に挑戦 対話文が成り立つように，〔　〕内の語句を並べかえて書きなさい。 〈福島〉

[*In an English class*]
A： What are you going to do during the summer vacation?
B： I'm going to stay in Okinawa with my family for three days.
　　I'm 〔 forward / in / swimming / to / the sea / looking 〕.

I'm ____________________.

during：～の間に　sea：海

6 比較の文／仮定法／その他の文

まとめのテスト

解答 p.17

勉強した日　月　日
得点　/100点

1 次の文の□に，（　）内の語を適する形にかえて書きなさい。ただし，答えは１語とは限らない。また，かえる必要がないものはそのまま書くこと。

3点×5(15点)

(1) My cat is ＿＿＿ than yours. (small)

(2) This doll is the ＿＿＿ of the five. (pretty)　doll：人形　pretty：かわいい

(3) Ryo studies as ＿＿＿ as his brother. (hard)　hard：熱心に

(4) Mary plays tennis ＿＿＿ than Nancy. (well)　well：上手に

(5) Soccer is the ＿＿＿ sport in our class. (popular)

2 次の日本語に合うように，□に適する語を書きなさい。

5点×5(25点)

(1) 私はコーヒーも紅茶も両方好きです。　紅茶：tea
I like ＿＿＿ coffee ＿＿＿ tea.

(2) 私はおどるのが上手だったらいいのに。
I ＿＿＿ I ＿＿＿ good at dancing.

(3) 私はあなたにこの手紙を読んでほしいです。　読む：read
I want ＿＿＿ ＿＿＿ ＿＿＿ this letter.

(4) この塔はあの塔の３倍の高さです。　塔：tower　(建物などが)高い：tall
This tower is three times ＿＿＿ ＿＿＿ ＿＿＿ that one.

(5) 大阪は日本でもっとも大きな都市の１つです。　大きい：big　都市：city
Osaka is one of ＿＿＿ ＿＿＿ ＿＿＿ in Japan.

こまったときのヒント

1 (1)空所のあとの than に注目。比較級の文に。(2)空所の前後の the と of に注目。最上級の文に。(3)空所の前後の as に注目。原級を使った文に。(4)空所のあとの than に注目。比較級の文に。well は不規則に変化する副詞。(5)空所の前後の the と in に注目。最上級の文に。popular の最上級は２語で表す。

2 (1)「～も…も両方」の表現。(2)「～だったらいいのに」の文。(3)〈want＋人＋to＋動詞の原形〉の文。(4)「…の3倍～」はthree times as ～ as ….(5)「もっとも～な…の１つ」は〈one of the＋最上級＋複数名詞〉。

3 2つの英文がほぼ同じ内容を表すように，[ ]に適する語を書きなさい。

6点×4(24点)

(1) My mother is younger than my father. young：若い
My father is [ ] [ ] my mother.

(2) I don't live near the sea, so I can't go fishing every day.
If I [ ] near the sea, I [ ] go fishing every day.

(3) The Shinano is the longest river in Japan. the Shinano：信濃川 river：川
The Shinano is longer than [ ] [ ] [ ] in Japan.

(4) Ken was so tired that he couldn't do his homework. do ～'s homework：宿題をする
Ken was [ ] tired [ ] do his homework.

入試に挑戦 〔 〕内の語句を並べかえて，英文を完成させなさい。

9点×4(36点)

(1) Playing basketball〔 than / more / difficult / is 〕playing volleyball for me.
〈栃木改〉

Playing basketball ______________________________
playing volleyball for me. difficult：難しい volleyball：バレーボール

(2) A： Did you finish reading the book? 〈秋田改〉
B： Yes. It was so〔 I / that / exciting / it / finished 〕in a day.

It was so ______________________________ in a day.
exciting：わくわくさせるような in a day：１日で

(3) A： Will you tell me something about Mt. Fuji? 〈徳島改〉
B： Sure. It's〔 in Japan / the highest / the mountains / of all 〕.

It's ______________________________ .

(4) A： What did the teacher say to you? 〈神奈川改〉
B： He〔 read / me / this / to / says / told 〕book. （１語不要）

He ______________________________ book.

3 (1) young の反対の意味を表す形容詞を使う。(2)「～でないので，…できない」→「もし～ならば，…できるのに」に書きかえる。(3)「ほかのどの川よりも長い」という比較級の文に書きかえる。(4)「ケンはあまりにも疲れていて宿題をすることができなかった」という意味の文に。

入試に挑戦 (1) difficult の比較級を使った文に。(2) so ～ that ...（とても～なので…）の文に。(3)「それは日本のすべての山の中でいちばん高い」という意味の文に。(4)〈tell ＋人＋ to ＋動詞の原形〉で表す。

特集 まとめて整理 比較の文の形

★ 比較級，最上級，原級それぞれの比較の文の形を整理しましょう。

比較級の文 ・〈比較級＋ than ...〉「…よりも～」

I am taller than Ken. 私はケンよりも背が高いです。

This question is more difficult than that one.
この質問はあの質問よりも難しいです。

I like summer better than winter.
私は冬よりも夏のほうが好きです。

最上級の文 ・〈the ＋最上級＋ in［of］...〉「…の中でいちばん［もっとも］～」

Mary runs the fastest in her class.
メアリーは彼女のクラスでいちばん速く走ります。

This book is the most famous of the five.
この本は5冊の中でいちばん有名です。

Bob likes cats the best of all animals.
ボブはすべての動物の中でネコがいちばん好きです。

in は場所・範囲，of は複数を表す語句に使う。

原級の文 ・〈as ＋原級＋ as ...〉「…と同じくらい～」
・〈not as ＋原級＋ as ...〉「…ほど～ではない」

My shoes are as big as yours. 私のくつはあなたのと同じくらいの大きさです。

This river is not as long as that one. この川はあの川ほど長くありません。

疑問詞のある比較の文

・〈Which［Who］... 比較級，A or B?〉「AとBではどちらがより～ですか」
・〈Which［Who］... the＋最上級＋in［of］...?〉「…の中でいちばん～なのはどれ［だれ］ですか」

Which is more popular, this song or that one?
この歌とあの歌ではどちらがより人気がありますか。

Who gets up the earliest in your family?
あなたの家族の中でいちばん早く起きるのはだれですか。

「どちらが」というときは which，「だれが」というのときは who を使うね。

助動詞／会話表現

7

よく使われる助動詞と，それに似た意味の表現を学習しましょう。また，日常の場面ごとによく使われる会話表現も身につけましょう。

助動詞

can　～できる

must　～しなければならない

そうじしなければならない

会話表現

Can you ～?　～してくれますか。

Can I ～?　～してもいいですか。

使ってもいいですか？

Shall I ～?　～しましょうか。

Shall we ～?　～しませんか。

いっしょにしませんか？

「〜できます」の文

can, be able to 〜

ここからは助動詞を使った文を学習します。

「〜できる」というときは助動詞の**can**を使います。canのあとは**動詞の原形**を置きます。否定文は**can't[cannot]**を使い，疑問文は**canを主語の前**に置きます。

肯定文　Bob can run fast.　ボブは速く走ることができます。
（can：〜できる　run：動詞の原形）

否定文　Bob can't run fast.　ボブは速く走ることができません。
（can't：または cannot）

疑問文　Can Bob run fast?　ボブは速く走ることができますか。
（Can：主語の前）

答えの文　Yes, he can. / No, he can't.　はい，できます。/ いいえ，できません。
（canで答える）

過去の文では，canを過去形の**could**にします。

現在の文　I can speak English.　私は英語を話すことができます。

過去の文　I could speak English.　私は英語を話すことができました。
（could：過去形）

「〜できる」は**〈be動詞＋able to＋動詞の原形〉**でも表すことができます。過去の文ではbe動詞を**was**や**were**にします。

現在の文　Yumi is able to play the piano.　ユミはピアノをひくことができます。
（is able to：〜できる　play：動詞の原形）

過去の文　Yumi was able to play the piano.　ユミはピアノをひくことができました。
（was：過去形）

be able to〜
「〜できる」!
これダケ

合格ポイント　「〜できる」　〈can＋動詞の原形〉，〈be動詞＋able to＋動詞の原形〉

解答 p.18

合格力チェック!
- □ can を使って文を作ることができる。
- □ can の過去形 could がわかる。
- □ be able to ～の形と意味がわかる。

1 □に適する語を書きましょう。

(1) マイクは車を運転することができます。 (車などを)運転する：drive

Mike □ □ a car.

(2) 私の祖父はコンピューターを使うことができません。 祖父：grandfather

My grandfather □ □ a computer.

(3) あなたは速く泳ぐことができますか。 ― はい，できます。

□ you □ fast? ― Yes, I □.

2 次の文を(　)内の指示にしたがって書きかえましょう。

(1) Yumi makes cakes. (「～できる」という 4 語の文に)

____

(2) He can sing English songs. (5 語の過去の文に) song：歌

____

(3) Tom can speak Japanese. (able を使ってほぼ同じ内容を表す文に)

____

3 〔　〕内の語句を並べかえて，英文を作りましょう。

(1) 私はその質問に答えることができませんでした。 答える：answer　質問：question

I〔 answer / could / the question / not 〕.

I ____________________.

(2) 彼らは上手におどることができました。 おどる：dance

They〔 able / dance / to / well / were 〕.

They ____________________.

入試に挑戦 対話文の□に入る最も適切な 1 語を書きなさい。 〈宮崎改〉

A：He'll show you how to ski. You'll □ able to ski well.

B：That's exciting. I can't wait!

how to ski：スキーのしかた　exciting：わくわくさせるような

「～しなければならない」の文

must, have[has] to ～

「～しなければならない」というときは助動詞の must を使います。否定文では must のあとに not を置き（短縮形は mustn't），「～してはならない」という禁止の意味を表します。

肯定文　I must clean my room.　私は部屋をそうじしなければなりません。

～しなければならない　動詞の原形

否定文　You must not use this computer.　あなたはこのコンピューターを使ってはいけません。

短縮形は mustn't　～してはならない

また，〈have[has] to ＋動詞の原形〉でも「～しなければならない」という意味を表すことができます。have[has] to ～の否定文は don't[doesn't] have to ～の形で，「～する必要はない」という意味を表します。

肯定文　You have to make breakfast.　あなたは朝食を作らなければなりません。

～しなければならない　動詞の原形

否定文　You don't have to make breakfast.　あなたは朝食を作る必要はありません。

～する必要はない

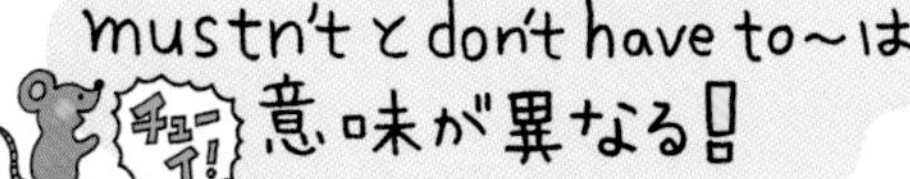

過去の文で「～しなければならなかった」というときは，had to ～を使います。must に過去形はありません。

例 I had to stay home yesterday.　私は昨日，家にいなければなりませんでした。

must の疑問文は must を主語の前に置きます。答えるときは，〈Yes, 主語＋ must.〉や〈No, 主語＋ don't[doesn't] have to.〉を使います。

疑問文　Must I do the work?　私はその仕事をしなければなりませんか。

主語の前

答えの文　Yes, you must. / No, you don't have to.　はい，しなければなりません。／いいえ，する必要はありません。

must not を使わない！

「～しなければならない」　〈must ＋動詞の原形〉
〈have[has] to ＋動詞の原形〉

解答 p.18

合格力チェック！
□「～しなければならない」を must ～や have[has] to ～を使って表すことができる。
□ mustn't ～と don't have to ～の違いがわかる。

1 [ ]に適する語を書きましょう。

(1) 私はこの本を読まなければなりません。
I [ ] [ ] this book.

(2) 私は宿題をしなければなりません。 宿題をする：do ～'s homework
I [ ] [ ] [ ] my homework.

(3) 私は昼食を作らなければなりませんか。 ― いいえ，その必要はありません。
[ ] I make lunch? ― No, you don't [ ] [ ].

2 次の文を( )内の指示にしたがって書きかえましょう。

(1) Mike washes his car. (「～しなければならない」という５語の文に)

(2) We have to clean the room. (下線部を Emi にかえて)

(3) I have to help my father. (文末に yesterday を加えて過去の文に)

3 日本語になおしましょう。

(1) You must not take pictures in this room. take pictures：写真を撮る
あなたは( )。

(2) You don't have to go to school today. today：今日(は)
あなたは( )。

入試に挑戦 対話文が成り立つように，〔 〕内の語を並べかえて書きなさい。 〈島根〉

A： When will your soccer game start on Saturday?
B： It'll start at 8:30 a.m., so 〔 to / I / home / have / leave 〕 early in the morning.

..., so ______ early in the morning.

start：始まる a.m.：午前 leave：出発する

45 「～してくれますか」「～してもよいですか」

依頼する表現，許可を求める表現

ここからは会話表現を学習します。依頼，申し出，提案・勧誘などの表現や，電話，買い物，道案内などの場面でよく使われる表現を覚えましょう。

「～してくれますか」と依頼するときは，Can you ～? / Will you ～? を使います。ていねいにいうときは，Could you ～? / Would you ～? といいます。依頼に応じるときは Sure. / Of course.（もちろんです）などと，依頼を断るときは I'm sorry, (but) I can't.（すみませんが，できません）などといいます。

Can you open the window?
～してくれますか
窓を開けてくれますか。　依頼する

— Sure. / I'm sorry, I can't.
— もちろんです。/ すみませんが，できません。

まとめて覚えよう 相手に依頼する表現

・Can you ～? / Will you ～?　～してくれますか。
・Could you ～? / Would you ～?　～していただけますか。
【応じるとき】・Sure. / Of course.　もちろんです。　・OK. / All right. / No problem.　いいですよ。
【断るとき】・I'm sorry, (but) I can't. / Sorry, (but) I can't.　すみませんが，できません。

また，「～してもよいですか」と許可を求めるときは，Can I ～? や May I ～? を使います。許可するときは Sure. / Of course. などと，許可しないときは I'm sorry, (but) you can't.（すみませんが，できません）などといいます。

Can I use your dictionary?
～してもいいですか
あなたの辞書を使ってもいいですか。　許可を求める

— Of course. / I'm sorry, but you can't.
— もちろんです。/ すみませんが，できません。

まとめて覚えよう 許可を求める表現

・Can I ～? / May I ～?　～してもよいですか。
【応じるとき】・Sure. / Of course.　もちろんです。　・OK. / All right. / No problem.　いいですよ。
【断るとき】・I'm sorry, (but) you can't. / Sorry, (but) you can't.　すみませんが，できません。

解答 p.19

合格力チェック！
- □ 依頼する表現と，その答え方がわかる。
- □ ていねいに依頼する表現がわかる。
- □ 許可を求める表現と，その答え方がわかる。

1 □に適する語を書きましょう。

(1) ドアを閉めてくれますか。　閉める：close

□ □ close the door?

(2) このリンゴを食べてもいいですか。

□ □ eat this apple?

(3) あなたの家族について私に話していただけますか。　家族：family

□ □ tell me about your family?

2 答えの文の□に適する語を書きましょう。

(1) Can you help me?　(手伝ってくれますか)

①「いいですよ」と応じるとき　□.

②「すみませんが，できません」と断るとき

I'm □, □ can't.

(2) Can I read this book?　(この本を読んでもいいですか)

①「いいですよ」と応じるとき　All □.

②「すみませんが，できません」と断るとき

I'm □, but □ can't.

3 〔　〕内の語句を並べかえて，英文を作りましょう。

(1) 私の部屋をそうじしてくれますか。　〔 clean / you / my room / will 〕?

____

(2) あなたのペンを使ってもいいですか。　〔 I / your pen / may / use 〕?

____

入試に挑戦 対話文の□に入る最も適切な１語を書きなさい。ただし，６文字の単語で書くこと。

〈北海道〉

A：Can you come with me?

B：Yes, of □.

46 「～しましょうか」「～しませんか」

申し出る表現，勧誘・提案する表現　A46

「～しましょうか」と申し出るときは，Shall I ～? を使います。

申し出に応じるときは Yes, please.（はい，お願いします）などと，断るときは No, thank you.（いいえ，けっこうです）などといいます。

まとめて覚えよう 申し出る表現

・Shall I ～?　～しましょうか。
【応じるとき】
・Yes, please.　はい，お願いします。
【断るとき】
・No, thank you.　いいえ，けっこうです。

Shall I open the door?
～しましょうか。
ドアを開けましょうか。　申し出る

― Yes, please. / No, thank you.
― はい，お願いします。/ いいえ，けっこうです。

また，「～しませんか」「～してはどうですか」と誘ったり，提案したりするときは，Shall we ～? / How about ～ing? / Why don't we〔you〕 ～? などを使います。

誘いや提案に応じるときは Yes, let's.（はい，そうしましょう） / That's a good idea.（それはよい考えです） / Sure.（もちろんです）などと，断るときは No, let's not.（いいえ，よしましょう）や I'm sorry, (but) ～.（すみませんが，～）などといいます。

Shall we go shopping?　買い物に行きませんか。
～しませんか
― Yes, let's. / No, let's not.　勧誘・提案
― はい，そうしましょう。/ いいえ，よしましょう。

Why don't we join the party?　パーティーに参加しませんか。
～しませんか
― That's a good idea. / I'm sorry, I have to stay home.（断る理由）
― それはよい考えです。/ すみませんが，家にいなければなりません。

まとめて覚えよう 勧誘・提案する表現

・Shall we ～? / Why don't we ～?　～しませんか。
・How about ～ing? / Why don't you ～? / Do you want to ～? / Would you like to ～?　～してはどうですか。
【応じるとき】・Yes, let's.　はい，そうしましょう。　・That's a good idea.　それはよい考えですね。
・I'd love to.　喜んで。　・Sure. / Of course.　もちろんです。
【断るとき】・No, let's not.　いいえ，よしましょう。　・I'm sorry, ～. / Sorry, ～.　すみませんが，～(理由)。

合格力チェック！
□申し出る表現と，その答え方がわかる。
□提案・勧誘する表現と，その答え方がわかる。

解答 p.19

1 ＿＿に適する語を書きましょう。

(1) あとであなたに電話をかけましょうか。 あとで：later
＿＿ ＿＿ call you later?

(2) 公園でテニスをしませんか。
＿＿ ＿＿ play tennis in the park?

(3) 3時に駅で会いませんか。
＿＿ ＿＿ we meet at the station at three?

2 答えの文の＿＿に適する語を書きましょう。

(1) Shall I clean your room? （あなたの部屋をそうじしましょうか）
①「はい，お願いします」と応じるとき Yes, ＿＿.
②「いいえ，けっこうです」と断るとき No, ＿＿ ＿＿.

(2) Shall we eat lunch over there? （向こうで昼食を食べませんか） lunch：昼食
①「はい，そうしましょう」と応じるとき Yes, ＿＿.
②「いいえ，よしましょう」と断るとき No, ＿＿ ＿＿.

3 〔 〕内の語句を並べかえて，英文を作りましょう。

(1) いっしょにDVDを見てはどうですか。
〔 about / a DVD / how / watching 〕 together?
＿＿＿＿＿＿＿＿ together?

(2) このコンピューターを使ってはどうですか。
〔 you / don’t / this computer / why / use 〕?
＿＿＿＿＿＿＿＿

入試に挑戦 対話文が成り立つように，最も適切なものをア～エから1つ選び，記号で答えなさい。 〈沖縄〉
A： I have so many bags to carry! carry：運ぶ
B：（ア Does イ Have ウ Shall エ Did ）I help you?
（　　　）

47 電話でよく使われる表現

場面ごとの会話表現 ①

ここからは場面ごとによく使われる会話表現を学習します。

電話で使われる表現を見てみましょう。電話をかける側が使う表現と，受ける側が使う表現をそれぞれ覚えましょう。

A：Hello. This is Lisa.
もしもし。リサです。
May I speak to Ken, please?
ケンさんをお願いします。
B：Speaking. What's up?
私です。　どうしたの。

相手が不在のときによく使われる表現も覚えましょう。

A：Hello. This is Bob.
もしもし。ボブです。
Can I speak to Yuki, please?
ユキさんをお願いします。
B：Sorry, she's out.
すみません，彼女は外出中です。
Can I take a message?
伝言をうかがいましょうか。
A：No, thank you. **I'll call back later.**
いいえ，けっこうです。あとでかけ直します。

まとめて覚えよう　電話での会話表現

【かける側】
・May[Can] I speak[talk] to ～, please?　～さんをお願いします。
・Is this ～?　～さんですか。
・I'll call back later.　あとでかけ直します。
・May[Can] I leave a message?　伝言をお願いしてもいいですか。

【受ける側】
〔在宅のとき〕・Speaking.　私です。
・Just a minute[moment]. / Hold on, please.　少々お待ちください。
〔不在のとき〕・I'm sorry[Sorry], he[she] is out.　すみません，外出中です。
・May[Can, Shall] I take a message?　伝言をうかがいましょうか。
〔その他〕・Sorry. You have the wrong number.　すみません。番号がまちがっています。

練習問題

解答 p.19

合格力チェック!
- □ 電話をかける側の表現がわかる。
- □ 電話を受ける側の表現がわかる。
- □ 電話のやりとりの流れがわかる。

1

□に適する語を書きましょう。

(1) もしもし。こちらはマイクです。
□. □ □ Mike.

(2) リョウくんをお願いします。— 私です。
Can I □ □ Ryo, please? — □.

(3) すみません，彼は外出中です。
□, he's □.

(4) あとでかけ直します。
I'll □ □ later.

2

日本語になおしましょう。

(1) Just a minute. (　　　)

(2) May I leave a message? message：伝言
(　　　)

(3) You have the wrong number. wrong：まちがった number：(電話などの)番号
(　　　)

3

〔 〕内の語句を並べかえて，英文を作りましょう。

(1) ユカさんをお願いします。〔 to / Yuka / may / talk / I 〕, please?

____________________, please?

(2) 伝言をうかがいましょうか。〔 take / I / a message / can 〕?

____

入試に挑戦

次の英文は，電話での対話文です。２人の対話が交互に自然につながるようにア～エの文を正しく並べかえて，記号で答えなさい。〈沖縄〉

ア OK. I'll call back later.
イ This is Tom Smith. Can I speak to Mr. Brown?
ウ Hello. Mr. Brown's office. office：事務所
エ I'm sorry, he is busy now.

(　　) → (　　) → (　　) → (　　)

48 買い物でよく使われる表現

場面ごとの会話表現 ②

買い物でよく使われる表現を学習しましょう。シャツを買うためにお店に入ったときを例に見てみましょう。

A：May I help you?
　　いらっしゃいませ。

B：I'm looking for a shirt.
　　シャツを探しています。

大きさや色など，商品を選ぶときのやりとりを見てみましょう。

A：What color do you want?
　　何色がほしいですか。

B：I want a pink one.
　　ピンク色のものがほしいです。

A：I see. How about this one?
　　わかりました。こちらはいかがですか。

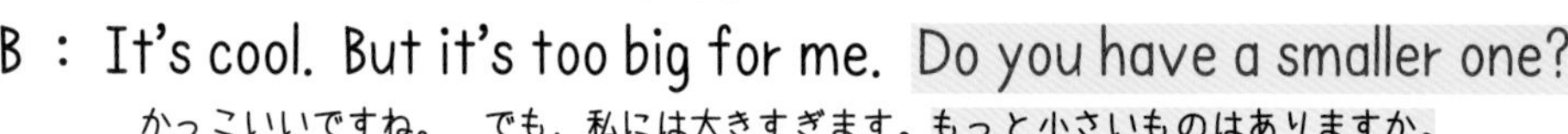

B：It's cool. But it's too big for me. Do you have a smaller one?
　　かっこいいですね。　でも，私には大きすぎます。もっと小さいものはありますか。

A：Sure. Here you are.
　　もちろんです。はい，どうぞ。

B：Oh, this is good.
　　ああ，これはよいですね。

値段のたずね方など，商品を買うときの表現を覚えましょう。

B：How much is it?
　　いくらですか。

A：It's three thousand yen.
　　3,000円です。

B：OK. I'll take it.
　　わかりました。それをいただきます。

まとめて覚えよう　買い物での会話表現

【店員】・May[Can] I help you?　いらっしゃいませ。（お手伝いいたしましょうか。）
　・How about this one?　これはいかがですか。

【客】・I'm looking for ～.　～を探しています。　・I'm just looking.　見ているだけです。
　・Do you have a bigger[smaller] one?　もっと大きい[小さい]ものはありますか。
　・May[Can] I try it on?　試着してもいいですか。
　・How much is it?　それはいくらですか。　・I'll take it.　それをいただきます。

練習問題

解答 p.19

合格力チェック！
- □ 買い物で店員が使う表現がわかる。
- □ 買い物で客が使う表現がわかる。
- □ 買い物のやりとりの流れを理解している。

1 □に適する語を書きましょう。

(1) いらっしゃいませ。 □ □ help you?

(2) 私は上着を探しています。 上着：jacket
I'm □ □ a jacket.

(3) これはいかがですか。
□ □ this one?

(4) 試着してもいいですか。
May I □ it □ ?

2 日本語になおしましょう。

(1) May I help you? — No, thanks. I'm just looking.
お手伝いいたしましょうか。— いいえ，けっこうです。(　　　　)

(2) I'll take this pen. How much is it?
(　　　　)

3 〔　〕内の語を並べかえて，英文を作りましょう。

(1) 何色をお求めですか。 〔 you / color / do / want / what 〕? 色：color

(2) この帽子は私には小さすぎます。もっと大きいものはありますか。 帽子：cap
This cap is too small for me. 〔 have / bigger / a / do / one / you 〕?

入試に挑戦 対話文の(　)に入る最も適切なものを，ア～エから１つ選び，記号で答えなさい。〈徳島〉

A：(　　　　)
B：Yes, please. I'm looking for a present for my brother.

ア Could you help me?　　イ Shall we have something hot?
ウ May I help you?　　エ Will you ask me a question?

present：贈り物，プレゼント　(　　　)

道案内でよく使われる表現

道案内でよく使われる表現を学習しましょう。

A：Excuse me. Could you tell me the way to the city hall?
すみません。　市役所へ行く道を教えていただけませんか。

B：Sure. Go down this street. Turn right at the second corner.
もちろん。この道にそって行ってください。2つ目の角を右に曲がってください。

You'll see it on your left.
それは左側に見えます。

A：Thank you very much.
どうもありがとう。

まとめて覚えよう 道案内での会話表現

【たずねる側】・*Could you tell[show] me the way to ～? / *Could you tell[show] me how to get to ～?
～へ行く道[への行き方]を教えていただけませんか。　*could のほかに can, will, would も使われる。
・How can I get to ～?　～へはどうやって行けますか。
・Where is ～?　～はどこにありますか。
【答える側】・Go down[along] this street.　この道にそって行ってください。
・Turn right[left] at ～.　～を右[左]に曲がってください。
・You'll[You can] see[find] it on your right[left].　それは右[左]側に見えます。

バスや電車など，乗り物での行き方の案内でよく使われる表現も覚えましょう。

A：How can I get to Midori Park?
みどり公園へはどうやって行けますか。

B：Take the Chuo Line. Get off at Midoricho Station.
中央線に乗ってください。　みどり町駅で降りてください。

A：I see. Thank you.
わかりました。ありがとう。

まとめて覚えよう 乗り物での行き方の案内での会話表現

【たずねる側】・Which bus[train] goes to ～?　どのバス[電車]が～へ行きますか。
・Where should I get off?　どこで降りたらよいですか。
・How many stops is ～ from ...?　～は…からいくつ目の停留所[駅]ですか。
・How long does[will] it take?　どれくらいの時間がかかりますか。
【答える側】・Take ～ (Line).　～(線)に乗ってください。
・Get on[off] the bus[train] at ～.　～でバス[電車]に乗って[を降りて]ください。
・Change trains at ～.　～で電車を乗り換えてください。

解答 p.19

合格力チェック！
- □ 道案内でたずねる側の表現がわかる。
- □ 道案内で答える側の表現がわかる。
- □ 乗り物での行き方の案内で使う会話表現がわかる。

1 □に適する語を書きましょう。

(1) 駅へ行く道を教えていただけませんか。
Could you tell me the □ □ the station?

(2) この通りにそって行ってください。３つ目の角を左に曲がってください。
□ down this street. □ left at the third corner.

(3) あさひ公園へはどうやって行けますか。
□ can I □ to Asahi Park?

(4) 北線に乗ってください。あさひ駅で降りてください。
□ the Kita Line. □ □ at Asahi Station.

2 日本語になおしましょう。

(1) Which bus goes to the city hall? city hall：市役所
(　　　　　　　　　　　　)

(2) How long does it take? take：(時間が)かかる
(　　　　　　　　　　　　)

3 〔　〕内の語句を並べかえて，英文を作りましょう。

(1) どこで降りたらよいですか。 ～したほうがよい：should
〔 get / where / I / off / should 〕?

____

(2) 博物館への行き方を教えていただけませんか。 博物館：museum
〔 to / tell me / how / get to / could you 〕 the museum?

____________________ the museum?

入試に挑戦 対話文が成り立つように，〔　〕の中の語を並べかえて書きなさい。 〈宮崎〉

A：〔 to / how / I / can / get 〕 the station?
B： Go straight and turn right at the second corner. straight：まっすぐに

____________________ the station?

まとめのテスト

➡ 解答 p.20

勉強した日　　月　　日
得点　　/100点

1 次の文の□に，（　）内から適する語句を選んで書きなさい。　3点×5(15点)

(1) My father can [　　] well.　(cook / cooks / cooking)　cook：料理する

(2) Kayo [　　] to wash the dishes.　(must / have / has)　dish：皿

(3) [　　] I go there? — No, you don't have to.　(Can / Do / Must)

(4) [　　] we sing English songs? — Yes, let's.　(Will / Shall / Must)

(5) Shall I make lunch? — No, [　　]. I'm full.
(you can't / you mustn't / thank you)

2 次の日本語に合うように，□に適する語を書きなさい。　5点×5(25点)

(1) このセーターはいくらですか。　セーター：sweater
[　　] [　　] [　　] this sweater?

(2) どれくらいの時間がかかりますか。　(時間が)かかる：take
[　　] [　　] does it [　　] ?

(3) 伝言をお願いしてもいいですか。
[　　] [　　] [　　] a message?

(4) 私の妹は速く走ることができました。
My sister [　　] [　　] [　　] run fast.

(5) あなたは明日の朝，早く起きる必要はありません。
You [　　] [　　] [　　] get up early tomorrow morning.

こまったときのヒント

1 (1)助動詞 can に続く動詞の形は？　(2)「カヨは皿を洗わなければなりません」という意味の文に。空所のあとの to に注目する。(3)「そこへ行かなければなりませんか」という意味の文に。(4)「～しませんか」と相手を誘う文に。(5)「～しましょうか」という申し出を断るときのいい方。

2 (1)(2) How ～で始める。(3)許可を求めるいい方。can または may で始める。(4)「～できる」を able を使って3語で表す。(5)「～する必要はない」は，have to の否定文で表す。

3 次のようなとき，英語でどのようにいうか，（　）内の語句を使って書きなさい。

6点×5(30点)

(1) この川で泳いではいけないと，禁止するとき。(must)

泳ぐ：swim　川：river

(2) 窓を開けてもよいかと，相手に許可を求めるとき。(can)

窓：window

(3) 音楽を聞こうと，相手に提案するとき。(why, we)

〜を聞く：listen to 〜

(4) 店で，シャツを探していると店員にいうとき。(a shirt)

〜を探す：look for 〜

(5) 図書館へはどうやって行けばよいかと，たずねるとき。(can, get, the library)

入試に挑戦 〔　〕内の語句を並べかえて，英文を完成させなさい。

10点×3(30点)

(1) Can〔 this bag / you / carry 〕to the room? 〈北海道改〉

Can ＿＿＿＿＿＿＿＿＿＿ to the room?

carry：運ぶ

(2) A：Hello. This is Ken.〔 to / may / speak / I / Mike 〕, please? 〈秋田改〉

B：Sorry, he's out now. He will come home at six.

＿＿＿＿＿＿＿＿＿＿, please?

(3) A：Let's go shopping at the supermarket. 〈富山〉

B：Do〔 you / to / have / with / go / I 〕?

A：Yes. I have a lot of things to buy today. Please help me.

Do ＿＿＿＿＿＿＿＿＿＿?

go shopping：買い物に行く　supermarket：スーパー(マーケット)

3 (1)主語を you にして must の否定文で表す。(2) Can I で始める。(3) Why don't we で始める。(4)〈be 動詞＋動詞の ing 形〉の現在進行形で表す。(5)「どうやって」は，疑問詞 How で表す。

入試に挑戦 (1)「このかばんを部屋へ運んでもらえますか」と依頼する文に。(2)電話で「〜さんをお願いします」というときの表現。(3)「私はあなたといっしょに行かなければなりませんか」という意味の文に。have to の疑問文で表す。

特集 まとめて整理 助動詞を使った会話表現

助動詞を使った会話表現を整理しましょう。

許可を求める表現 ・Can I ～? / May I ～? 「～してもいいですか」

Can I use your pen? あなたのペンを使ってもいいですか。

— Sure. ―もちろん。

May I open the window? 窓を開けてもいいですか。

— I'm sorry, I feel cold. ―すみません，寒いです。

Can[May] I ～? は自分がすることに許可を求めるいい方だよ。

依頼する表現 ・Can you ～? / Will you ～? 「～してくれますか」
・Could you ～? / Would you ～? 「～していただけますか」

Can you make lunch for me? 私に昼食を作ってくれませんか。

— All right. ―いいですよ。

Would you help me? 私を手伝っていただけませんか。

— I'm sorry, I'm busy now. ―すみません，今忙しいです。

申し出る表現 ・Shall I ～? 「(私が)～しましょうか」

Shall I make some cookies? クッキーを作りましょうか。

— Yes, please. ―はい，お願いします。

Shall I ～? は相手のために自分がするというときに使うよ。

提案する表現 ・Shall we ～? 「(いっしょに)～しませんか」

Shall we go to see a movie? 映画を見に行きませんか。

— Yes, let's. ―はい，行きましょう。

アドバイスする表現 ・You should ～. 「あなたは～すべきです」

You should go to bed early. あなたは早く寝るべきです。

得点力UP! 入試特集
パターン別入試問題の解き方

ねらい

入試の英作文・長文読解・リスニングの3分野でよく出る問題の解き方をパターン別に学習し，身につけましょう。

1 例題 を よく読みましょう。

入試でよく出る問題の形式を知りましょう。

2 解き方 を 確認しましょう。

入試攻略のカギ で問題を解くコツを身につけます。

3 入試問題に チャレンジ！ を解きましょう。

入試問題を使って，解く練習をしましょう。

解答と解説で答え合わせをして，入試本番に備えよう！

1 絵のふきだしに入る文を書く問題

例題 次の絵について，自然な対話になるように(　)に入る適切な**3語以上**の英語を書きなさい。対話は①～④の順に行われています。〈島根〉

① How are the cookies?
② They taste good!

③ (　　　　　　)
④ No, thank you. I'm full.

解き方

入試攻略のカギ

❶ 絵を見て対話を読み，どのような場面かを把握して，対話の流れを押さえる。
❷ 空所の前後の文を注意して読み，空所に入る内容を考える。
❸ 自分が知っているなるべく簡単な単語や表現を使う。
❹ 書いた文が条件を満たしているか，文法やつづりのまちがいがないか見直す。

STEP 1

❶ 対話の流れを押さえる。

① How are the cookies?　　訳クッキーはどうですか？

② They taste good!（taste：～の味がする）　　おいしいです！

❷「いいえ，けっこうです。おなかがいっぱいです」と断っている。↓

③ (　　　　　　)　　(　　　　)←クッキーをもっと勧める文が入る！

↑

④ No, thank you. I'm full.（full：おなかがいっぱい）　　いいえ，けっこうです。おなかがいっぱいです。

「～はいかがですか」は何と言ったかな。

STEP 2

❸ なるべく簡単な文にする。

「もっといかがですか」　Would you like some more?
Would you like ～?「～はいかがですか」
❹ 相手に勧めるときは疑問文でも some を使う。

または

「もっと食べませんか」　Why don't you eat more?
Why don't you ～?「～しませんか」

が入る。

「もっと」は more を使えばいいんだね。

答え 例 Would you like some more? / Why don't you eat more?

飲み物のおかわりを勧める表現
- Would you like another cup[glass] of ～?
- Would you like some more ～?

入試問題にチャレンジ！

➡ 解答 p.21

1 母，ユウコ(Yuko)，オサム(Osamu)がリビングルームにいる場面です。自然な対話になるように(　)に入る適切な５語以上の英語を書きなさい。それぞれ２文以上になってもかまいません。対話は①～④の順に行われています。〈佐賀〉

(1) ＿＿＿＿＿＿＿＿＿＿＿＿＿＿＿＿

(2) ＿＿＿＿＿＿＿＿＿＿＿＿＿＿＿＿

2 ALT のスーザン(Susan)先生とヨウコ(Yoko)が話をしています。自然な対話になるように(　)に入る適切な **3 語以上**の英語を書きなさい。対話は①～⑨の順に行われています。〈富山〉

1
① Hi, Yoko! ((1))?
② Yes. I visited Kyoto with my family.
③ That's good!

2
④ ((2))?
⑤ No, I haven't. But I'm going to go there next month.

3
⑥ Oh, really? ((3))?
⑦ I'll visit some famous shrines and temples.

4
⑧ I have a *guidebook. I'll show it to you later.
⑨ Thank you.

京都 ガイドブック

注　guidebook：ガイドブック

(1) ＿＿＿＿＿＿＿＿＿＿＿＿＿＿＿＿?

(2) ＿＿＿＿＿＿＿＿＿＿＿＿＿＿＿＿?

(3) ＿＿＿＿＿＿＿＿＿＿＿＿＿＿＿＿?

1 (1)母はユウコに何と注意すればよいか。　(2)注意した理由を答える。
2 (1) Yes で答えて，京都に行ったと言っている。(2) No, I haven't. と答えていることに注目。

勉強した日　　月　　日

2 絵について説明する文を書く問題

例題 次の絵は，タロウ(Taro)のある日の出来事を表したものです。場面Aから場面Bに続くストーリーとなるように，それぞれの場面を説明する適切な英語を2文ずつ書きなさい。1つの英文は5語以上で書くこと。〈香川〉

[場面A] ❶女性が図書館を探していた。

[場面B] ❶タロウは図書館まで連れて行った。

[場面A] ______________________________

[場面B] ______________________________

解き方

入試攻略のカギ

❶ 絵をよく見て，時，場所，人物などに注目して場面を把握し，話の流れを押さえる。
❷ 絵の人物が何をしているのか，何をしたいと思っているのかを考える。
❸ ストーリーとなるように，条件に注意して英文を書く。

STEP 1

❶図書館への道がわからない女性をタロウが助ける場面。

絵をよく見て，人物の様子に注目しよう。

[場面A]

・道で女性がキョロキョロしている。
・女性のふきだしの中に図書館がある。
・タロウが女性に気づいた。

↓

❷・女性が図書館を探している。
　・タロウはその女性を助けようと思った。

[場面B]

・図書館の前で，タロウが図書館を指さしている。
・ふきだしの中に読書をしている女性がいる。

↓

❷・タロウは女性を図書館まで連れて行った。
　・女性はそこで読書ができると思った。

STEP 2

❸ストーリーとなるように，5語以上の英文を2文ずつ書く。

文法のまちがいに気をつけて！

[場面A] A woman was looking for a library. Taro wanted to help her.
look for ～「～を探す」

[場面B] He took her to the library. She thought she could read a book there.
take ～ to ...「～を…へ連れて行く」　think (that) ～「～と思う」

答え 例 [場面A] A woman was looking for a library. Taro wanted to help her.
[場面B] He took her to the library. She thought she could read a book there.

入試問題にチャレンジ!

解答 p.21

1 次の A，B の絵が一連の話になるように，[絵の説明] の中の ＿＿ に適切な英語を書きなさい。英語は 2 文以上になってもかまいません。〈長崎〉

A

[絵の説明]

Tom said to his mother, “I’ll go to the library.”

＿＿＿＿＿＿＿＿＿＿＿＿＿＿＿＿＿＿＿＿＿＿＿＿

＿＿＿＿＿＿＿＿＿＿＿＿＿＿＿＿＿＿＿＿＿＿＿＿

But he said, “No,” and left home without it.

B

[絵の説明]

Ten minutes later, it began to rain.

2 カオリ(Kaori)が体験したことを表した A から C へと続く 3 枚の絵を見て，それぞれの場面を説明する英語を，書き出しに続けて 2 文で書きなさい。〈群馬〉

A

One day, ＿＿＿＿＿＿＿＿＿＿＿＿＿＿＿＿＿＿＿＿

＿＿＿＿＿＿＿＿＿＿＿＿＿＿＿＿＿＿＿＿＿＿＿＿

＿＿＿＿＿＿＿＿＿＿＿＿＿＿＿＿＿＿＿＿＿＿＿＿

B

The next Sunday, ＿＿＿＿＿＿＿＿＿＿＿＿＿＿＿＿＿

＿＿＿＿＿＿＿＿＿＿＿＿＿＿＿＿＿＿＿＿＿＿＿＿

＿＿＿＿＿＿＿＿＿＿＿＿＿＿＿＿＿＿＿＿＿＿＿＿

C

Kaori and her father ＿＿＿＿＿＿＿＿＿＿＿＿＿＿＿

＿＿＿＿＿＿＿＿＿＿＿＿＿＿＿＿＿＿＿＿＿＿＿＿

＿＿＿＿＿＿＿＿＿＿＿＿＿＿＿＿＿＿＿＿＿＿＿＿

こまったときのヒント

1 トムの母親はかさを手に持って，トムに差し出している。

2 A は父親とテレビを見ているところ，B は動物園に来たところ，C は驚いているところ。

3 場面や状況に応じた文を書く問題

例題 あなたは，町の図書館でボランティア活動をしているときに，「えほんのへや」の前で，外国人の子どもから “May I use this room?” とたずねられました。その子どもに，「使ってもよいこと」と，「くつを脱ぐこと，静かにすること，飲食禁止であること」という，その部屋の決まりを伝える英語を書きなさい。ただし，文の数や語の数はいくつでもよい。〈徳島〉

解き方

入試攻略のカギ

❶ 設問文をよく読んで，書く内容を整理する。
❷ 文が長くなるときは，２文以上に分けて書く。
❸ 日本語を英語になおしにくいときは，表現しやすい言い方にかえる。
❹ 書いた文が条件を満たしているか，文法やつづりのまちがいがないか見直す。

STEP① ❶書く内容を整理する。

May I use this room? に答えるように始める。

① その部屋を使ってもよいこと → もちろん。
② くつを脱ぐこと → くつを脱いでください。
③ 静かにすること → その部屋では静かにしてください。
④ 飲食禁止であること → 食べたり，飲んだりしてはいけません。

❷ 1文が長くなるときは分ける。
❸ やさしい表現にする。

英語にしやすい言い方を考えることがポイント！

STEP② 英語にする。

① もちろん。　Sure.
② くつを脱いでください。　Please take your shoes off.（take ～ off「～を脱ぐ」）
③ その部屋では静かにしてください。　Please be quiet in the room.（quiet 静かな）
④ 食べたり，飲んだりしてはいけません。　You must not eat or drink here.（must not ～「～してはいけない」）

❹「してはいけない」ことを２つ並べるときは or を使う。

自分が使える簡単な表現を使おう。

答え 例 Sure. Please take your shoes off. Please be quiet in the room. You must not eat or drink here.

入試問題にチャレンジ！

解答 p.22

1 次のような状況において，あとの①～③のとき，あなたならどのように英語で表しますか。それぞれ4語以上の英文を書きなさい。ただし，I'm などの短縮形は1語として数え，コンマ(,)，ピリオド(.)などは語数に入れません。 〈三重〉

[状況] あなたは，三重県内のあるバス停で，外国からの旅行者に出会い，その旅行者に話しかけています。

① どこへ行こうとしているかをたずねるとき。
② 伊勢(Ise)へは電車を使うと早く着くと伝えるとき。
③ 三重(Mie)での旅行を楽しんでもらいたいと伝えるとき。

① ______________________

② ______________________

③ ______________________

2 高校生のミカ(Mika)は，来週の日曜日に留学生のアンナ(Anna)と一緒に出かけることになりました。アンナからEメールでどこに行くか相談を受けたミカは，動物園に行くことを提案しようと思い，アンナにEメールを送ることにしました。

あなたがミカならば，どのような内容のEメールを送りますか。次の**条件**①・②にしたがって，"Hello, Anna. I'm Mika." のあとに**20語程度**の英語で書きなさい。コンマやピリオドなどの記号は語数に含めないこと。 〈大阪〉

[条件] ① 最初に，自分はアンナと一緒に南動物園(Minami Zoo)に行きたいということを書くこと。
② 次に，動物園に行きたい理由を考えて書くこと。

Hello, Anna. I'm Mika. ______________________

____

____

1 ②「電車を使う」は，「電車に乗る」や「電車で行く」などに言いかえるとよい。
2 理由は，動物に興味があるから，動物が大好きだからなど書きやすいものにするとよい。

4 テーマについて意見を書く問題

例題 あなたは日本の四季のうちでどの季節が好きですか。季節を１つ選び，それを選んだ理由を含めて，あなたの考えを**４文以上**のまとまりのある英文で書きなさい。〈高知〉

解き方

入試攻略のカギ

❶ 設問文をよく読んで条件を整理する。　例 語数，文の数，理由などの必ず含める内容
❷ 書きやすいテーマを選び，書く内容を考える。知っている表現で書ける内容にする。
❸ 文章の構成を考える。　例 意見 → 理由 → 具体例
❹ 書いた文が条件を満たしているか，文法やつづりのまちがいがないか見直す。

STEP 1　❶ 条件を整理する。　❷ テーマを選び，書く内容を考える。

条件① 好きな季節を１つだけ選ぶ。 → 夏がいちばん好き
② 理由を書く。 → 泳ぐことが大好きだから
③ 文を４つ以上書く。

理由を書きやすい季節を選ぼう。

STEP 2　❸ 文章の構成を考える。

意見と理由 → １文目　…好きな季節と理由 → 泳ぐことが好きなので，夏が好きだ。
具体例 → ２～４文目…自分の体験や考え → 去年の夏に友だちと海で泳いだ。とても楽しかった。今年の夏も泳ぎに行きたい。

STEP 3　日本語で文を考え，英語にする。

文を難しくしすぎないことがコツなんだね。

１文目…泳ぐことが大好きだから夏がいちばん好き。
I like summer the best because I like swimming very much.
like ～ the best「～がいちばん好きだ」　好きな理由をつけ加える。

２文目…去年の夏に友だちと海で泳いだ。　I swam in the sea with my friends last summer.

３文目…とても楽しかった。　It was a lot of fun.（おもしろいこと）

４文目…今年の夏も泳ぎに行きたい。　I want to go swimming this summer, too.
go ～ing「～しに行く」

答え 例 I like summer the best because I like swimming very much. I swam in the sea with my friends last summer. It was a lot of fun. I want to go swimming this summer, too.

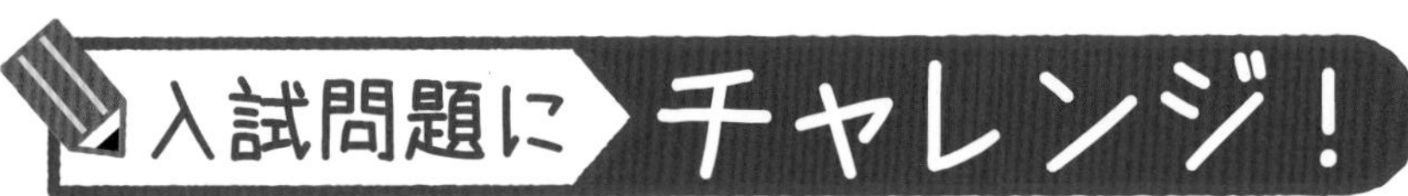

解答 p.23

1 あなたの将来の夢を１つあげ，その理由や説明を[条件]にしたがい，英語で書きなさい。〈沖縄〉

[条件] ① 主語・動詞を含む３文で書くこと。
② １文目には自分の夢を記述すること。
③ ２文目，３文目には夢の理由や説明を記述すること。
２文目，３文目に同じ内容を書いてはいけない。

2 次の[質問]に対して，[条件]にしたがい，まとまった内容の文章を５文以上の英文で書きなさい。〈埼玉17〉

[質問] Which do you like to do in your free time, stay at home or go out?
[条件] ① １文目は I like to に続けて，[質問]に対する答えを書きなさい。
② ２文目以降は，その理由が伝わるように，４文以上で書きなさい。

① I like to ＿＿＿＿＿＿＿＿＿＿＿＿.

② ＿＿＿＿＿＿＿＿＿＿＿＿

1 自分の夢を言うときは，I want to ～. や，My dream is to ～. などを使うとよい。
2 質問は，「ひまなとき，家にいるのと外出するのとではどちらが好きですか」という意味。

英語長文の読み方

英語長文を読むには，いくつかのコツがあります。そのコツを身につけましょう。

1 意味のまとまりに注目！

意味のまとまりに〔　〕をつける。意味のまとまりが，名詞を後ろから修飾しているときは ↶ をつける。

目的 複数の単語が集まってできる意味のまとまりを見抜き，文の主語と動詞を見つける。

意味のまとまりを作るもの

- 〈前置詞＋名詞〉 → 18, 30
- 現在分詞 → 19
- 〈疑問詞＋to ～〉 → 27
- 関係代名詞 → 21～24
- 不定詞 → 25, 26, 31
- 過去分詞 → 20
- 間接疑問 → 29
- 接続詞 → 28, 32, 33
- 動名詞 → 25, 26

● Last night, I read a book about Japanese history.

→〔Last night,〕I read a book〔about Japanese history〕.

時を表すことばのまとまり。　㊟ I＝主　read＝動　book＝目　前置詞に注目。

訳 昨日の夜，私は日本の歴史についての本を読みました。

● Singing songs is a lot of fun for me. I study hard to be a music teacher.

→〔Singing songs〕is a lot of fun〔for me〕. I study hard〔to be a music teacher〕.

動詞の ing 形に注目。　主　動　主　動　〈to＋動詞の原形〉に注目。「～するために」

訳 私にとって歌を歌うことはとてもおもしろいことです。私は音楽の先生になるために，熱心に勉強しています。

● If you are free, let's play soccer.

→〔If you are free,〕let's play soccer.

接続詞に注目。　主　動　動

訳 もしあなたがひまならば，サッカーをしましょう。

意味のまとまりのはじめと終わりに注意しよう。

まとまりの中に，さらにまとまりがあるときは〈　〉，（　）をつける。

● The pictures which Tom took in Okinawa are beautiful.

→ The pictures〔which Tom took〈in Okinawa〉〕are beautiful.

主　関係代名詞に注目。　主　動　前置詞に注目。　動

訳 トムが沖縄で撮った写真は美しいです。

● I think that the girl playing the guitar on the stage is Emi's friend.

→ I think〔that the girl〈playing the guitar（on the stage）〉is Emi's friend〕.

主　動　接続詞に注目。　主　動詞の ing 形に注目。　前置詞に注目。　動

訳 ステージでギターをひいている女の子はエミの友だちだと思います。

主 動 目…文の主語，動詞，目的語。 主 動 目（四角）…まとまりの中の主語，動詞，目的語。

長文を読むための練習

練習1 次の英文の意味のまとまりに〔　〕をつけましょう。〔　〕の中にさらにまとまりがあるときは〈　〉，〈　〉の中にさらにまとまりがあるときは(　)をつけましょう。また，意味のまとまりが名詞を後ろから修飾しているときは ↶ をつけましょう。

(1) I read a book in my room after dinner.
　　部屋

(2) Emma visited her uncle to give a birthday present to him.
　　おじ　誕生日プレゼント

(3) All the students in the class like to sing songs very much.
　　歌

(4) Playing baseball with my friends is a lot of fun for me.
　　おもしろいこと

(5) I hope your dream of teaching Japanese in America will come true.
　　夢　実現する

(6) In August, I visit my grandmother living in Osaka. I like talking with her.
　　8月　おばあさん

She has a dog which has a long tail. I take the dog to a park near her house.
　　しっぽ　公園　家

練習の答え

練習1 (1) I read a book〔in my room〕〔after dinner〕. （私は夕食後に部屋で本を読みます。）

(2) Emma visited her uncle〔to give a birthday present〈to him〉〕.
（エマはおじさんに誕生日プレゼントをあげるために彼を訪ねました。）

(3) All the students〔in the class〕like〔to sing songs〕very much.
（そのクラスの生徒全員が歌を歌うことが大好きです。）

(4)〔Playing baseball〈with my friends〉〕is a lot of fun〔for me〕.
（友だちと野球をすることは私にとってとてもおもしろいことです。）

(5) I hope〔your dream〈of teaching Japanese (in America)〉will come true〕.
（私は，アメリカで日本語を教えるというあなたの夢が実現することを願っています。）

(6)〔In August,〕I visit my grandmother〔living〈in Osaka〉〕. I like〔talking〈with her〉〕.
She has a dog〔which has a long tail〕. I take the dog〔to a park〈near her house〉〕.
（8月に，私は大阪に住んでいる祖母を訪ねます。私は彼女と話すことが好きです。彼女は長いしっぽの犬を飼っています。私は彼女の家の近くの公園へその犬を連れて行きます。）

2 並べる接続詞に注目！ 語句を並べるand, but, orを□で囲み，並べるものに番号をつけ，......を引く。文と文をつなぐ and，but，or，soの前に / を入れる。

目的 接続詞が並べているものを見抜き，文の作りを理解する。

- I bought pencils, notebooks and an eraser.

①pencils ②notebooks ③an eraser　boughtの目的語を３つ並べている。

訳 私はえんぴつ，ノート，消しゴムを買いました。

- You can't go there by bus or by train.

①by bus ②by train　前置詞のまとまりを並べている。

訳 あなたはそこへバスでも電車でも行くことができません。

- Tom went to the zoo,/and he took a lot of pictures there.

主 動　主 動　文と文をつないでいる。

訳 トムは動物園へ行き，そこでたくさん写真を撮りました。

- I went to bed early last night,/but I couldn't get up early this morning.

主 動　主 動　文と文をつないでいる。

訳 私は昨日の夜，早く寝ましたが，今朝，早く起きられませんでした。

3 指示語に注目！ 指示語が何を指しているのか，考えながら読む。

目的 指示語が指しているものを確認し，話の流れを見失わないようにする。

- I saw a movie yesterday. It was a lot of fun.

itはふつう，単数名詞や数えられない名詞を指す。

訳 私は昨日，映画を見ました。それはとてもおもしろかったです。

- There were a lot of flowers in the park. I was happy to see them.

themは複数名詞を指す。

訳 公園にはたくさんの花がありました。私はそれを見て幸せでした。

- This shirt is too small. Do you have a bigger one?

oneは前に出た同じ名詞のくり返しを避けるときに使う。

訳 このシャツは小さすぎます。もっと大きいものはありますか。

- "I think it will be sunny tomorrow." "I hope so."

soは語句や文を指す。

訳 「私は明日，晴れると思います」「そうだといいですね」

- Ken has climbed Mt. Fuji. I was surprised to hear that.

thatは単数名詞や，語句，文を指す。

訳 ケンは富士山に登ったことがあります。私はそれを聞いて驚きました。

itは指しているものそのものを表すけれど，oneは指しているものと同じ種類の別のものを表すよ。

長文を読むための練習

練習2 次の英文の語句を並べる接続詞を□で囲み，並べるものに，①，②…と番号をつけ，┈┈を引きましょう。また，文と文をつなぐ接続詞の前に / を入れましょう。

(1) I like dogs and cats very much, but I don't have dogs or cats.

(2) Lisa went to Kyoto and Nara last month. She visited many famous temples
有名な 寺
and took many pictures there.

(3) Tom, Bob, and Emma went to the library. Tom and Bob borrowed books and
借りる
CDs but Emma didn't borrow anything.

練習3 下線部の指示語が指しているものに〰を引きましょう。

(1) I have two books in my bag. They are interesting.
おもしろい

(2) Ken was looking for a T-shirt. He wanted a red one.

(3) "Yuki left Japan for Australia three days ago." "I didn't know that."
オーストラリア

練習の答え

練習2
(1) I like dogs① [and] cats② very much,/but I don't have dogs① [or] cats②.
(私は犬もネコも大好きですが，犬もネコも飼っていません。)

(2) Lisa went to Kyoto① [and] Nara② last month. She visited① many famous temples [and] took② many pictures there.
(リサは先月，京都と奈良に行きました。彼女はたくさんの有名なお寺を訪れて，そこでたくさん写真を撮りました。)

(3) Tom①, Bob②, [and] Emma③ went to the library. Tom① [and] Bob② borrowed books① [and] CDs② /but Emma didn't borrow anything.
(トム，ボブ，エマは図書館へ行きました。トムとボブは本とCDを借りましたが，エマは何も借りませんでした。)

練習3
(1) I have two books in my bag. They are interesting.
(私はかばんの中に2冊の本を持っています。それらはおもしろいです。)

(2) Ken was looking for a T-shirt. He wanted a red one.
(ケンはTシャツを探していました。彼は赤いTシャツがほしかったのです。)

(3) "Yuki left Japan for Australia three days ago." "I didn't know that."
(「ユキは3日前にオーストラリアへ向けて日本を出発しました」「それは知りませんでした」)

5 指示語の内容を答える問題

例題① 次の英文は，高校生のリエ(Rie)が，英語の授業でしたスピーチの原稿の一部です。下線部の内容に当たるひとつづきの**英語５語**を，本文中から抜き出して書きなさい。〈大阪〉

I went〔to Australia〕〔last August〕and stayed there〔for three weeks〕. I stayed〔with my host family〕/and I had a very good time.

ホストファミリー　have a good time「楽しい時を過ごす」

My host family had a daughter/and her name was Emily. I went〔to a high school〕〔with her〕. She always helped me. For example, when I couldn't understand some English words teachers said, she taught me the meanings of them. 〔One day,〕I joined a Japanese class〔at the school〕. The teacher〔teaching Japanese〕was Mr. Brown/and he asked me〔to *pronounce Japanese words〕. I thought〔(that) the students〈in the class〉enjoyed〈studying Japanese〈with me〉〉〕. I felt very happy〔because I could help them〕.

娘　この文に注目　～に参加する　主　現在分詞　動　ask 人 to ～「(人)に～するように頼む」　主　動　目　→Mr. Brown and the students

注 pronounce：発音する

解き方　指示語の指す語句を答える問題

入試攻略のカギ

❶ 指示語よりも前の文から探す。直前になければもう少し前を探す。
❷ 指示語が単数の代名詞なら単数名詞，複数の代名詞なら複数名詞や and でつながれた語句を探す。
❸ 見つけた語句を指示語に当てはめて，意味が通るか確認する。

STEP 1

(4行目)〔For example,〕〔when I couldn't understand some English words〈teachers said〉,〕

たとえば　～を理解する

❶ 指示語よりも前の文から探す。

she taught me the meanings〔of them〕.

意味　❷ 複数名詞を探す。

STEP 2

❸ 当てはめて確認。

問題の条件は５語。

彼女は先生方が言ったいくつかの英単語の意味を私に教えてくれました。

答え some English words teachers said

プラスワン

指示語が指しているもの
- it / its, this, that → 単数名詞
- they / their / them, these, those → 複数名詞
- it, this, that, so → 前の文，語句の内容

例題② 次の対話文の下線部が示す具体的な内容を，**30字以内の日本語**で書きなさい。〈宮崎〉

A：〔Last summer,〕I watched the Olympics and the Paralympics〔in Rio〕〔on TV〕.
① ② リオ
I thought〔(that) it was really wonderful〕.

B：We will have the same event〔in Tokyo〕〔in 2020〕. I'm looking forward to it.
同じ　look forward to ～「～を楽しみに待つ」

A：What will you do〔in 2020〕?

B：Now I'm〔on the tennis team〕,/so I want to take part in the Tokyo Olympics as a tennis player of Japan. It may be difficult,/but I will do my best.
この文に注目

A：Good luck!

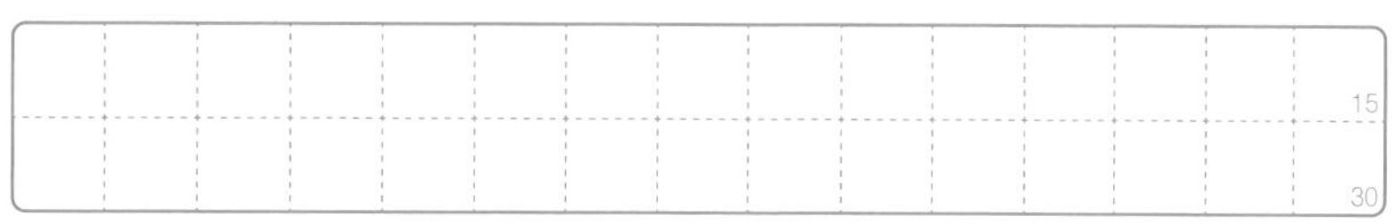

解き方 指示語の指す内容を説明する問題

入試攻略のカギ

❶ 指示語よりも前の文から探す。直前になければもう少し前を探す。
❷ 指示語がどこからどこまでを指しているのか確認し，日本語になおす。
❸ 文末を「～こと」にするなど，問題の条件に合うように日本語を整える。

STEP 1

（5行目）I want〔to take part in the Tokyo Olympics〈as a tennis player（of Japan）〉〕.
take part in ～「～に参加する」　～として

❶ 指示語よりも前の文から探す。

It may be difficult,/but I will do my best.
do ～'s best「(～の)最善を尽くす」

STEP 2

❷ 指示語の指す部分を日本語にする。

~~私は~~日本のテニス選手として東京オリンピックに参加~~したいと思っています~~。
→することと

答えとして余分なものは削ろう。

❸ 示す内容の説明として適切になるよう，文末を「～こと」にする。

答え 例 日本のテニス選手として東京オリンピックに参加すること。(27字)

入試問題にチャレンジ！

➡ 解答 p.24

※文章中の青字は実際の入試問題にはついていません。

1 次の英文は，中学３年生のケン(Ken)が英語の授業でしたスピーチの原稿の一部です。これを読んで，(1)，(2)に答えなさい。 〈石川改〉

I have a very good friend. His name is *Takuya. We have been friends since we were in *elementary school. In junior high school, we played tennis together. Now I am going to tell you about our tennis days.

"Which club will you join (～に参加する), Ken?" Takuya asked me when we entered (～に入る) our junior high school in April. "*Actually, I haven't decided (決める) yet (まだ), but have you ..." I answered and was going to ask him about his plan (計画). He stopped me and said, "Let's play tennis together (いっしょに). I want you to be ((人)に～してほしい) my *partner." He started playing ①it one year ago in elementary school. He continued (続ける), "I've got a new racket, so you can use this old one." I was surprised to hear (～して驚く) ②that because I knew he took great care of (～をとても大切にする) it. A few days (数日後) later I went to the tennis club with it and became a member.

注　Takuya：タクヤ(ケンの友人)　elementary school：小学校　actually：実は　partner：パートナー

(1) 下線部①が指すものを，本文中から英語１語で抜き出して書きなさい。

____

(2) 下線部②の内容を，具体的に日本語で書きなさい。

(　　　　　　　　　　　　　　　　　　　　　　　　　　　　　　)

2 次の英文は，高校生のタク(Taku)とALT(外国語指導助手)のライアン(Ryan)の対話です。これを読んで，(1)，(2)に答えなさい。 〈和歌山改〉

Ryan：Hello, Taku. How was your summer vacation (夏休み)?

Taku：I went to Sydney to learn (～するために) English.

Ryan：Wow, it sounds (～に聞こえる) really nice. How long did you stay there?

Taku：I stayed there for two weeks. I studied at a high school there and stayed with

こまったときのヒント　**1** (1) ２つ前の文から探す。　(2) that は前の文のタクヤの発言を指す。

a host family (ホストファミリー). One day I *introduced my school in English to the students in Australia. It took a lot of time to (～するのに多くの時間がかかる) *prepare for the *presentation.

Ryan：Really? How was your presentation?

Taku：The students enjoyed it very much and I was happy to see (～してうれしい) ①that. After my presentation, some students asked me questions (質問) in English. But I couldn't understand their English well and I didn't know what to say (何と言ったらよいか). I thought I had to study English harder (もっと熱心に). I have to *memorize more (もっと多くの) words and *phrases.

Ryan：Well, memorizing words and phrases is important (重要な), but I think it's not *enough (～するのに十分ではない) to be a good *speaker of English.

Taku：What do you mean (意味する)?

Ryan：You said your presentation was good, but it was difficult (難しい) for you to answer the questions in English. You need more *chances to talk in English.

Taku：I see. Please tell me how to (～のしかた) *master English.

Ryan：Sure. I think you memorized English words and phrases for the presentation. So you did it very well. And I know you study English hard by reading and writing. You should (～すべきだ) keep studying (～し続ける) like that. *At the same time, you have to (～しなければならない) use English as (～として) a *tool for communication.

Taku：I see. I should master English by *communicating with people in English.

Ryan：Oh, you're right. ②That's a very important thing, Taku.

Taku：Thank you, Ryan. I'll keep trying.

注 introduce：紹介する　prepare for ～：～の準備をする　presentation：発表
memorize：暗記する　phrase：句　enough：十分な　speaker：話し手　chance：機会
master：身につける　at the same time：同時に　tool：道具
communicate：コミュニケーションをする

(1) 下線部①が指す内容を，本文中の英語を用いて７語の文で書きなさい。

____

(2) 下線部②の内容を，具体的に日本語で書きなさい。

(　　　　　　　　　　　　　　　　　　　　　　　　　　　　)

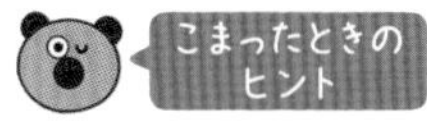

2 (1) 指す内容に含まれる代名詞は具体的に言いかえる。
(2) 直前の文には適切な内容はないので，その前のタクの発言に注目する。

入試特集　長文読解

6 対話の空所に入る文を選ぶ問題

例題 次の英文は，アミ(Ami)と ALT のリサ(Lisa)先生との対話です。対話文中の ① ～ ③ に入る英文として，最も適切なものをア～エから１つずつ選び，記号で答えなさい。

〈鹿児島〉

Ami：Do you like Japanese food?

Lisa：I love it. [①]

Ami：Oh, really? How did you learn how to make it?

え，ほんとう？　①②はこの文に注目

Lisa：[②] I often use *katsuobushi* 〔to make it〕. Makurazaki is famous 〔for *katsuobushi*〕, right?

よく　～するために　be famous for ～「～で有名だ」

Ami：That's right. A *company 〔from my town〕 built a *factory 〔in France〕〔to *produce *katsuobushi*〕. Did you know that?

そのとおり。　㊟(主) (動) (目)　フランス　～するために

Lisa：No, I didn't. [③]

Ami：In 2016.

③はこの文に注目

Lisa：Wow! People 〔around the world〕 will have more *chances 〔to enjoy Japanese food〕.

(主) (動) (目)　～する(ための)

注　company：会社　　factory：工場　　produce：生産する　　chance(s)：機会

ア　How long does it take?
「どれくらい(時間が)かかりますか」

イ　A Japanese friend taught me.

ウ　I make *miso* soup every morning.

エ　When was it built?
いつ　受け身

①(　　　)　②(　　　)　③(　　　)

解き方

入試攻略のカギ

❶ 指示語に注意して，空所の前後をていねいに読む。
❷ 空所とその前後の文が，疑問文と答えの文の関係になっていないか考える。
❸ 空所の前後の文と，同じ表現や似た表現，関係のある表現が選択肢にないか注意する。
❹ 選択肢を空所に当てはめて，対話がつながるか確認する。

① Lisa : I love it. [①] ←「作る」という表現が入る。

Ami : Oh, really? How did you learn how to make it?

❷「ほんとう？」と聞いている。→疑問文は入らない。

❸ 選択肢に似た表現がないか。make it = make *miso* soup

→ウ I make *miso* soup every morning. 訳 私は毎朝みそ汁を作ります。

空所の前後と同じことばに注目！

② Ami : Oh, really? How did you learn how to make it?

❷ どのようにして学んだか？

Lisa : [②] I often use *katsuobushi* to make it.

学んだ方法が入る。

→イ A Japanese friend taught me. 訳 ある日本人の友だちが私に教えてくれました。

③ Ami : That's right. A company from my town built a factory in France to produce *katsuobushi*. Did you know that?

❸ 選択肢に似た表現がないか。

Lisa : No, I didn't. [③] ←「いつ」と時をたずねる疑問文が入る。

Ami : In 2016.

❷「時」を答えている。

時をたずねる疑問詞は，when だね！

→エ When was it built? 訳 それはいつ建てられましたか。

built → a factory

答え ①ウ　②イ　③エ

わかりやすい空所から
埋めていこう！

対話でよく使う疑問詞と答えることがら

- when → 時
- where → 場所
- who → 人
- how → 方法
- why → 理由
- how many → 数
- how much → 金額

解答 p.26

※文章中の青字は実際の入試問題にはついていません。

1 次の２つの対話文中の□に入る英文として，最も適切なものをア～エから**1つ**ずつ選び，記号で答えなさい。〈富山〉

(1) Steve : What are you going to do next Sunday, Hitoshi?

Hitoshi : I'm going to play baseball with my friends in the park.

Steve : I see. □

Hitoshi : Well, I'll do my homework at home.

ア Why do you want to go to the park?

イ When will you play baseball?

ウ How is the weather next Sunday?
天気

エ What will you do if it rains?

(　　　)

(2) Erika : Hello. Do you remember me? I have seen you before.
覚えている

Woman : Really? Where did you meet me?

Erika : In the Chuo Library. You asked me where the *check-out desk was.

□

Woman : I remember! You are the girl who took me to the check-out desk then.
そのとき

注 check-out desk：貸出受付

ア So I went there with you.

イ So I asked you to read books to me.
(人)に～するように頼む

ウ I didn't take you there then.

エ I couldn't understand what you said then.
理解する

(　　　)

こまったときのヒント

1 (1) 公園ではなく，家ですることを答えている。
(2) 空所の発言を受けて，You are the girl who .... と言っている。

2 次の英文は，中学生のケイコ(Keiko)と，アメリカから来た留学生のビル(Bill)との，学校からの帰り道での対話です。対話文中の[①]～[④]に入る英文として，最も適切なものをア～クから1つずつ選び，記号で答えなさい。〈香川〉

Bill : Hi, Keiko. You're *in a hurry. Why?

Keiko : Because my brother is going to call me from Australia today.

Bill : Oh, really? [①]

Keiko : He is studying traditional(伝統的な) art in Australia.

Bill : Where is he staying in Australia?

Keiko : [②] He gave me a letter with a few pictures. It says that there are a lot of old houses and churches(教会) in Sydney(シドニー).

Bill : That's right. [③]

Keiko : Wow! Why did you go to Sydney?

Bill : I went there to swim. I like beautiful *beaches in Australia. [④]

Keiko : For about two years.

Bill : That's a long time. Have you heard about his life(生活) in Australia?

Keiko : No, I haven't. He has been very busy since he arrived(到着する) in Sydney. I want to talk with him a lot(たくさん) today.

Bill : Have a good time!

Keiko : Thank you, Bill.

注 in a hurry：急いで　beach(es)：砂浜

ア When did he go there?　　イ How long have you been there?

ウ I once(かつて) visited there.　　エ What is he doing there?

オ He is staying in Sydney.　　カ How long is he going to stay there?

キ He came back from Sydney.　　ク I have never visited there.

①(　　) ②(　　) ③(　　) ④(　　)

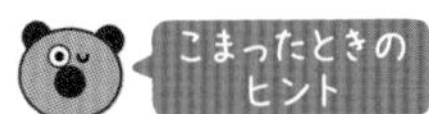

2 ① あとの文で兄がしていることを答えている。 ② 前の文で Where is he ～? とたずねている。
③ あとの文で Why did you go to Sydney? とたずねている。 ④ あとの文で期間を答えている。

7 グラフを読み取る問題

例題 次の英文は，生徒会新聞の記事の一部を見ている高校生のユカ(Yuka)と留学生のケイト(Kate)の対話です。(1)，(2)に答えなさい。 〈熊本〉

【生徒会新聞の記事の一部】

Let's *vote!　～参議院議員通常選挙のデータを見てみよう～

① 何についてのグラフか確認する。　② 数値のいちばん高いところに○，いちばん低いところに△。

Graph 1　投票率の推移(全国平均・熊本県)

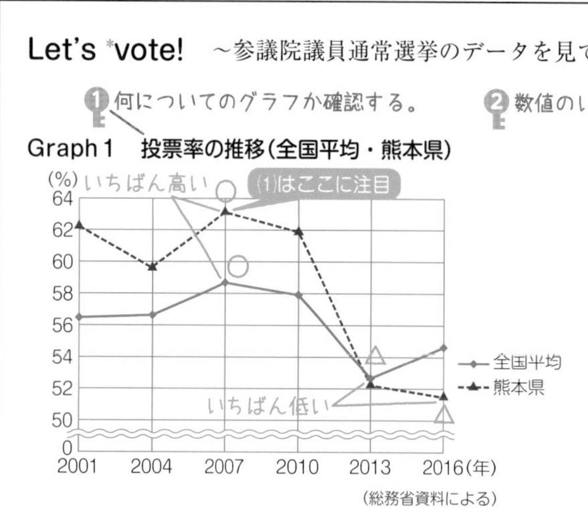

(総務省資料による)

Graph 2　2016年における年代別投票率(全国)

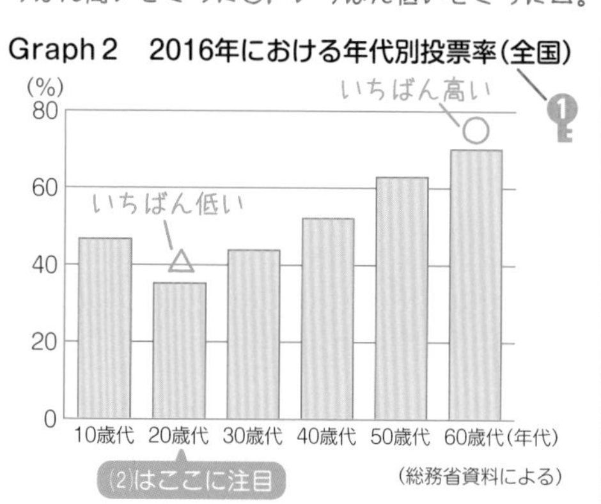

(総務省資料による)

Kate : What are you looking at, Yuka?

Yuka : I'm looking〔at two graphs〈about *voting rates〉〕. Graph 1 is〔about the *national average voting rate and the Kumamoto voting rate〕.
(グラフ)　①　②

Kate : How is the Kumamoto voting rate?
How is ～?「～はどうですか」

Yuka : From Graph 1, I know that the Kumamoto voting rate [①].

Kate : What can you find from Graph 2, Yuka?

Yuka : The voting rate of people *in their 20's is [②], and the voting rate of people in their 60's is the highest.

Kate : I think〔(that) young people should vote more〕.
～すべきだ

注 vote：投票する　voting rate：投票率
national average：全国平均の　in their 20's：20歳代の

(1) ［ ① ］に入れるのに最も適切なものをア～エから１つ選び，記号で答えなさい。

ア has kept going up

イ is the highest in 2007

ウ in 2001 is lower than the national average voting rate in 2001

エ is always higher than the national average voting rate

（　　　）

(2) 対話が成り立つように，［ ② ］に入る英語２語を書きなさい。

________ ________

解き方

入試攻略のカギ

❶ 図表のタイトルなどから，何についてのグラフなのか確認する。

❷ 数値のいちばん大きい(高い)ところに○，いちばん小さい(低い)ところに△をつける。

❸ 空所の前後や設問文などから，どのグラフから何を読み取ればよいのか判断する。

❹ 数値を足したり，引いたりする必要がないか考える。

(1) Yuka：〔From Graph 1,〕I know〔that the Kumamoto voting rate ［ ① ］〕.

❸ グラフ１から読み取る。　❸ 熊本の投票率がどうなっているか。

ア has kept going up　訳 上がり続けている　→×

keep ～ing「～し続ける」

イ is the highest〔in 2007〕　訳 2007 にいちばん高い　→○

最上級

ウ 〔in 2001〕is lower〔than the national average voting rate〈in 2001〉〕

比較級

訳 2001 年(の熊本の投票率)は，2001 年の全国平均投票率よりも低い　→×

エ is always higher〔than the national average voting rate〕

比較級

訳 全国平均投票率よりもいつも高い　→×

グラフを見ながら選択肢の内容を１つ１つ確認しよう。

答え イ

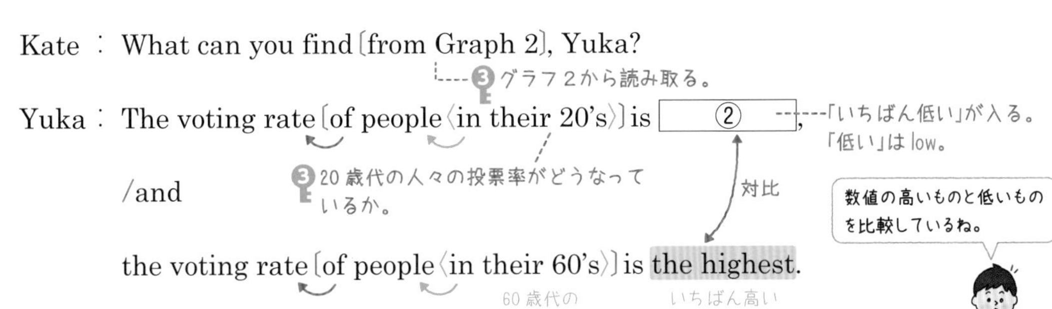

(2) Kate：What can you find〔from Graph 2〕, Yuka?

❸ グラフ２から読み取る。

Yuka：The voting rate〔of people〈in their 20's〉〕is ［ ② ］,　「いちばん低い」が入る。「低い」は low。

/and　❸ 20 歳代の人々の投票率がどうなっているか。　対比

the voting rate〔of people〈in their 60's〉〕is the highest.

60 歳代の　いちばん高い

数値の高いものと低いものを比較しているね。

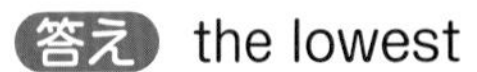

答え the lowest

入試問題にチャレンジ！

➡ 解答 p.28

※文章中の青字は実際の入試問題にはついていません。

1 次の英文とグラフ(Graphs)について，Question の答えとして最も適切なものをア～エから1つ選び，記号で答えなさい。　〈神奈川〉

Ken's family is going to visit a foreign（外国） country during（～の間） winter vacation. Now they are talking about places（場所） they want to visit. Ken's father says, "How about (　①　)? It is a beautiful city and has a lot of places to see. It is warm（暖かい） in every season（季節）, but there is a lot of rain in December（12月）." Ken's mother says, "I want to go to (　②　) because we can visit a famous（有名な） park there. It will be very cold in December. So we need warm clothes（服） there." Ken says, "I want to go to a warm place. I don't like places with cold weather（天気） and a lot of rain. We should choose（～を選ぶ） a better place. I want to enjoy sports like swimming and tennis. So let's go to (　③　)."

【Graphs】

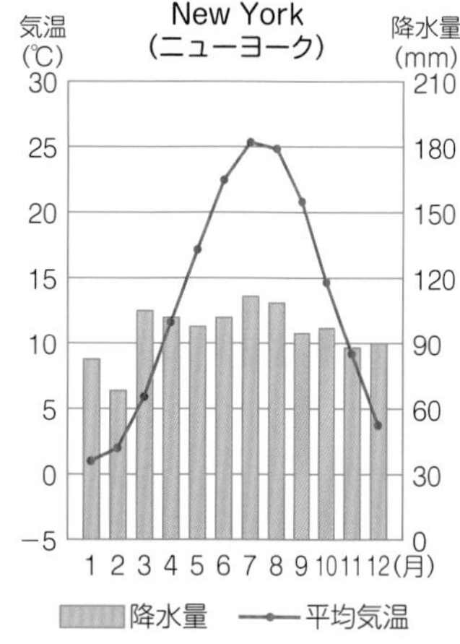

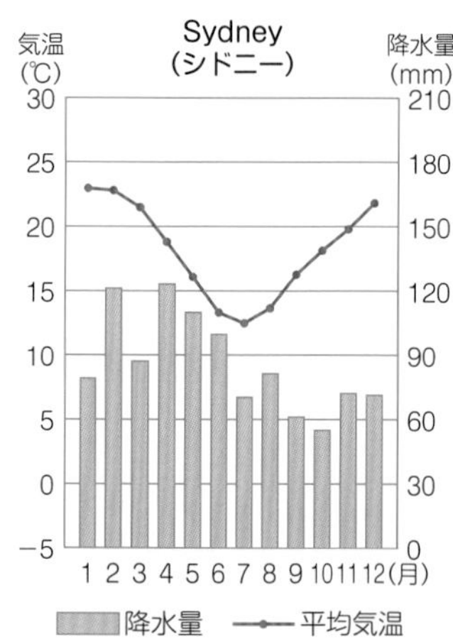

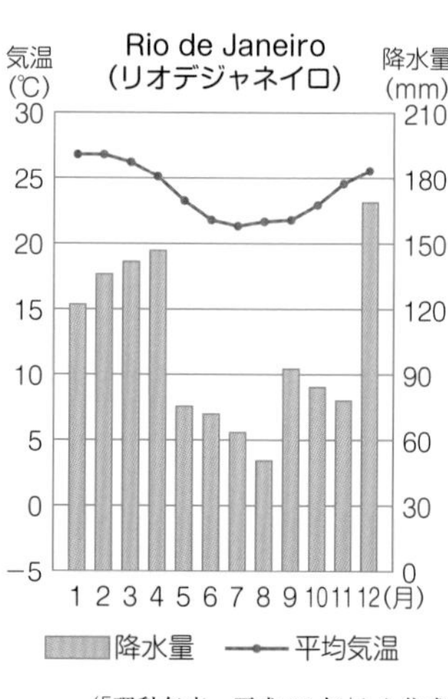

(「理科年表　平成28年」から作成)

Question What are the names of the cities for (　①　), (　②　), and (　③　)?

ア　① Sydney　② New York　③ Rio de Janeiro

イ　① Sydney　② Rio de Janeiro　③ New York

ウ　① Rio de Janeiro　② Sydney　③ New York

エ　① Rio de Janeiro　② New York　③ Sydney

(　　　)

1 ①は2つあとの文，②は1つあとの文，③は3つ前の文に注目する。

2 アメリカに留学しているユカが，ホームパーティーに関する発表を行いました。次は，その発表原稿の一部と発表に使用したグラフ(Graph) 1，2です。(1)，(2)に答えなさい。 〈岡山〉

【ユカの発表原稿の一部】

American people like to *invite their friends to their home and have a party, but that kind of party is not popular in Japan. Look at Graph 1. About eight thousand Japanese people were asked, "How often do you have a party at home?" [①] % of them don't have a party at all. Only [②] % of them have it *once or more than once in a month.

種類　一般的な　～より多い

When Japanese people have a party at home, they worry about a lot of things. Look at Graph 2. About half of them worry about cleaning before the party. Almost the same number of people worry about [③].

心配する　ほとんど同じ数

【Graph 1】

How often do you have a party at home?

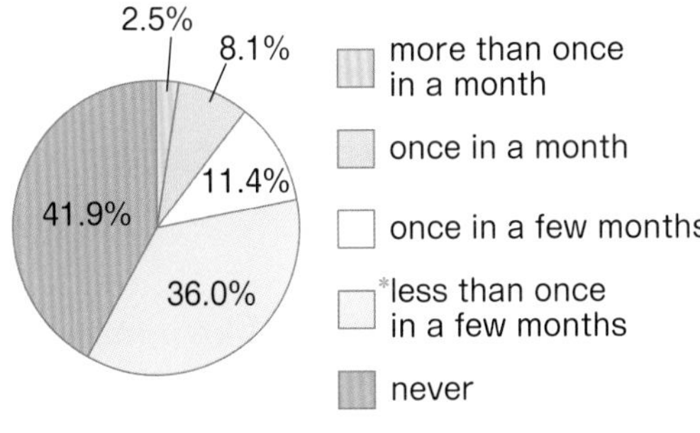

【Graph 2】

What do you worry about when you have a party at home?

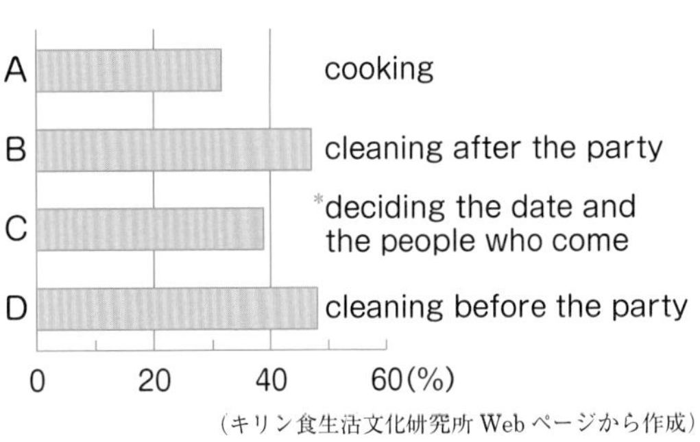

（キリン食生活文化研究所 Webページから作成）

注 invite ～ to ...：～を…に招く　once：1回　less than ～：～より少ない　decide：決める

(1) [①]，[②]に入れるのに最も適切なものをア～オから1つずつ選び，記号で答えなさい。

ア 2.5　イ 8.1　ウ 10.6　エ 19.5　オ 41.9

①（　　）　②（　　）

(2) [③]に入れるのに最も適切なものをGraph 2のA～Dから1つ選び，記号で答えなさい。

（　　）

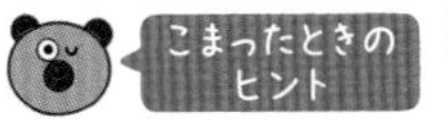

2 (1)① not ～ at allは「全く～ない」，② once or more than onceは「1回か1回より多く」という意味。 (2)パーティー前のそうじを心配する人とほとんど同じ数の人の心配ごと。

入試特集　長文読解

8 下線部の理由・内容を答える問題

例題① 次の英文は，高校生のカオリが，英語の授業でスピーチをしたときのものです。この英文を読んで，下線部のようにカオリが感じた理由を，**日本語**で書きなさい。〈宮城改〉

Do you know *Ino Tadataka? He is the person〔who made a map〈of Japan〉〈in the Edo period〉〕. Have you ever seen the map〔which he made〕? I saw it〔for the first time〕〔when I was〈in elementary school〉〕. Our teacher showed it〔to us〕〔in a class〕. The map which Ino Tadataka made in the Edo period looked like a *modern map of Japan. So <u>I was surprised</u>. I read a book〔because I wanted〈to know〈about him〉〉〕.

（person：人　who：関係代名詞　the Edo period：江戸時代　which：関係代名詞　it：the map　for the first time「はじめて」　elementary school：小学校　The map which … ：この文に注目）

注 Ino Tadataka：伊能忠敬　　modern：現代の

（　　　　　　　　　　　　　　　　　　　　　　　）

解き方 下線部の理由を答える問題

入試攻略のカギ

❶ 下線部の前後に接続詞の so や because がないか探す。
❷ so や because がないときは，下線部の前後に理由を表す文がないか探す。
❸ 理由を表す文を正確に日本語にし，答えとなるように表現を整える。

（4行目）The map〔which Ino Tadataka made〈in the Edo period〉〕looked like a modern map〔of Japan〕.

（The map：主　which：関係代名詞　Ino Tadataka：主　made：動　looked like：動　look like ～「～のように見える」）

❶ so の前に理由がくる。

So I was surprised.
（So：それで　surprised：驚く）

❸ 日本語にして文を整える。

江戸時代に伊能忠敬が作った地図が，現代の日本の地図のように見えた。（→から）

理由を答えるときは，「～から」「～ので」などを使おう。

so と because のちがい
- so は前に理由がくる
- because はあとに理由がくる

I met him, so I was happy.（I met him：理由）
I was happy because I met him.（I met him：理由）

答え 例 江戸時代に伊能忠敬が作った地図が，現代の日本の地図のように見えたから。

例題② 次の英文はケンタが行ったスピーチの原稿の一部です。□が下線部を具体的に説明するように，それぞれの（ ）に入る適切な日本語を書きなさい。〈石川〉

〔ケンタは「おもてなし」の例として，先月，混雑したバスの中で旅行客の女性に席をゆずったあとのことを述べています。〕

She was a *traveler〔from Tokyo〕. It was the last day〔of her trip〕/and she was going to take the Shinkansen〔back to Tokyo〕. I asked, "How was your trip〔here in Ishikawa〕?" She said, "It was great! <u>It all started with this umbrella.</u>" "This umbrella?" I asked. "Yes,〔when I arrived〈at Kanazawa Station〉〈on the first day〉,〕 it was raining very hard. But there were some umbrellas for travelers at the station, so I borrowed this one and began traveling around Ishikawa. I was so happy." Then she told me many things〔she loved〈about Ishikawa〉〕.

（最後の）（～へ戻る）（ここ～での）（到着する）（この文に注目）（関係代名詞の省略）

注 traveler：旅行客

金沢駅に到着した時は雨がひどく降っていたが，駅で（　①　）ができたので，（　②　）を始めることができたということ。

①（　　　　　　）　②（　　　　　　）

解き方 下線部の内容を説明する問題

入試攻略のカギ

❶ 下線部の語句と同じものや，言いかえた表現を探す。
❷ 問題の□の中の文をよく読んで，答えのヒントとなる部分を本文中から探す。
❸ ヒントとなる部分を見つけたら，空所に合うように日本語にする。

<u>It all started〔with this umbrella〕.</u>

訳 それはすべてこのかさで始まりました。

❶ 下線部と同じ語。

（5行目） But there were some umbrellas〔for travelers〕〔at the station〕,

❶ this umbrella の言いかえ

/so I borrowed this one and began〔traveling〈around Ishikawa〉〕.

❷ だから　①　❷ ②

訳 しかし，駅に旅行客のためのかさがあったので，このかさを借りて，石川(県)での旅行を始めました。

…駅で（　①　）ができたので，（　②　）を始めることができたということ。

同じことばや言いかえを探す！

答え 例 ①かさを借りること　②石川(県)での旅行

入試問題にチャレンジ！

解答 p.29

※文章中の青字は実際の入試問題にはついていません。

1 次の英文は，中学３年生のコウジ(Koji)が夏休みに体験したことを発表した内容の一部です。これを読んで，(1)，(2)に答えなさい。　〈佐賀〉

Hi, everyone. I'm going to tell you about things I learned through my experience during this summer.
（through：～を通じて　experience：体験　during：～の間）

In July, I went to *New York, America, for three weeks. Before that, I practiced English *pronunciation. So, when I first met my *host family, I could understand what they said. During my stay, I went to the language school near host family's house. There were many students from different countries in my class. ①I was surprised to listen to their English. They used different pronunciation when they spoke English. Sometimes I couldn't understand what they said.
（practiced：練習する　understand：理解する　stay：滞在　language：言語の　near：～の近くの　different：異なる　Sometimes：ときどき）

When I was studying at the school, I had ②another problem. I often couldn't tell my *classmates things I wanted to say in English. I was afraid of making *mistakes and didn't enjoy talking with them. One day, my *host mother said, "Koji, you don't have to speak perfect English. Don't be *nervous when you use English. Your friends will try to understand you." When I heard this, I felt better.
（often：よく　was afraid of：～を恐れる　perfect：完璧な）

注　New York：ニューヨーク　pronunciation：発音　host family：ホストファミリー（ホームステイ先の家族）　classmate(s)：クラスメート　mistake(s)：間違い　host mother：ホストマザー（ホームステイ先の母親）　nervous：不安な

(1)　下線部①について，コウジが驚いた理由を日本語で書きなさい。

（　　　　　　　　　　　　　　　　　　　　）

(2)　下線部②の具体的な内容を，次のア～エから１つ選び，記号で答えなさい。

ア　Koji's host mother wanted him to speak American English.
（wanted ... to：～に…してほしい）

イ　Koji couldn't understand his classmates because they spoke English very fast.

ウ　Koji couldn't have good communication with his classmates.
（communication：コミュニケーション）

エ　Koji found that everyone had to speak English without any mistakes.
（found：気づく　without：～なしで）

（　　）

こまったときのヒント　**1**　(1) 下線部のあとの文に注目。　(2) 下線部のあとの文に注目。

2 中学生のナオト(Naoto)が英語の授業で行ったスピーチ(□内の英文)と，それに続く英文を読んで，あとの問いに答えなさい。〈福岡〉

Today I'm going to talk about my dream(夢). In 2020, we are going to have *the Olympics in Tokyo. I want to become a *volunteer for the Olympics.

In 2012, we enjoyed the London Olympics on TV. We were moved(感動する) by a lot of great *athletes. But they were not the only people who joined(参加する) the Olympics. ①About 70,000 people joined the Olympics as(～として) volunteers. They did a lot of work. For example(たとえば), they carried(運ぶ) things for the athletes, checked(チェックする) *tickets in the stadium and worked as *guides at the airport(空港). They were called "Games Makers" because they made games with athletes and *fans and supported(支える) the *success of the Olympics.

In 2020, I want to be friendly(友好的な) to people from other countries and have good communication(コミュニケーション) with them to support the Olympics.

Naoto talked to his mother about his speech. Then ②she told him about her *experience. When she was a university(大学) student in 1995, she worked as a volunteer in the *Universiade in Fukuoka City. She was a guide in the soccer stadium. She said, "Working as a volunteer was hard(大変な) for me. I had a lot of work to do, and I had to keep standing for a long time in hot weather(天気). But it was a wonderful(すばらしい) experience. I met many people from different countries and enjoyed speaking with them."

注 the Olympics：オリンピック　volunteer(s)：ボランティアとして働く人　athlete(s)：選手
ticket(s)：入場券　guide(s)：案内人　fan(s)：ファン　success：成功　experience：体験
Universiade：ユニバーシアード(国際学生競技大会)

(1) 下線部①の人々が"Games Makers"と呼ばれた理由を日本語で書きなさい。

(　　　　　　　　　　)

(2) 下線部②について，ナオトの母親が自分のボランティア体験について「大変だと感じたこと」と「すばらしいと感じたこと」をそれぞれ日本語で書きなさい。

[大変だと感じたこと]　(　　　　　　　　　　)

[すばらしいと感じたこと]　(　　　　　　　　　　)

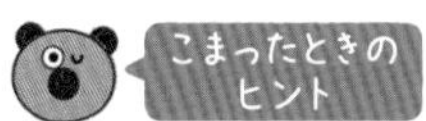

2 (1) "Games Makers" は7行目にある。 (2) スピーチのあとのナオトの母親の発言から探す。

9 英語の質問に英語で答える問題

例題　次の英文は高校生のミカ(Mika)が書いたものです。(1)，(2)に英語で答えなさい。〈鹿児島〉

My grandfather lives alone. He likes〔to read and write letters〕,/so he sometimes sends me letters.

When I was seven years old, I wrote my first letter to my grandfather. 〔Three days later,〕I got a letter〔from him〕. 〔In the letter,〕he said, “I was very happy〔to get a letter〈from you〉〕.” I was happy〔to know that〕,/so I wrote my second letter. 〔After that,〕we *continued〔to *exchange letters〕.

(1)はこの文に注目

〔After I became a high school student,〕I sometimes got letters〔from him〕,/but I had many things〔to do〕,/so I didn't write letters〔to him〕〔for a few months〕.

〔When I visited my grandfather last month,〕I found many old letters〔in a box〕. They were all written〔by me〕. He said, “〔When I *miss you,〕I read your letters. Your letters always make me happy.” I said〔to him〕, “I haven't written letters *recently. I'm sorry.” “That's OK, but please write letters to me again,” said my grandfather with a smile. 〔When I was going home,〕I thought, “I didn't know〔that my letters were so important〈to him〉〕.”

(2)はこの文に注目

Now I write letters〔to my grandfather〕again.

I feel happy〔when I get a letter〈from him〉〕.

注　continued to ～：～し続けた　　exchange ～：～をやりとりする
　　miss ～：～がいないのを寂しいと思う　　recently：最近

(1)　When did Mika write her first letter to her grandfather?

____

(2)　What did Mika's grandfather want her to do?

____

入試攻略のカギ

❶ 本文を読む前に，質問の文を読み，何に注意して読めばよいか確認する。
❷ 質問の文と同じことばや似た表現を手がかりにして，答えを本文中から探す。
❸ 主語や動詞の形に注意して，質問に合うように答えの文を書く。

(1) STEP ①

質問》 When did Mika write her first letter〔to her grandfather〕?

❶ ミカはいつ最初の手紙を書いたか。

訳 ミカはいつ彼女のおじいさんに最初の手紙を書きましたか。

❷ 同じことばがヒント。

(3行目)〔When I was seven years old,〕I wrote my first letter〔to my grandfather〕.

I → Mika　ここが答えになる！

STEP ②

❸ 質問に合うように答えを書く。

質問》 When did Mika write her first letter〔to her grandfather〕?

代名詞にかえる。　答えには不要なので省略する。

She wrote it when she was seven years old.

過去形にする。　本文中のＩはミカのことなので，she にする。

I，he，she などの代名詞がだれのことなのかを押さえよう。

答え 例 She wrote it when she was seven years old.

(2) STEP ①

質問》 What did Mika's grandfather want her to do?

❶ ミカに何をしてほしかったか。

want 人 to ～「(人)に～してほしい」

訳 ミカのおじいさんは彼女に何をしてほしいと思いましたか。

❷ おじいさんの発言からしてほしいことを探す。

(12行目) "That's OK,/but please write letters〔to me〕again," said my grandfather with ....

ここが答えになる！　me → Mika's grandfather

STEP ②

❸ 質問に合うように答えを書く。

質問》 What did Mika's grandfather want her〔to do〕?

代名詞にかえる。

He wanted her to write letters to him again.

過去形にする。　本文中の me は Mika's grandfather のことなので，him にする。

書いた答えをよく読んで，おかしなところがないか確認！

答え 例 He wanted her to write letters to him again.

入試問題にチャレンジ！

解答 p.31

※文章中の青字は実際の入試問題にはついていません。

1 次の英文は，ボールドロップ(Ball Drop)という大みそかに行われるカウントダウン(countdown)のイベントについてのものです。(1)，(2)に**主語と動詞を含む英語１文**で答えなさい。〈秋田〉

"Ball Drop" is a countdown event on New Year's Eve（大みそか） in *Times Square. A very big ball slowly goes down a *pole on the building during（〜の間） the countdown.

Actually（実は）, people can see "Ball Drop" *twice on the day. The first one is done at 10:00 in the morning. It's for Japanese people living in New York because it's 12:00 *midnight on New Year's Day in Japan. Fourteen hours later, the people in Times Square see their own（彼ら自身の） "Ball Drop" at midnight and celebrate（祝う） the new year.

The event became really famous（有名な） in the world. Many people come to see（見に来る） it every year, and more people（より多くの） see it on the Internet.

注　Times Square：タイムズスクエア（ニューヨーク市の繁華街）　pole：ポール，支柱　twice：２回
midnight：真夜中（の）

(1) What time is it in New York when the first "Ball Drop" is done?

(2) How can people see the event if they are not in Times Square?

こまったときのヒント　**1** (1) the first を探す。　(2) ボールドロップを直接見る以外の方法は？

2 次の英文は，コウジ(Koji)が，英語の授業で行ったスピーチです。(1)〜(3)にそれぞれ英語１文で答えなさい。 〈青森〉

When we study math, we use math *signs. Two of these are the plus sign and the minus sign. Yesterday I found a book about math signs at a bookstore and read it at home. I will tell you the stories in the book about the plus and minus signs.

The plus sign is from the *Latin word "*et*." It means "and." More than 500 years ago, a scientist *omitted the word "*et*" and wrote only "*t*" in the *equation in his book. Many people read the book and liked the *use of "*t*" as a sign. So they began to use it, too, and "*t*" became popular as the plus sign.

How about the minus sign? A long time ago, people working on a *ship kept water in a *barrel. When they used water from it, they *drew a short *line on the barrel to show how much water the barrel lost. Soon people began to use this short line to mean that they lost something, and it became the minus sign.

I think these signs are great. Everyone in the world uses them. *Even if we don't speak the same language, we can study together and share our ideas. I want to study about where other signs are from, too.

注 sign(s)：記号　Latin：ラテン語の　omitted：省略した　equation：数式　use：使い方
ship：船　barrel：樽(たる)　drew：draw の過去形　line：線
even if 〜：たとえ〜だとしても

(1) When did Koji find a book about math signs at a bookstore?

(2) What does the Latin word "*et*" mean?

(3) What can we do with math signs even if we don't speak the same language?

こまったときのヒント
2 (1)は a bookstore を，(2)は "*et*" を，(3)は the same language を探す。

10 内容に合う文を選ぶ問題

例題 次の英文は高校生のマリ(Mari)が英語の授業でスピーチをするために書いたものです。本文の内容に合うものをア～エから１つ選び，記号で答えなさい。 〈熊本〉

〔Last year〕an American girl stayed〔with my family〕〔for two weeks〕. Her name is Emma. She is〔from *Montana〕. She studied〔at our high school〈in Japan〉〕, /and now she is studying at a high school in America. 〔When she was〈in Japan〉,〕 she was surprised〔to learn many things〈about Japan〉〕. Today, I'll talk〔about some〈of them〉〕.

アはここに注目　be surprised to ～「～して驚く」

First, when Emma and I saw a *rainbow together after school, I taught her the seven colors〔of a rainbow〕〔in Japanese〕. She looked surprised and said〔to me〕, "Did you say〔that there are seven colors〈in a rainbow〉〕? We usually think〔 there are six colors〈in a rainbow〉〕."

イはここに注目　〈look ＋ 形容詞〉「～に見える」 ①　②　there are ～「～がある」　(that)

Second,〔when Emma went〈to a restaurant〉〈with my family〉,〕she was surprised〔to get *oshibori〕and said, "This is very nice. I've never seen this in Montana." We usually get *oshibori*〔at a restaurant〈in Japan〉〕,/but that was special〔for Emma〕.

①　～して　②　ウはここに注目

I had a good time〔with Emma〕. I also learned many things〔from her〕. 〔For example,〕I learned〔that the colors〈of a rainbow〉were different〈in some places〉〕. I think I can learn more if I go to a foreign country. So I want〔to go〈to America〉〈next year〉〕.

たとえば　主　動　目　主　動　異なった　エはここに注目

注　Montana：モンタナ(アメリカの州名)　rainbow：虹　*oshibori*：おしぼり

ア　エマは，今も日本にいて，マリの高校で勉強をしている。
イ　エマは，ある日の放課後に虹を見たことを，翌日マリに伝えた。
ウ　マリは，モンタナのレストランでもおしぼりがもらえるとエマから聞いた。
エ　マリは，外国に行くと，もっとたくさんのことが学べると思っている。

アは今エマがどこにいるか，イは虹，ウはおしぼり，エは外国に行くことがポイント。　(　　　)

入試攻略のカギ

❶ 本文を読む前に選択肢を読み，何がポイントか確認する。
❷ 本文を読みながら，選択肢のポイントと同じ話題が出てきたら，選択肢と本文の内容が合っているか判断する。
❸ 時や場所，数，動作を行った人などに注意する。

STEP ①

(3行目) ... now she is studying〔at a high school〈in America〉〕.

訳 今，彼女はアメリカの高校で勉強しています。

❷ エマは今，アメリカにいる！

→ア　エマは，今も日本にいて，マリの高校で勉強をしている。
×

STEP ②

(6行目) ...〔when Emma and I saw a rainbow together〈after school〉〕, ...
（I → Mari）

訳 エマと私が放課後いっしょに虹を見たとき，…

❷ エマとマリはいっしょに虹を見た！

→イ　エマは，ある日の放課後に虹を見たことを，翌日マリに伝えた。
×

ポイントとなっている ことばを探そう。

STEP ③

(10行目) ... she was surprised to get *oshibori* and said, “... I've never seen this〔in Montana〕.”
（she → Emma）

訳 私はモンタナでこれ(おしぼり)を見たことが1度もありません。

❷ エマはモンタナでおしぼりを見たことがない！

→ウ　マリは，モンタナのレストランでもおしぼりがもらえるとエマから聞いた。
×

STEP ④

(15行目) I think〔I can learn more〈if I go〈to a foreign country〉〉〕.
（I → Mari）

訳 私は，もし外国へ行ったら，もっとたくさんのことが学べると思います。

→エ　マリは，外国に行くと，もっとたくさんのことが学べると思っている。
○

アは1段落目，イは2段落目…，のように選択肢の内容は，本文の段落ごとに分けられていることが多いよ。

エ

入試問題にチャレンジ！

解答 p.33

※文章中の青字は実際の入試問題にはついていません。

1　次の英文は，ロンドンでホームステイをしている高校生のクミ(Kumi)が，留学前にお世話になった，大阪に住むブラウン先生(Ms. Brown)に書いた手紙です。本文の内容に合うものをア～エから1つ選び，記号で答えなさい。〈大阪〉

Dear Ms. Brown,

How are you? I'm fine.

I have been in London for two weeks. I enjoy staying in London. Near my *host family's house, there is a big park called Hyde Park. I often go there. There are beautiful flowers in the park. I feel happy to see them. In the park, some people enjoy running and other people enjoy reading books. My host family has a dog, and I sometimes take it to the park. The park is a good place for people and dogs. There is an interesting place called *Speakers' Corner in the park. At that place, people can *make a speech about anything they like. Some people speak about their *hobbies. Some people speak about their *daily lives. I like listening to their speeches there.

Hyde Park(ハイドパーク)

I always find wonderful things in London. I will write more about London in my next letter.

See you soon!

Yours,

Kumi

注　host family：ホストファミリー　Speakers' Corner：スピーカーズコーナー(ハイドパーク内にある演説ができる広場)　make a speech：演説をする　hobby：趣味　daily：日常の

ア　ハイドパークと呼ばれている大きな公園は，クミのホストファミリーの家からは遠い。
イ　クミは，ランニングをするためにときどきハイドパークに行く。
ウ　人々は，スピーカーズコーナーで好きなことについて演説をすることができる。
エ　クミは，スピーカーズコーナーで演説をすることが好きである。

(　　　)

1　アは距離を表すことばを探す。イはrunning，ウ・エはspeechを探す。

2 次の英文は，ジム(Jim)が日本に帰国したリョウ(Ryo)に送ったＥメールです。Ｅメールの内容に合うものをア～エから１つ選び，記号で答えなさい。 〈東京〉

> Hi, Ryo,
>
> I had a very good time with you. I was especially impressed by some *kanji*
> とても楽しい時を過ごす　特に　感動した
> written by you. They were nice *kanji*, and they looked really cool. I put one of
> ～に見える　かっこいい
> them on a wall in my room. Yesterday, some of my friends visited me and saw it.
> 壁
> I explained the *kanji* meant "friend." They all liked it. I was happy about that.
> 説明する　意味する
>
> I'll try writing the *kanji* that you wrote. It's still difficult for me to write *kanji*,
> 難しい
> but I'll try. I'll study Japanese harder than before by watching Japanese TV
> もっと熱心に
> news programs and writing Japanese words used in comics. I want to read my
> ニュース番組　マンガ
> favorite Japanese comics in Japanese and write a letter in Japanese to you in
> お気に入りの
> the future. After that, I hope I can go to Japan and speak Japanese. I want to
> 将来
> talk with you in Japanese when I go there.
>
> I'm looking forward to hearing from you soon!
> ～を楽しみにして待つ
>
> Your friend,
>
> Jim

ア Jim wrote Japanese words used in his favorite comics on a piece of paper and put it on a wall in his room to impress his friends.
感動させる

イ Jim will study Japanese harder than before, and he wants to write a letter to Ryo and talk with him in Japanese in the future.

ウ Jim is going to send Ryo an e-mail to ask him to study English harder by watching TV news programs and writing some words used in them.
(人)に～するように頼む

エ Jim's friends want Ryo to teach *shodo* to them because they want to learn Japanese words to read their favorite comics.
(人)に～してほしい

（　　　）

2 アは最初の段落に注目。イ～エは２つ目の段落に注目。本文のどこに書いてあるか確認する。

11 イラストを選ぶ問題

例題 対話を聞いて，質問に対する答えとして最も適切なものをア～エから１つずつ選び，記号で答えなさい。

〈北海道〉 ♪B01

(1)

ア
イ

ウ

エ

❶ 女の子がしたこと。
❷ 動作が異なる。

（　　　）

(2)

ア

イ

ウ

エ

❶❷ それぞれの時刻に注意。

（　　　）

放送文と解き方

入試攻略のカギ

放送前 ❶ イラストを見て，どんな内容なのか確認する。
❷ イラストの違いに注意する。ものの数や種類，数字には特に注意。

放送中 ❸ 英語を聞きながら，要点をメモする。
❹ 質問の文の，「だれが(何が) / いつ / どこで / 何を / どうする」に注意。

(1) A：Kaori, what did you do last Sunday?

B：I made a cake with my mother. How about you, Tom?
（ここに注目）（└→カオリ）

A：I played tennis with my brother.
（└→トム）

❸ カオリ：母とケーキを作った
トム　：弟とテニスをした

トムがしたこととまちがえないように。

Question What did Kaori do last Sunday?

訳 カオリはこの前の日曜日に何をしましたか。

❹ カオリがしたことを答える。

答え ア

(2) A：I'll get up early for the school trip tomorrow, Mom.
（起きる　修学旅行）

B：What time will you get up, Ken? Around six?
（6時ごろ）

A：Maybe that's too late. I'm going to leave at six thirty, so I'll get up at five thirty.
（ここに注目）（たぶん　遅すぎる　6時30分　5時30分）

B：I see.

❸ 6：30 出発
→5：30 起床

起きる時間とまちがえないように！

Question What time is Ken going to leave the house?

訳 ケンは何時に家を出るつもりですか。

❹ 家を出る時間を答える。

答え ウ

入試問題にチャレンジ！

解答 p.36

1 対話を聞いて，質問に対する答えとして最も適切なものをア～エから１つずつ選び，記号で答えなさい。 〈埼玉17〉 B02

(1)

ア

イ

ウ

エ

（　　　）

(2)

ア

イ

ウ

エ

（　　　）

2 英文を聞いて，質問に対する答えとして最も適切なものをア～エから１つずつ選び，記号で答えなさい。 〈高知〉 B03

(1)

ア

イ

ウ

エ

（　　　）

(2)

ア

イ

ウ

エ

（　　　）

(3)

ア

イ

ウ

エ

（　　　）

1 (1)は場所を表すことば，(2)はタカシのなりたい職業に注目。
2 (1)身長を比べる。 (2)本の冊数に注意。 (3)この前の日曜日の午前中に何をしたかに注目。

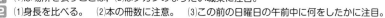

12 対話の応答文を選ぶ問題

例題 対話を聞いて，チャイムのところに入る受け答えとして最も適切なものをア～エから１つずつ選び，記号で答えなさい。〈千葉〉 ♪B04

(1) ア No problem.　イ Yes, orange juice, please.
ウ I like banana cake.　エ Here you are.

❶訳 ア 問題ありません。 イ はい，オレンジジュースをお願いします。
ウ 私はバナナケーキが好きです。 エ はい，どうぞ。

（　　　）

(2) ア Twice.　イ Last week.
ウ No, I haven't.　エ For a long time.

❶訳 ア ２回です。 イ 先週です。
ウ いいえ，したことがありません。 エ 長い間です。

（　　　）

放送文と解き方

入試攻略のカギ

放送前 ❶ 選択肢を読んで，意味を確認する。
放送中 ❷ 話し手２人の立場や話題をつかみ，話の流れを押さえる。
❸ 応答文の直前の文を特に注意して聞く。
◆ 直前の文の出だしをよく聞いて，疑問文なのか，誘う文なのかなどを判断する。

(1) Mom：Mike, you look very tired.
〈look ＋形容詞〉「～に見える」　tired 疲れている
❷ 親子の会話。お母さんがマイクの体調を気づかっている。

Mike：I had a long soccer practice, Mom. It took over three hours.
practice 練習　took（時間が）かかる

Mom：Oh, that's hard. Would you like some juice? 〔この文に注目〕
hard 大変な　Would you like ～?「～はいかがですか」
❸ ジュースを勧めている。

Mike：♪(チャイム)

勧めに応じるか，断るかのどちらかだね。

答え イ

(2) Woman：Ken, you visited Australia last week, right?
❷ 話題は，ケンのオーストラリア旅行。

Ken：Yes, I went there to see my aunt in Sydney.
to see ～するために
❸ 回数をたずねている。

Woman：That's nice! How many times have you been there? 〔この文に注目〕
How many times ～?「何回～」　have been there「そこへ行ったことがある」

Ken：♪(チャイム)

回数を答えるんだね。

答え ア

入試問題にチャレンジ！

解答 p.37

※文中の青字は実際の入試問題にはついていません。

1 対話を聞いて，チャイムのところに入る受け答えとして最も適切なものをア〜エから１つずつ選び，記号で答えなさい。

〈京都〉 B05

(1) ア I've been there three times.

イ I've wanted to see a festival there.
お祭り

ウ I went there three years ago.

エ I went there by plane. (　　　)
飛行機で

(2) ア No problem. Can I take a message?
伝言を聞く

イ That's OK. I'll come back later.

ウ Then I'll teach English here.

エ Do you want to leave a message? (　　　)
伝言を残す

2 対話を聞いて，チャイムのところに入る受け答えとして最も適切なものをア〜エから１つずつ選び，記号で答えなさい。

〈神奈川〉 B06

(1) ア I practice for about two hours.
練習する　約

イ I practice three times in a week.
３回

ウ I practiced about two hours ago.

エ I have practiced three times. (　　　)

(2) ア I saw her in our classroom.

イ I saw it in the computer room.

ウ I think you are very kind.

エ I think it is a red one. (　　　)

1 (1)直前の文の疑問詞は何か。　(2)ブラウン先生を探しているミキの発言。
2 (1)直前の文の疑問詞は何か。　(2)話題は何か。

勉強した日　　月　　日

13 短い対話の内容についての問題

例題 対話を聞いて，質問に対する答えとして最も適切なものをア～エから１つずつ選び，記号で答えなさい。

〈岡山〉 ♪B07

(1) ア She got it from her sister.　イ She got it from Tom.
ウ She visited a shop with Tom.　エ She visited Shizuoka to get it.

❶訳 ア 彼女はそれを姉からもらいました。　イ 彼女はそれをトムからもらいました。
ウ 彼女はトムとお店を訪れました。　エ 彼女はそれを手に入れるために静岡を訪れました。

❷アとイはそれをだれからもらったか，ウとエはどこを訪れたか。

（　　）

(2) ア Eat dinner.　イ Buy some books.
ウ Study at the school library.　エ Go shopping.

❶訳 ア 夕食を食べる。　イ 何冊か本を買う。
ウ 学校の図書室で勉強する。　エ 買い物に行く。

❷だれかの動作を答えている。

（　　）

放送文と解き方

入試攻略のカギ

放送前 ❶選択肢を読んで，意味を確認する。
❷似た選択肢があればグループ分けをし，同じ点・違う点を確認する。

放送中 ❸選択肢に含まれる語句に注意して聞く。人物・時・場所などメモをとる。
❹質問の文の，「だれが(何が) / いつ / どこで / 何を / どうする」に注意。

(1) A：This green tea is very nice, Mami.（green tea＝緑茶）
B：I'm glad you like it, Tom.（I'm glad＝～でうれしい）
A：Did you buy it at a shop around here?
B：Well, my sister lives in Shizuoka, and she sent it to me.（ここに注目）（it＝緑茶）

❸お店で緑茶を買ったのではなく，静岡に住むマミの姉が送ってくれた。

Yes や No を使わずに答えているね。

Question How did Mami get the green tea?

訳マミはどのようにしてその緑茶を手に入れましたか。

❹緑茶を手に入れた方法を答える。

答え ア

(2) A：What are you going to do after school, Emily?
B：I'm going to go to the school library. I want to study there.（there＝図書館で）（ここに注目）
A：If you are free after that, let's go shopping together.（that＝前の内容を指している。）（free＝ひまな，go shopping＝買い物に行く）
B：Sorry, I have my piano lesson.

❸学校の図書室で勉強
↓
ピアノのレッスン

どちらが前で，どちらがあとかに注意しよう。

Question What is Emily going to do before her piano lesson?

訳エミリーはピアノのレッスンの前に何をするつもりですか。

❹ピアノのレッスンの前の予定を答える。

答え ウ

入試問題にチャレンジ！

解答 p.38

※文中の青字は実際の入試問題にはついていません。

1 対話を聞いて，質問に対する答えとして最も適切なものをア～エから１つずつ選び，記号で答えなさい。〈山口〉 B08

(1) ア At a post office.(郵便局)　イ On a bus.
　ウ In a library.　エ At home.　(　　)

(2) ア Japanese.　イ English.
　ウ English and math.　エ Science and math.　(　　)

(3) ア Clean his room.　イ Read a newspaper.(新聞)
　ウ Use the Internet.　エ Go to an event.　(　　)

(4) ア In April.(４月)　イ In May.(５月)
　ウ In June.(６月)　エ In July.(７月)　(　　)

2 対話を聞いて，質問に対する答えとして最も適切なものをア～エから１つずつ選び，記号で答えなさい。〈茨城〉 B09

(1) ア To play baseball.　イ To play tennis.
　ウ To watch baseball.　エ To watch tennis.　(　　)

(2) ア Jenny is.　イ Tom is.
　ウ Tom's mother is.　エ Tom's father is.　(　　)

(3) ア At 10:13.　イ At 10:20.
　ウ At 10:30.　エ At 10:50.　(　　)

(4) ア She is going to take care of her sisters.(～の世話をする)
　イ She is going to take care of her mother.
　ウ She is going to study with her brothers.
　エ She is going to study with John.　(　　)

1 (1)は場所，(2)は科目，(3)は行動，(4)は月に注目する。
2 (1)は行動，(2)は人物，(3)は時刻，(4)は予定に注目する。

14 メモを完成させる問題

例題 放送されるALT(外国語指導助手)からのお知らせを聞いて，その内容に合うように，[メモ]の空所に適切な日本語または数字を書きなさい。〈長崎〉 B10

[メモ]

〈映画の上映会について〉

上 映 日：来週の(　①　)曜日
場　　所：学校の(　②　)
開始時刻：午後4時30分
終了時刻：(③午後　時　分)

❶ ①何曜日に行われるか
②行われる場所は学校のどこか
③終わるのは何時何分か

①(　　　)
②(　　　)
③(午後　時　分)

放送文と解き方

入試攻略のカギ

放送前 ❶「メモ」の内容をよく読んで，どこに注意して聞いたらよいか確認する。
◆日付や時刻，曜日，場所，数がよく問われる。

放送中 ❷ 空所に関連することばを聞き逃さないように気をつけて聞く。
❸ ❶で確認した内容が読まれたらメモをとる。

Hello students. I have something to tell you. I'm going to have a special event (特別な催し物) for you next (①はここに注目) Thursday (❷❸「来週の木曜日」). If you want to study English more, how about watching (How about ～ing?「～しませんか」) a movie (映画) with me? I've got a wonderful movie. It's about high school life in Australia. I believe you'll like it. Come to the school (②はここに注目) library (❷❸「学校の図書館」). The movie will start at four thirty in the afternoon. After the movie, let's talk about it in English. I hope you'll enjoy it. We are going to finish the event (③はここに注目) at six fifteen (❷❸終了時刻は「6時15分」). If you have any questions about this event, please come to ask me. Thank you.

聞きまちがえやすい数
thirteen と thirty，fifteen と fifty など，-teen で終わるものと，-ty で終わるものに注意。

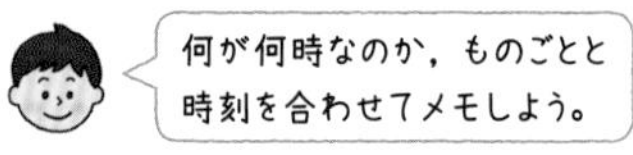

何が何時なのか，ものごとと時刻を合わせてメモしよう。

答え ①木　②図書館[図書室]　③(午後)6(時)15(分)

入試問題にチャレンジ！

解答 p.40

※文中の青字は実際の入試問題にはついていません。

1 これから放送する英文は，中国から来た留学生の李(り)(Li)さんが出身地のお正月の食べ物について授業で話したものです。英文を聞いて，その内容に合うように，[メモ]のそれぞれの空所に適切な**英語1語**を書きなさい。

〈山梨〉 B11

[メモ]

・New Year's Day is the (　①　) event.

・They eat gyoza(ギョウザ).

They hope for(～を願う) (　②　) in their lives(生活).

・They also eat (　③　).

People hope to have (　④　) food and money.

① ＿＿＿＿　② ＿＿＿＿　③ ＿＿＿＿　④ ＿＿＿＿

2 英語の伝言を聞いて，その内容に合うように，[メモ]のそれぞれの空所に適切な日本語または数字を書きなさい。

〈栃木〉 B12

[メモ]

・メアリーの試合は，①(　　月　　日　　曜日)に延期
・②(　　　　　　　　)場合は，翌日も試合
・③(　　　　　)色のTシャツを着る
・④(　　　　　)は11時半
・テニスビレッジに⑤(　　時　　分)までに行く
・何かあれば，今日の⑥(　　　　　)前に電話する

①(　　月　　日　　曜日)　②(　　　　　　　　)　③(　　　　　)
④(　　　　　　　　)　⑤(　　時　　分)　⑥(　　　　　)

こまったときのヒント
1 ①は event，③は also eat，④は hope to have に注目。②の lives は life の複数形。
2 ②の「場合は」は「もし～なら」と考える。③は色，④⑤は時刻に注目。⑥は「前」がヒント。

15 長い英文の内容についての問題

例題 ある美術館の館内放送を聞いて，(1)～(3)の質問に対する答えとして最も適切なものをア～エから１つずつ選び，記号で答えなさい。〈宮崎改〉 ♪B13

(1) ア One.　イ Two.　ウ Three.　エ Four.

(2) ア At 10 a.m.　イ At 11 a.m.　ウ At 2 p.m.　エ At 3 p.m.

❷(1)は数，(2)は時刻を問われている。

(3) ア Get information on the second floor.（階）
イ Get information on the third floor.
ウ Go to the ABC room to tell your name.（～するために）
エ Go to the information desk to tell your name.

❷ア・イは階数，ウ・エは場所が異なる。

(1)（　　）　(2)（　　）　(3)（　　）

放送文と解き方

入試攻略のカギ

放送前 ❶選択肢を読んで，意味を確認する。
❷似た選択肢があればグループ分けをし，同じ点・違う点を確認する。

放送中 ❸人物の行動やできごとを，日付・曜日・時刻・場所といっしょにメモする。
❹質問の文の疑問詞と主語に注意して聞く。

Welcome to our art museum（美術館）. Today we celebrate（～を祝う） the 10th year since we opened our art museum. We are planning wonderful（すばらしい） events for this special day. First（1つ目）［(1)はここに注目］, a quiz game［(2)はここに注目］ about art will start from 10 a.m.（❸クイズゲームは10時開始） If you win the game, you can get nice gifts. We will wait for you on the second floor（2階）. Next（2つ目）［(1)はここに注目］, we have invited（～を招待する） some famous（有名な） painters（画家） to have a drawing lesson. The lesson will start at 2 p.m. in the ABC room（レッスンは午後2時にABCルームで）. If you are interested in（be interested in ～「～に興味がある」） this event, please come to the information desk［(3)はここに注目］ on the first floor. You need to tell us your name［(3)はここに注目］（❸名前を伝える必要がある） before the lesson. Please enjoy these events and celebrate this special day together with us. Thank you for coming.（thank you for ～ing「～してくれてありがとう」）

Questions (1) How many events will be held today?

訳 今日はいくつのイベントが開かれますか。

(2) What time will the quiz game start?

訳 クイズゲームは何時に始まりますか。

(3) To join the drawing lesson, what do you have to do?

訳 線画レッスンに参加するために，何をしなければなりませんか。

④ (1)イベントの数。
(2)クイズゲームの開始時刻。
(3)線画レッスンに参加するためにしなければならないこと。

どちらのイベントのことか，しっかり聞こう！

答え (1)イ (2)ア (3)エ

入試問題にチャレンジ！

➡ 解答 p.42

※文中の青字は実際の入試問題にはついていません。

1 これから，あなたのクラスの英語の授業で，ホワイト先生(Ms. White)が英語のスピーチをします。そのスピーチについて４つの質問をします。それぞれの質問の答えとなるように，(1)～(4)の空所に入る英語１語を書きなさい。 〈新潟〉 ♪B14

(1) She is going to leave Japan at the end of __________. __________
(the end of：～の終わりに)

(2) She has taught English at this school for __________ years. __________

(3) Because there are many people who have __________ ideas. __________
(who：関係代名詞)

(4) We should try to find the __________ answer that we can find. __________
(should：～すべきだ　that：関係代名詞)

2 留学生のメアリー(Mary)と高校生のコウジ(Koji)が対話をします。その対話について３つの質問をします。その質問に対する答えとして最も適切なものをア～エから１つずつ選び，記号で答えなさい。 〈宮城〉 ♪B15

(1) ア On May 7. イ On May 8. ウ On June 7. エ On June 8.

(2) ア 12 members. イ 22 members. ウ 24 members. エ 44 members.

(3) ア They are going to write about their activity in the newspaper.
(activity：活動)

イ They are going to play baseball with Mary.

ウ They are going to talk with old people in their town.

エ They are going to clean the streets near their school.
(streets：通り　near：～の近くの)

(1) (　　　) (2) (　　　) (3) (　　　)

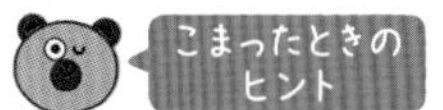

1 (1)は時，(2)は期間，(3)は理由，(4)はどんな答えかに注目する。
2 (1)は時，(2)は人数，(3)はすることに注目する。

16 グラフを選ぶ問題

例題 英文を聞いて，質問に対する答えとして最も適切なものをア～エから１つ選び，記号で答えなさい。〈長野〉 ♪B16

❷値のいちばん大きいものに○，いちばん小さいものに△をつける。

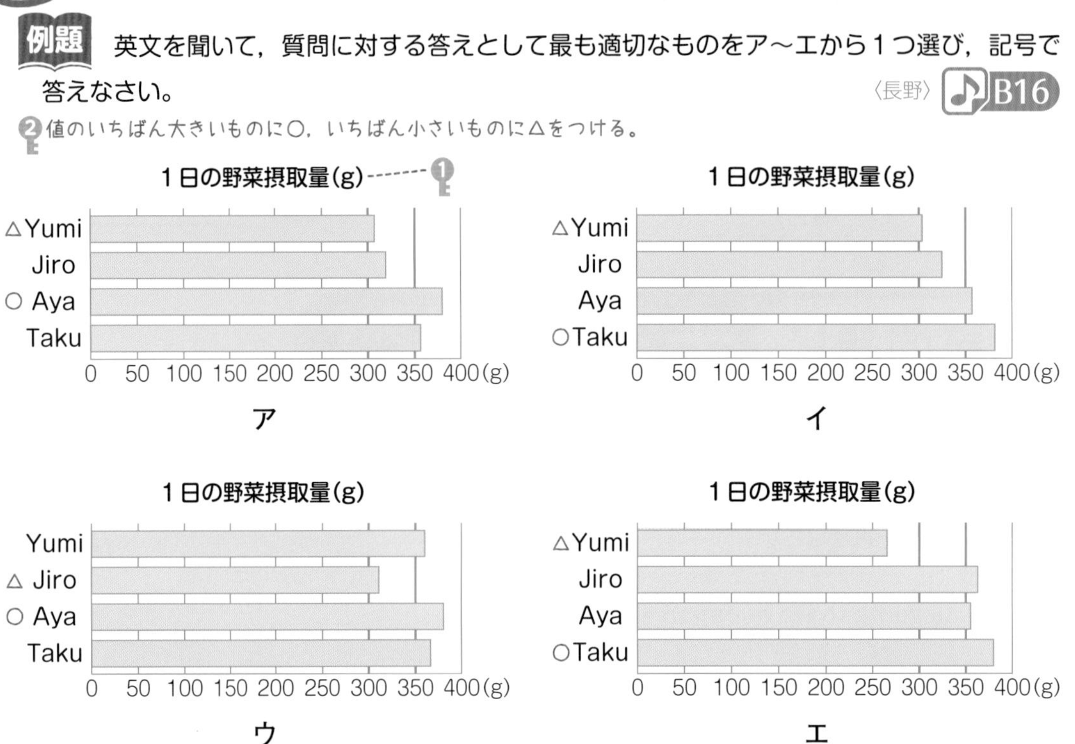

(　　　)

放送文と解き方

入試攻略のカギ

放送前 ❶ グラフを見て，何のグラフか確認する。

❷ 値のいちばん大きいものに○，いちばん小さいものに△をつける。

放送中 ❸ 比較の文に注意しながら要点をメモする。比べるものの大小関係を，>，<，＝などの記号を使ってメモするとよい。

❹ 内容と合っていないとわかったら，選択肢を×で消していく。

It is often said that we should eat 350 grams of vegetables a day. Four students want to know how much they eat a day. Please look at each graph. All of them eat more than 300 grams a day. Yumi and Jiro should eat more vegetables because they eat less than 350 grams. Aya and Taku eat more than 350 grams and Aya eats the most. Which graph shows this?

- It is said that ～「～と言われている」
- 野菜　1日につき
- 間接疑問　1日にどのくらいの量を食べているか
- more than ～「～より多い」
- ❸全員300g超 → ❹エは×
- この文に注目
- less than ～「～より少ない」
- ❸ユミとジロウは350g未満 → ❹ウ，エは×
- ❸アヤがいちばん多く食べる → ❹イ，エは×

放送を聞きながら，選択肢をしぼっていくんだね。

答え ア

入試問題にチャレンジ！

➡ 解答 p.44

1 英文を聞いて，その内容と合うものとして最も適切なものをア～ウから１つ選び，記号で答えなさい。 〈長崎〉 B17

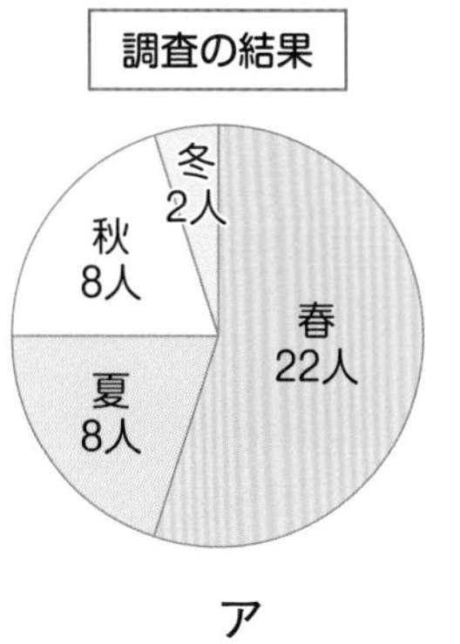

ア

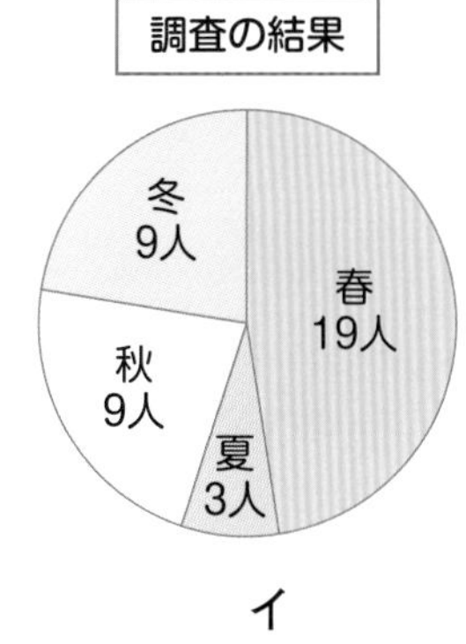

イ

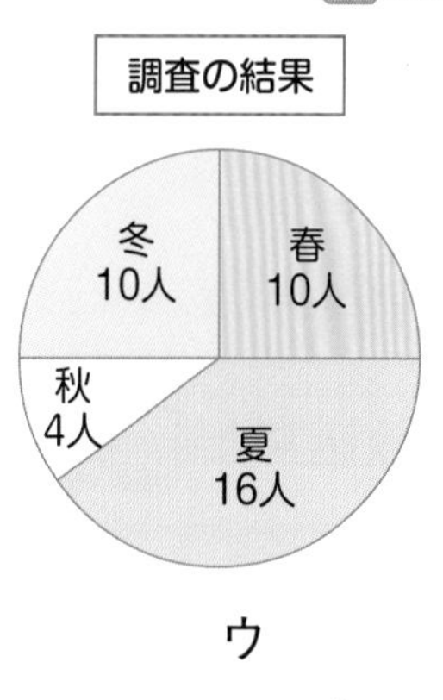

ウ

（　　　）

2 次のグラフは，「あなたにとって家でくつろぐための最もよい方法は何ですか」という質問に対する生徒たちの回答結果を示したものです。ケイト先生の話を聞いて，その内容と合うものとして最も適切なものをア～エから１つ選び，記号で答えなさい。 〈大阪〉 B18

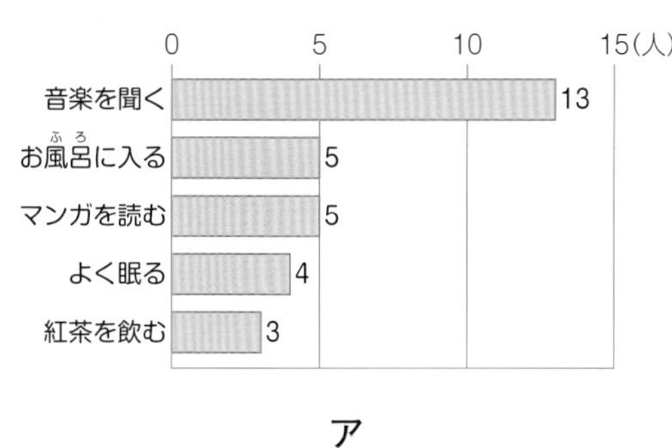

ア

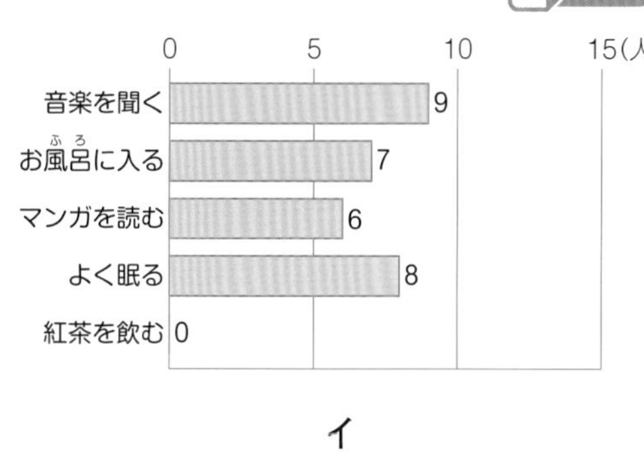

イ

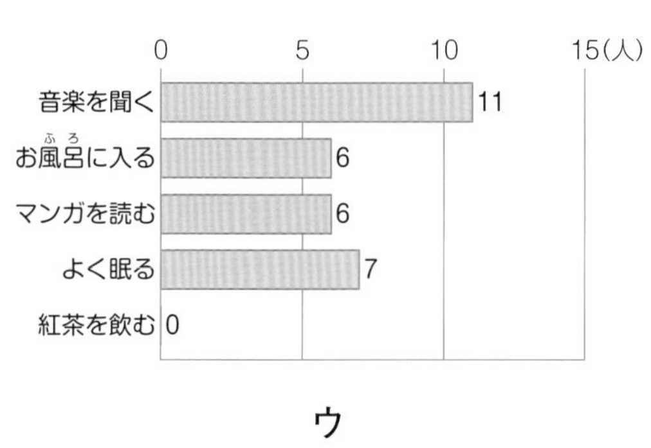

ウ

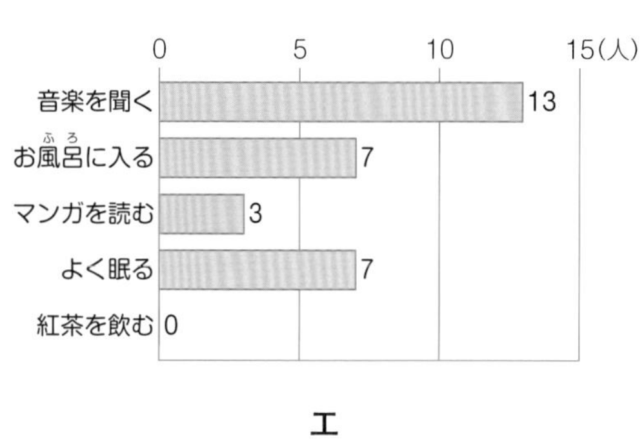

エ

（　　　）

1 いちばん好きな季節の調査結果。比較の表現をしっかり聞き取る。
2 数や比較表現を聞き取り，合わないものを除外していく。

17 質問を聞いて日本語や英語で答える問題

例題 マサミとコウジの対話を聞いて，(1)は質問に対する適切な答えになるように，空所にあてはまる英語を書きなさい。(2)は質問に対する適切な答えを書きなさい。〈石川改〉 B19

(1) At ＿＿＿＿＿＿＿＿＿＿＿＿＿＿.

❶ (1)は時刻か場所を問われていると予想できる。

(2) ＿＿＿＿＿＿＿＿＿＿＿＿＿＿＿＿＿＿＿＿＿＿＿＿

❸ 質問に完全な文で答える場合には，主語と動詞を必ず書くようにする。

放送文と解き方

入試攻略のカギ

放送前 ❶ 問題用紙や解答用紙を見て，質問への答えが部分的に示されている場合は，質問で何を問われるかを予想しておく。

放送中 ❷ 人物の習慣や主張を，曜日・時刻などといっしょにメモする。
❸ 質問の文の疑問詞と主語に注意して聞く。

Koji : Do you have some family rules, Masami? （rules：ルール）

Masami : My mother tells me to clean my room before breakfast.
（tell ～ to ...「～に…するように言う」）❷ マサミの家族のルール

Koji : I had the same rule when I was in elementary school. Now, I have different rules. I cannot use the Internet after 8:00. I also have to go to bed before 11:00.
（(1)はここに注目）（elementary school：小学校）❷ コウジの家族のルール
❷ インターネットを8時以降は使えない。

Masami : I see. Do you have some interesting rules?

Koji : Well, we go cycling together and enjoy the beautiful views three times a month. How about you, Masami?
❷ コウジの家族のルール

Masami : My family members enjoy cooking together on the last Sunday every month. Trying a new recipe is fun.
❷ マサミの家族のルール（recipe：レシピ）

Koji : Sounds interesting!

Questions (1) What time does Koji have to stop using the Internet?

訳 コウジは何時にインターネットを使うのをやめなければなりませんか。

(2) In the dialogue, Masami and Koji talked about their family rules.

訳 会話で，マサミとコウジは自分たちの家族のルールについて話しました。

Which rule do you like the best? And why?

あなたはどのルールがいちばん好きですか。 そしてなぜですか。

質問に，自分自身の考えを問われることがあるよ！

答え (1) eight

(2)(例)I like Masami's family rule because I feel good when I clean my room.

(1)インターネットの使用をやめる時刻。
(2)自分がいちばん好きなルールと理由。

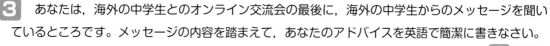

入試特集 リスニング

入試問題にチャレンジ！

解答 p.45

1 エミとホテルの受付係の対話を聞いて，問題用紙の(1)〜(3)の質問に対する答えを，日本語で書きなさい。 〈香川〉 ♪B20

(1) エミが行こうとしている場所 (　　　　　　)

(2) エミが選ぶ交通手段でその場所までかかる時間 (　　　　　　)分

(3) エミが楽しみにしていること (　　　　　　)こと

2 英語部の先生が生徒に，留学生のメアリー(Mary)の歓迎会の連絡をします。その連絡について，二つの質問をします。それぞれの質問に対する答えを，3語以上の英文で書きなさい。〈新潟〉 ♪B21

(1) ______________________________

(2) ______________________________

3 あなたは，海外の中学生とのオンライン交流会の最後に，海外の中学生からのメッセージを聞いているところです。メッセージの内容を踏まえて，あなたのアドバイスを英語で簡潔に書きなさい。

〈佐賀〉 ♪B22

____

____

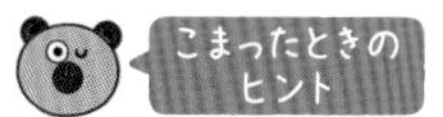

2 (1)は Yes / No で始める答えになる。(2)主語の数・人称に注意して答えよう。
3 メッセージの最後で，何を聞かれているかをしっかり聞き取ろう。

位置・方向・運動を表す前置詞のイメージ

位置，方向，運動を表す前置詞がもつイメージをつかみましょう。

in ～の中に

in the basket

ある空間の内部

at ～に

at the park

場所の１点を指す

on ～の上に，～に

on the wall

3:00

on the table

のっている，くっついている

from ～から

from Tokyo

出発点

to ～へ

to Osaka

到達点

for ～に

for New York

向かう方向

under ～の下に

under the tree

真下，真下の空間

over ～の上に

over the river

真上をおおう，越える

between ～の間に

between two children

２つのものの間

around ～のまわりに

around the fire

まわりをぐるっと回る

through ～を通り抜けて

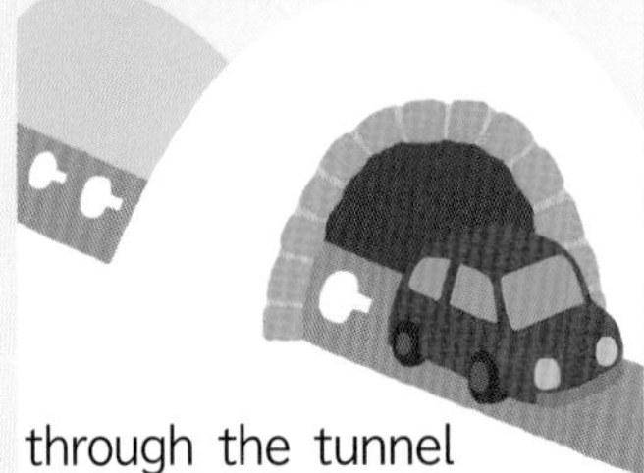

through the tunnel

中を通り抜ける

across ～を横切って

across the road

平面を横切る

⬅この「解答と解説」は取りはずして使えます。

わからないを
わかるにかえる

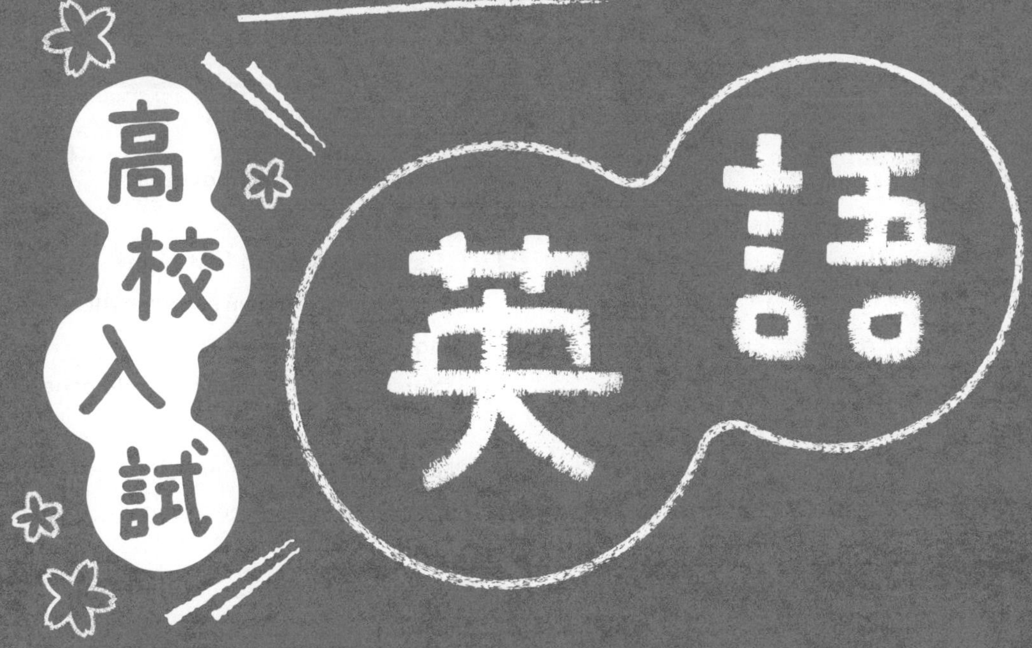

解 答 と 解 説

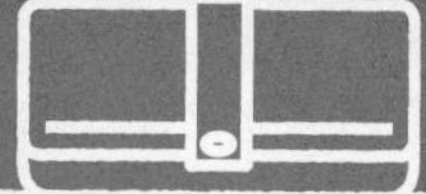

BUNRI

●[ ]は別の答えを，( )は省略できる語句を示しています。
●下記のものなどについては，短縮形で答えても正解です。

I am → I'm	you are → you're	we are → we're	they are → they're	he is → he's
she is → she's	that is → that's	it is → it's	I will → I'll	you will → you'll
he will → he'll	she will → she'll	it will → it'll	we will → we'll	they will → they'll
is not → isn't	are not → aren't	do not → don't	does not → doesn't	did not → didn't
cannot → can't	will not → won't	must not → mustn't	what is → what's	who is → who's
I have → I've	have not → haven't	has not → hasn't	there is → there's	

1 「～です」「～でした」の文

p.9

1 (1) am (2) isn't (3) Are / am

2 (1) I was sad then.
(2) We were not nervous.
(3) Was she a tennis player?

3 (1) I am not sleepy.
(2) Were they tired then?

入試に挑戦 ウ

解説 主語がIのときはam，youや複数のときはare，それ以外の単数のときはisを使います。過去の文では，am, isはwas，areはwereにします。

1 (2)短縮形を使うことに注意しましょう。

2 (2)主語が複数になるので，wasをwereにします。

3 否定文はbe動詞のあとにnot，疑問文はbe動詞を主語の前に置きます。

入試に挑戦 My sisterが主語なのでisを選びます。

2 「～します」の文

p.11

1 (1) plays (2) don't like (3) Does / does

2 (1) Yuki goes to the library on Sundays.
(2) Do you know Mr. Brown?
(3) My brother does not have a car.

3 (1) Mike speaks Japanese well.
(2) The students don't clean this room.

入試に挑戦 エ

解説 一般動詞の現在の文では，主語が3人称単数のとき，動詞の語尾に(e)sをつけます。haveはhasになります。

1 (2)(3)否定文は，動詞の前にdo not(=don't)またはdoes not(=doesn't)を置き，疑問文は，主語の前にdoまたはdoesを置きます。どちらの場合も，あとの動詞は原形を使います。

2 (3) hasを原形のhaveにします。

3 (1) 注意 well(上手に)は，speaks Japaneseの後ろに置きます。

入試に挑戦 Doで始まる疑問文には，doを使って答えます。

3 「～しました」の文

p.13

1 (1) played (2) didn't have[eat]
(3) Did / did

2 (1) I studied English last night.
(2) Did you go to Tom's house three days ago?
(3) Yumi did not call her grandmother last Sunday.

3 (1) My father came home at nine
(2) Where did you meet Mary?

入試に挑戦 did

解説 規則動詞の過去形は，語尾に(e)dをつけます。不規則動詞の過去形は不規則に変化します。

1 (2)(3)否定文は，動詞の前にdid not(=didn't)を置き，疑問文は，主語の前にdidを置きます。どちらの場合も，動詞は原形を使います。

2 (1) 注意 studyの過去形は，語尾のyをiにかえてedをつけ，studiedとします。

3 (2)場所をたずねるときは，文の始めにWhereを置き，あとに疑問文の語順を続けます。

入試に挑戦 Aの文のreadはsがついていないので過去形。Bの答えの文ではdidを使います。

4 「～しています」「～していました」の文

p.15

1 (1) reading (2) are playing

(3) was cooking

2 (1) We are cleaning the classroom.

(2) Tom was talking with Ken.

(3) Were the boys swimming in the river?

3 (1) My father is not using this computer

(2) What were you doing then?

入試に挑戦 ウ

解説 現在進行形は〈am[are, is]＋動詞の ing 形〉, 過去進行形は〈was[were]＋動詞の ing 形〉で表します。be 動詞は主語により使い分けます。

2 (2)主語が3人称単数の Tom で過去進行形の文なので, be 動詞は was を使います。

(3)疑問文は, be 動詞を主語の前に置きます。

3 (1)否定文は, be 動詞のあとに not を置きます。

(2)「何をしていましたか」は, 疑問詞 What で始め, あとに疑問文の語順を続けます。

入試に挑戦 be 動詞 is があるので, 現在進行形の文と考え, 動詞の ing 形を選びます。

5 未来を表す文

p.17

1 (1) will (2) going to (3) is going, play

2 (1) It will be rainy tomorrow.

(2) Ken is going to study English this evening.

(3) Is your brother going to buy the car?

3 (1) I will not do my homework

(2) What are you going to do

入試に挑戦 be free in the afternoon

解説 未来の文は, 〈be 動詞＋ going to ＋動詞の原形〉または〈will ＋動詞の原形〉で表します。be 動詞の am, are, is は主語により使い分けます。

2 (1) will のあとには動詞の原形を続けるので, is は原形の be にします。

(3) be going to 〜の疑問文は, be 動詞を主語の前に置きます。

3 (1) will の否定文は, will のあとに not を置きます。

(2)「何をするつもりですか」は, 疑問詞 What で始め, あとに疑問文の語順を続けます。

入試に挑戦 注意「私は明日の午後はひまです」という意味の文にします。I'll のあとに be 動詞の原形の be を続けることに注意しましょう。

6 「〜したことがある」の文

p.19

1 (1) have visited (2) has read

(3) have never (4) Have, written

2 (1) I have played tennis with her before.

(2) Have you ever eaten *natto*?

(3) How many times[How often] has Ken climbed the mountain?

3 (1) I have heard the[that] song once.

(2) Have you ever used this dictionary?

入試に挑戦 have never been to

解説 「〜したことがある」という経験の意味は, 〈have[has]＋過去分詞〉の現在完了形で表します。経験用法では, once(1回), twice(2回), 〜 times(〜回), before(以前に)などの語句がよく使われます。

1 (2) 注意 read(読む)は, 原形・過去形・過去分詞がすべて同じ形です。

(3)(4) 注意 経験用法の否定文では, have のあとに never(1度も〜ない)を, 疑問文では, 過去分詞の前に ever(今までに)を置きます。

2 (3)「何回」と回数をたずねるときは, How many times または How often で始め, あとに疑問文の語順を続けます。

3 (2)疑問文で ever は過去分詞の前に置きます。

入試に挑戦 「〜へ行ったことがある」は, ふつう have[has] been to 〜で表します。否定文なので, never を have のあとに置きます。

7 「〜したところだ」「〜してしまった」の文

p.21

1 (1) have already cleaned

(2) has just come[got, gotten]

(3) haven't received[got, gotten], yet

(4) Has, arrived yet

2 (1) I have just called my mother.

(2) Has Ken written the report yet?

(3) Mika has not washed the dishes yet.

3 (1) Emi has already read the[that] book.

(2) Have they cooked[made] lunch yet?

入試に挑戦 エ

解説 〈have[has]＋過去分詞〉の現在完了形は, 「(もう)〜してしまった」「(ちょうど)〜したところだ」という完了の意味も表します。完了用法では，already（もう，すでに），just（ちょうど，たった今），否定文で yet（まだ），疑問文で yet（もう）などの語がよく使われます。

1 (1)(2) **注意** already，just はふつう have[has]のあとに置きます。

(3)(4) **注意** yet は，否定文（「まだ」の意味），疑問文（「もう」の意味），どちらの場合も文末に置きます。

2 (2)(3)疑問文は have[has]を主語の前に置き，否定文は have[has]のあとに not を置きます。

入試に挑戦 「あなたはもう宿題を終えましたか」。文末に置いて意味が通るのは yet だけです。

8 「ずっと～している」の文 ①

p.23

1 (1) has，since (2) Have / have
(3) How，has / For

2 (1) I have been busy since yesterday.
(2) Has Mike studied Japanese since 2010?
(3) How long have you lived in Osaka?

3 (1) I have wanted this bike for
(2) Has your sister loved the band since

入試に挑戦 エ

解説 〈have[has]＋過去分詞〉の現在完了形は，「（今まで）ずっと～している［である］」という状態の継続の意味も表します。継続用法では，for（～の間）や since（～から，～以来）がよく使われます。

1 (1) 2020 は始まりの時期を表す語なので，前には since を使います。

(2)疑問文は，have[has]を主語の前に置き，答えるときも have[has]を使います。

(3)「どのくらいの間」と期間の長さをたずねるときは，How long で始め，そのあとに疑問文の語順を続けます。

2 (1) be 動詞の過去分詞は been です。

(3)「どのくらいの間あなた（たち）は大阪に住んでいますか」という意味の文にします。

3 (1) for a long time は「長い間」という意味です。

入試に挑戦 since ～から現在完了形の文と考えます。主語が It なので，has been を選びます。「先週からずっと晴れの日が続いています」。

9 「ずっと～している」の文 ②

p.25

1 (1) have been playing
(2) has been sleeping
(3) Have, been waiting / have

2 (1) I have been writing this letter since this morning.
(2) Have they been working for a long time?
(3) How long has it been raining?

3 (1) I have been watching TV for three hours.
(2) Have you been doing your homework since this afternoon?

入試に挑戦 エ

解説 〈have[has]＋been＋動詞の ing 形〉の現在完了進行形は，「（今まで）ずっと～している」という動作の継続を表します。現在完了形の継続用法と同じように，for（～の間）や since（～から，～以来）がよく使われます。

1 (2)主語が 3 人称単数の Ken なので，has を使います。

(3)現在完了進行形の疑問文は，have[has]を主語の前に置き，答えるときも have[has]を使います。

2 (3)「どのくらいの間」と期間をたずねるときは，How long で始め，そのあとに疑問文の語順を続けます。

3 (2)「今日の午後から」は since this afternoon で表します。

入試に挑戦 現在完了進行形 have been reading があり，（　）のあとは始まりの時期を表す語句が続くので，（　）には前置詞 since を入れます。「私は今朝 10 時からずっとこの本を読んでいます」。

まとめのテスト

p.26～27

1 (1) was (2) came (3) listening
(4) rain (5) lived

2 (1) watches (2) won't go
(3) was playing (4) already done[finished]

(5) long have, been

3 (1) Tom and Bob were busy yesterday.

(2) My brother does not teach English.

(3) Takuya is washing the dishes.

(4) Sayaka has been dancing for thirty minutes.

(5) Have you ever seen the movie?

入試に挑戦 (1) are you looking for

(2) What are you going

(3) Have you cleaned your room

解説

1 (1)(2) at that time, two years agoがあるので過去形にします。

(3) be 動詞があるので，listen を ing 形にして進行形の文にします。

(4)助動詞のあとの動詞は原形です。

(5) has があるので動詞を過去分詞にして現在完了形(継続用法)の文にします。

2 (1)主語が３人称単数で現在の文です。watch の３人称単数現在形は watches です。

(2)未来の文です。空所の数から will not の短縮形 won't を使います。

(3)〈was ＋動詞の ing 形〉の過去進行形の文にします。

(4) **注意** 現在完了形(完了用法)の文にします。already(もう)はふつう have[has]のあとに置きます。

(5)「どのくらいの間」は How long で始めます。現在完了進行形の疑問文は have[has]を主語の前に置きます。

3 (2) **注意** 主語が３人称単数で現在の一般動詞の否定文は doesn't[does not]を使い，動詞は原形にします。

(3)現在進行形は〈am[are, is]＋動詞の ing 形〉で表します。Takuya が主語なので，be 動詞は is にします。

(4)現在完了進行形は〈have[has] ＋ been ＋動詞の ing 形〉で表します。Sayaka が主語なので，has を使います。

(5) have を主語 you の前に置き，seen の前に ever を置きます。

入試に挑戦 (1) what を使った現在進行形の疑問文です。look for ～で「～を探す」という意味です。

(2) what を使う未来の疑問文です。be going to の be 動詞を主語の前に置きます。

(3)現在完了形の疑問文です。「あなたはもう部屋をそうじしましたか」という意味の文にします。

10 「…を～する」「～に見える」などの文 p.31

1 (1) swim well (2) have[eat] breakfast
(3) look tired

2 (1) 速く走ります (2) 日本語を勉強します
(3) よくなる[元気になる]

3 (1) I know your father.
(2) The singer will become famous.

入試に挑戦 ウ

解説 〈動詞＋形容詞〉の形で使う動詞には get(～になる), look(～に見える), sound(～に聞こえる), become(～になる)などがあります。

2 (3) get well は「よくなる」という意味です。

3 (2)「有名になる」は become famous です。

入試に挑戦 A の「あなたは今日とてもうれしそうに見えます」という発言に答えているので，ウの「私は駅で大好きな音楽家に会いました」が適切です。

11 「…に～があります」の文 p.33

1 (1) is, on (2) are, under
(3) Are / there

2 (1) There are three cups on the table.
(2) There are no books in the bag.
[There is no book in the bag.]
(3) How many boys are there in the park?

3 (1) There is a cat under the bed.
(2) Are there any stores near your house?

入試に挑戦 エ

解説 「～がある，～がいる」というときは，There is[are] ～. で表します。「～」が単数のときは is, 複数のときは are を使います。

1 (3) There is[are] ～. の疑問文は，be 動詞を there の前に置きます。答えるときも there を使います。

2 (2) **注意** There are[is] no ～. で「～がありません」という意味になります。

(3)「いくつありますか[何人いますか]」と数をたずねるときは，〈How many ＋複数名詞〉で始め，あとに疑問文の語順を続けます。

入試に挑戦 「私がこの前の日曜日に公園へ行ったとき，そこには子どもは1人もいませんでした」。not any ～で「1つも～ない，1人も～ない」という意味になります。

12 「(人)に(もの)を～する」の文 p.35

1 (1) give you (2) teaches us
(3) show me

2 (1) for Tom (2) to me (3) them lunch

3 (1) My grandfather told us an interesting story.
(2) Her aunt made this bag for her.

入試に挑戦 My father gave it to me

解説 〈動詞＋人＋もの〉の形で使う動詞には，give(あたえる), teach(教える), send(送る), show(見せる), make(作る), buy(買う)などがあります。

2 **注意** 〈動詞＋人＋もの〉は〈動詞＋もの＋ to [for]＋人〉でいいかえることができます。(1)(3)の buy, cook は for を，(2)の send は to を使います。

3 (1)〈tell ＋人＋こと〉で「(人)に(こと)を話す」を表します。

入試に挑戦 「父は私の誕生日に私にそれをくれました」という意味の文にします。

13 「AをBと名づける」などの文 p.37

1 (1) name (2) call (3) make

2 (1) (彼らの)娘をメグミと名づけました
(2) 彼女を悲しくさせました
(3) あの山を何と呼びますか

3 (1) People call the soccer player Kazu.
(2) The work made them very tired.

入試に挑戦 my friends call me Hiro

解説 〈動詞＋A(目的語)＋B(補語)〉の形で使う動詞には，name(AをBと名づける), call(AをBと呼ぶ), make(AをB(の状態)にする)などがあります。

2 (1)は named，(2)は made で，どちらも動詞が過去形であることに注意しましょう。

入試に挑戦 「私の名前はヒロタカですが，友だちは私をヒロと呼びます」という意味の文にします。

14 「(人)に～させる」などの文

p.39

1 (1) Let, talk (2) made us clean
(3) helped him wash

2 (1) 私に彼のコンピューターを使わせてくれました
(2) 放課後，彼の生徒たちに勉強させました

3 (1) father made him eat all the food
(2) Can you let me know your
(3) helps you understand your homework

入試に挑戦 me carry this desk to

解説 「(人)に～させる」は，〈let[make]＋人など＋動詞の原形〉の形で表します。容認の場合にはlet，強制の場合はmakeのように使い分けます。

1 (1)許可を求めているのでletを使います。
(3)「(人など)が～するのを手伝う[助ける]」は〈help＋人など＋(to＋)動詞の原形〉で表します。目的語の「人など」が代名詞の場合は，目的格にします。

2 (1)動詞が3単現のletsではないので過去の文です。letの過去形はletです。「彼のコンピューターを使う」のは「私」となります。

3 (2)let me knowで「私に知らせる」という意味になります。tell meより柔らかい表現になります。

入試に挑戦 注意 〈help＋人など＋動詞の原形〉は動詞の原形の前にtoを入れることもできますが，〔 〕の中のtoはour classroomの前に入れる「～へ」のtoです。「私がこの机を教室に運ぶのを手伝ってくれませんか」。

15 「～される」の文 ①

p.41

1 (1) is cleaned (2) was used
(3) were taken

2 (1) This song is loved by many people.
(2) English is not used in the country.
(3) Was the book written by Mr. Kato? / Yes, it was.

3 (1) Baseball is played by eighteen players.
(2) When was this picture painted?

入試に挑戦 イ

解説 「～される」は，〈be動詞＋過去分詞〉で表します。be動詞は，現在の文ではam，are，isを，過去の文ではwas，wereを主語により使い分けます。

2 (2)否定文はbe動詞のあとにnotを置きます。
(3)注意 疑問文はbe動詞を主語の前に置きます。答えの文にもbe動詞を使います。

3 (2)「いつ～されましたか」は，疑問詞Whenで始め，あとに受け身の過去の疑問文の語順を続けます。

入試に挑戦 one year ago(1年前に)があるので，過去の受け身の文になるように，was builtを選びます。

16 「～される」の文 ②

p.43

1 (1) are taught (2) is called
(3) was named, by

2 (1) was given (to) her by Akira
(2) was sent a book by Nancy
(3) was bought for me by my mother

3 (1) I was told the story by your father.
(2) What is that tower called?

入試に挑戦 was given to me by

解説 1 (1)〈teach＋人＋こと〉の文の(人)を主語にした受け身は，〈人＋be動詞＋taught＋こと〉で表します。
(2)(3)〈call[name]＋A＋B〉の文の受け身は，〈A＋be動詞＋called[named]＋B〉で表します。

2 (1)〈give＋人＋もの〉の文の(もの)を主語にした受け身は，〈もの＋be動詞＋given to＋人〉で表します。代名詞の前のtoは省略できます。
(3)注意 〈buy＋人＋もの〉の文の(もの)を主語にした受け身は，〈もの＋be動詞＋bought for＋人〉で表します。forは省略できません。

3 (2)「何と呼ばれていますか」は，疑問詞Whatで始め，あとに〈be動詞＋主語＋called〉の受け身の疑問文の語順を続けます。

入試に挑戦 〈もの＋be動詞＋given to＋人〉の受け身の文で表します。

17 「～される」の文 ③

p.45

1 (1) be seen (2) be read by
(3) known to

2 (1) The mountain can be seen from our town.

(2) His work will not be done in a day.
(3) Must the report be written in English?

3 (1) is interested in Japanese history
(2) was filled with students

入試に挑戦 of rice and eaten by

解説 助動詞を含む受け身は，〈助動詞＋be＋過去分詞〉の形で表します。

1 (3) **注意**「～に知られている」は，前置詞 to を使って be known to ～で表します。

2 (2)(3)助動詞を含む受け身の否定文は，助動詞のあとに not を置き，疑問文は，助動詞を主語の前に置きます。

3 **注意**「～に興味がある」は be interested in ～，「～でいっぱいである」は be filled with ～で表し，どちらも by は使いません。

入試に挑戦 「それは米で作られ，お正月休みの間，多くの人々に食べられます」。be made of ～は「～で作られる」を表します。

まとめのテスト

p.46～47

1 (1) is (2) for (3) call
(4) go (5) to

2 (1) looks (2) made us
(3) Are there, in (4) helped her look
(5) Was, used

3 (1) There are many students in the gym.
(2) My aunt sent me this dictionary.
(3) This chair was made by Makoto.
(4) The lake can be seen from the hotel.

入試に挑戦 (1) When was this old bridge
(2) news made us very happy
(3) How many teachers are there in

解説

1 (2) **注意**〈buy＋もの＋for＋人〉で「(人)に(もの)を買う」を意味します。
(5) be known to ～で「～に知られている」を意味します。

2 (1)「～に見える」は〈look＋形容詞〉で表します。
(2)「A を B(の状態)にする」は，〈make＋A＋B〉で表します。
(3) There are ～. の疑問文は，Are there ～? です。
(5)受け身の疑問文。be 動詞は過去形を使い，主語の前に出します。

3 (2)〈sent＋もの＋to＋人〉を〈sent＋人＋もの〉でいいかえます。
(4) **注意** can のあとを原形の be にします。

入試に挑戦 (1)疑問詞 when で始まる受け身の疑問文です。
(3)〈How many＋複数名詞〉のあとに，There are ～. の疑問文の語順を続けます。

18 前置詞のまとまり／不定詞

p.51

1 (1) dog on (2) bag under
(3) to do (4) to cook[make]

2 (1) (私の)祖母からの手紙
(2) 訪れるべき場所 (3) 何か食べ(る)物

3 (1) is a bus for Tokyo Station
(2) a picture to show you

入試に挑戦 drink

解説 〈前置詞＋名詞〉や，「～する(ための)[すべき]」という意味の〈to ＋動詞の原形〉が名詞を修飾するときは，名詞の後ろに置きます。日本語の語順とは逆になります。

3 (1)は〈前置詞＋名詞〉の形で，(2)は〈to ＋動詞の原形〉の形で後ろから名詞を修飾します。

入試に挑戦 A「お母さん，何か飲み物(something to drink)をもらえる？」 B「水と牛乳のどちらがいい？」

19 「～している…」の文

p.53

1 (1) girl playing (2) man watching
(3) boy running

2 (1) 眠っている犬
(2) 木の下にすわっている男の子
(3) 本を読んでいる女の子

3 (1) the man standing by the door
(2) The woman playing the guitar is

入試に挑戦 ウ

解説 「～している」という意味の現在分詞が他の語句とともに名詞を修飾するときは，〈名詞＋～ing ＋語句〉の語順で表します。

2 (1) 注意 現在分詞が単独で名詞を修飾するときは，〈～ing ＋名詞〉の語順になります。

3 〈現在分詞＋語句〉が名詞を修飾するときは，名詞のあとは〈～ing ＋語句〉の語順になります。(1)「～のそばに」は by ～で表します。

入試に挑戦 「私たちの先生と話している男の人はだれですか」という意味の文にします。

20 「～される［された］…」の文

p.55

1 (1) bag made (2) bird called
(3) letter written

2 (1) (私の)父によって撮られた写真
(2) そこから見える山
(3) オーストラリアで話され(てい)る言語

3 (1) a song loved by many people
(2) The cake made by Emi was

入試に挑戦 at the hotel built by

解説 「～される[された]」という意味の過去分詞が他の語句とともに名詞を修飾するときは〈名詞＋過去分詞＋語句〉の語順で表します。

3 (1)(2) 注意 「―によって～される[された]…」と考えます。「―によって」は by を使います。

入試に挑戦 「私は有名なアメリカ人によって建てられたホテルに泊まりました」という意味の文にします。

21 「～する…」の文 ①

p.57

1 (1) student who[that]
(2) who[that] lives
(3) girl who[that]

2 (1) マンガ本をたくさん持っている友だち
(2) ドアのそばに立っている男の子
(3) この物語を書いた女の子

3 (1) a teacher who can speak Japanese
(2) The man who is reading a newspaper

入試に挑戦 エ

解説 「～する(人)」のように，人について説明を加えるときは，人を表す名詞(先行詞)のあとに〈主格の関係代名詞 who[that]＋動詞〉を続けます。

1 (2) 注意 主格の関係代名詞に続く動詞の形は先行詞に合わせます。先行詞 an aunt が3人称単数なので who[that]に続く動詞は lives です。

3 (1)「日本語を話すことができる」が「教師」を後ろから修飾する形，(2)「新聞を読んでいる」が「男の人」を後ろから修飾する形にします。

入試に挑戦 the members が複数の人を表し，過去の文なので，who were を選びます。

22 「～する…」の文 ②

p.59

1 (1) dog that[which]
(2) cake that[which]

(3) that[which] goes

2 (1) 大きな[広い]庭のある家

(2) 多くの人々に愛されている歌

(3) あの丘の上に立っている建物

3 (1) the bird which is flying over that mountain

(2) The story that was written by Tom

入試に挑戦 this the bus which goes

解説 「～する(もの)」のように，ものについて説明を加えるときは，ものを表す名詞(先行詞)のあとに〈主格の関係代名詞 that[which]＋(助)動詞〉を続けます。

1 (3) 注意 先行詞 a train が3人称単数なので，that[which]に続く動詞を goes とします。

3 (1)「あの山の上を飛んでいる」が「鳥」を後ろから修飾する形，(2)「トムによって書かれた」が「その物語」を後ろから修飾する形にします。

入試に挑戦 「これは空港へ行くバスですか」という意味の文にします。

23 「一が～する…」の文 ①

p.61

1 (1) pen that[which]

(2) that[which], made[baked]

(3) that we know

2 (1) 私がいつも使っている自転車

(2) 彼が今朝書いた手紙

(3) 私が公園で会った男の子

3 (1) the pictures which you took in Kyoto

(2) The city that I visited last month

入試に挑戦 the book that I have to read

解説 「一が～する(もの)」のように，ものについて説明を加えるときは，ものを表す名詞(先行詞)のあとに〈目的格の関係代名詞 that[which]＋主語＋(助)動詞〉の形を続けます。人について説明を加えるときは that を使います。

3 (1)「あなたが京都で撮った」が「写真」を後ろから修飾する形，(2)「私が先月訪れた」が「都市」を後ろから修飾する形にします。

入試に挑戦 「これは私が宿題のために読まなければならない本です」という意味の文にします。

24 「一が～する…」の文 ②

p.63

1 (1) bag, gave (2) I want[I'd like]

(3) story Tom wrote

2 (1) (私の)父がかいた絵

(2) あなた(たち)が駅で会った女の子

(3) 私が昨日買った地図

3 (1) is a doctor we know well

(2) The book I read last night was

入試に挑戦 I like the best in

解説 目的格の関係代名詞は省略できます。関係代名詞が省略されると，先行詞のあとに〈主語＋動詞〉の形が続きます。

3 (1)「私たちがよく知っている」が「医者」を後ろから修飾する形，(2)「私が昨夜読んだ」が「本」を後ろから修飾する形にします。

入試に挑戦 「これは私がこの店でいちばん好きなケーキです」という意味の文にします。

まとめのテスト

p.64～65

1 (1) watching (2) called (3) eat

(4) who (5) goes

2 (1) girl under (2) sleeping cat

(3) to do (4) that[which], took

(5) I bought[got]

3 (1) テーブルの上にあるペンは私のものです。

(2) 英語は多くの国で話されている言語です。

(3) 彼女はあなた(たち)が駅で会った女性ですか。

(4) あなた(たち)はピアノをひいている男の子を知っていますか。

(5) これらは今朝来た手紙です。

入試に挑戦 (1) has no time to listen

(2) that boy playing soccer in

(3) for someone who can take care

解説

1 (1) watching TV が名詞 the boy を後ろから修飾する形に。「テレビを見ている男の子」。

(2) called *himawari* が名詞 a flower を後ろから修飾する形に。「ヒマワリと呼ばれる花」。

(3)不定詞 to eat が直前の代名詞 something を修飾する形に。「何か食べ物」。

(4)先行詞 some friends は「人」を表す語なので，主格の関係代名詞 who を選びます。「東京に住んでいる何人かの友だち」。

(5)**注意** 先行詞の a bus が3人称単数なので，主格の関係代名詞 that に続く動詞の形は goes となります。「公園へ行くバス」。

2 (1)「木の下にいる女の子」は the girl under the tree，(2)「あの眠っているネコ」は that sleeping cat，(3)「するべきこと」は things to do，(4)「ユキが撮ったその写真」は the picture that[which] Yuki took，(5)「私がロンドンで買ったバッグ」は the bag I bought[got] in London と表します。

注意 (2)現在分詞が単独で名詞を修飾するときは～ing を名詞の前に置きます。(5)は目的格の関係代名詞 that[which] が省略された形です。

3 (1) the pen on the table は「テーブルの上にあるペン」，(2) the language spoken in many countries は「多くの国で話されている言語」，(3) the woman you met at the station は「あなた(たち)が駅で会った女性」，(4) the boy playing the piano は「ピアノをひいている男の子」，(5) the letters which came this morning は「今朝来た手紙」という意味になります。

入試に挑戦 (1)不定詞 to listen 以下が直前の名詞 time を修飾する形に。「あなたの言うことを聞く時間」。

(2)現在分詞 playing 以下が直前の名詞 that boy を修飾する形に。「公園でサッカーをしているあの男の子」。

(3)主格の関係代名詞 who 以下が直前の代名詞 someone を修飾する形に。「私の犬の世話をすることができる人[だれか]」。

25 「～すること」の表し方 ①

p.69

1 (1) Watching (2) taking
(3) It, to (4) It, for, to

2 (1) Swimming (2) It, to
(3) It, for, to

3 (1) Studying English is interesting.
(2) It is easy for me to play the guitar.

入試に挑戦 important to think about

解説 「～すること」は，不定詞〈to＋動詞の原形〉(名詞的用法)，または動名詞(動詞の ing 形)で表します。どちらも文の主語や，be 動詞のあとの補語として使われます。

1 (3)(4)「(―が[にとって])～することは…だ」は，It is ... (for ―) to ～. で表します。

2 (3)「エミにとって早起きすることは難しかったです」。

3 (2) It is ... for ― to ～. の文で表します。

入試に挑戦 It is ... to ～. の文で表します。「～について考える」は think about ～。

26 「～すること」の表し方 ②

p.71

1 (1) to read (2) like singing
(3) finish cleaning

2 (1) playing (2) to buy (3) raining
(4) making

3 (1) My mother started learning Spanish
(2) He decided to be a doctor.

入試に挑戦 イ

解説 不定詞と動名詞は動詞の目的語にもなります。不定詞と動名詞のどちらが目的語になるかは，動詞によって異なります。不定詞だけを目的語にする動詞は want, hope, decide など，動名詞だけを目的語にする動詞は enjoy, stop, finish など，両方を目的語にする動詞は like, love, start, begin などです。

2 (4)**注意** 前置詞のあとに置けるのは動名詞で，不定詞を置くことはできません。

3 (2)「～する決心をする」は，decide to ～で表します。decide は動名詞を目的語にすることはできません。

入試に挑戦 finish のあとに動名詞を置き，「～することを終える」を表します。

27 「～のしかた」などの文

p.73

1 (1) how to (2) what to

2 (1) どこで昼食を食べたらよいか

(2) 私に泳ぎ方

3 (1) how to use a computer

(2) know when to leave

(3) tell us what to see

入試に挑戦 イ

解説 〈疑問詞＋ to ＋動詞の原形〉には，how to ～(～のしかた，～する方法)，what to ～(何を～したらよいか)，when to ～(いつ～したらよいか)，where to ～(どこで～したらよいか)などがあります。

2 (2) 注意 〈teach ＋人＋こと〉「(人)に(こと)を教える」の，(こと)の部分がhow to ～になっている文です。

入試に挑戦 「私はミチコの誕生日プレゼントに何を買ったらよいかわかりません」

28 「～ということ」を表す that

p.75

1 (1) that (2) know that

(3) sure that you (4) Tom likes

2 (1) 日本は美しい国だと思います

(2) 残念ながら明日は雨が降ると思います。

3 (1) hear that Emi plays

(2) I'm surprised that you know

入試に挑戦 Do you know your friend got a

解説 接続詞 that は「～ということ」という意味で，あとに〈主語＋動詞 ～〉の形を続け，that 以下が know，think，hope，hear，say などの動詞の目的語になります。

1 (3)形容詞 sure のあとに〈that ＋主語＋(助)動詞 ～〉が続く形です。

(4) 注意 動詞 know のあとの接続詞 that が省略された形です。

2 (2) I'm afraid that ～. で「残念ながら～と思います」の意味になります。

入試に挑戦 「あなたはあなたの友だちがスピーチコンテストで賞をとったことを知っていますか」

29 文の中に入る疑問文

p.77

1 (1) she is (2) what Ken likes

(3) where you went

2 (1) 彼がそこで何をしているのか

(2) あなたのおばあさんが何歳なのか

3 (1) why Yuki is sad

(2) know when Bob bought the bike

(3) know who made this doll

入試に挑戦 when she will come

解説 who，what などの疑問詞で始まる疑問文が別の文中に入った形を間接疑問といいます。文中では〈疑問詞＋主語＋動詞 ～〉の語順になり，疑問詞以下の部分が know などの動詞の目的語になります。

1 (3)〈tell ＋人＋こと〉「(人)に(こと)を話す」の，(こと)の部分が間接疑問です。

2 (2) 注意 how old(何歳)を 1 つの疑問詞と考えます。

入試に挑戦 「あなたは彼女がいつ来るか覚えていますか」という意味の文にします。

まとめのテスト

p.78～79

1 (1) listening (2) to see (3) coming

(4) that (5) what

2 (1) Reading, is (2) happy[glad] that

(3) It, to swim

(4) what to cook[make]

(5) where he lives

3 (1) 将来，何になりたいですか

(2) いつここを出発したらよいか

(3) 英語を勉強することはおもしろいです

(4) この質問はとても難しいと思います

(5) なぜあなた(たち)が遅れたのか

入試に挑戦 (1) for me to speak

(2) you know who ate the hamburger

(3) show you how to make

解説

1 (1)(2) enjoy は動名詞，hope は不定詞を目的語にします。

(3)前置詞のあとの動詞の形は動名詞です。

(4)「～ということ」を表す接続詞 that を使いま

す。

⑸間接疑問を使う文。「あなたはあの建物が何か知っていますか」。

2 ⑴**注意** 動名詞が主語の文です。主語になる動名詞は3人称単数の扱いです。books につられて be 動詞を are としないように注意しましょう。

⑵接続詞 that 以下が形容詞 happy[glad]の理由を表しています。

⑶ It is ... to ～.「～することは…だ」の文です。

⑷**注意**「何を料理したらよいか」を〈疑問詞＋to＋動詞の原形〉の形で表します。

⑸「彼がどこに住んでいるか」を，間接疑問で表します。疑問詞以下の主語が3人称単数の he なので，live は lives とします。

3 ⑴ want to be ～は「～になりたい」, ⑵ when to leave は「いつ出発したらよいか」, ⑶ It is ... for ― to ～. は「―が[にとって]～することは…だ」, ⑷ think (that) ～は「～だと思う」, ⑸ why you were late は「なぜあなた(たち)が遅れたのか」という意味になります。

入試に挑戦 ⑴「大勢の人の前で話すことは私にとって難しいです」という意味の文にします。

⑵「だれがそのハンバーガーを食べたのか」を間接疑問を使って who ate the hamburger と表します。

⑶「すしの作り方」を how to ～(～のしかた)を使って how to make sushi と表します。

30 名詞以外を修飾する前置詞のまとまり

p.83

1 ⑴ at　⑵ on　⑶ in

2 ⑴ with　⑵ near　⑶ about

⑷ in　⑸ in, of

3 ⑴ at the hotel for a week

⑵ to school because of the snow

入試に挑戦 saw it on

解説 〈前置詞＋名詞〉は，名詞だけでなく，動詞や文全体を修飾するときに使います。

1 **注意**「～に」と時を表すとき，時刻の前は at，曜日の前は on，年の前は in を使います。

2 ⑷「英語で」は in English と表します。

⑸「～の前に」は in front of ～と表します。

3 ⑵「～のために」は because of ～と表します。

入試に挑戦 「私はそれをテーブルの上で見ました」

31 名詞以外を修飾する不定詞

p.85

1 ⑴ to help　⑵ To play

⑶ to see[meet]　⑷ sad to read

2 ⑴ 科学者になるために

⑵ 贈り物[プレゼント]をもらって

3 ⑴ Kyoto to take pictures

⑵ were surprised to hear

入試に挑戦 イ

解説 不定詞〈to＋動詞の原形〉は,「～するために」という目的や，感情を表す形容詞のあとで「～して」と感情の原因を表すときにも使います。

1 ⑵**注意** 目的を表す不定詞は，Why ～?(なぜ～)の疑問文への答えとしても使います。

3 ⑵驚いた理由を不定詞で表します。

入試に挑戦 「私は家族といっしょにスキーをするために北海道へ行くつもりです」

32 「～するとき」「もし～ならば」の文

p.87

1 ⑴ when　⑵ before　⑶ if

⑷ If, is

2 ⑴ 私たちがカナダへ行ったとき

⑵ 彼は宿題をしたあとで

⑶ もしあなたがこの本をほしいならば

3 ⑴ When I visited Yuki

(2) if you are busy

入試に挑戦 when he has

解説 接続詞 when は「～するとき」, if は「もし～ならば」, before は「～する前に」, after は「～したあとで」という意味で，あとに〈主語＋動詞〉を続け，文を修飾するまとまりを作ります。

1 (4) 注意 条件を表す if のまとまりの中では，未来のことでも動詞は現在形を使います。

3 接続詞が導くまとまりは，文の前半にも後半にも置くことができます。

入試に挑戦 when he has ～のように，接続詞 when のあとに〈主語＋動詞〉を続けます。

33 「～だから」「～だけれども」の文 p.89

1 (1) because (2) Because (3) Though

2 (1) 私はとても疲れていたので

(2) 彼女は中国の出身だけれども

3 (1) Because my sister likes music

(2) though he was busy

入試に挑戦 ウ→ア→イ

解説 接続詞 because は「～なので」, though は「～だけれども」という意味で，後ろに〈主語＋動詞〉を続け，文を修飾するまとまりを作ります。

1 (2) because は，Why ～?(なぜ～) の疑問文に対して，その理由を答えるときにも使います。

入試に挑戦 「私は学校の制服を着るのはやめるべきだと思います」→ウ「なぜそう思うのですか」→ア「学校へは私服を着て行きたいからです」→イ「残念ながら私はあなたに賛成しません」。

まとめのテスト p.90～91

1 (1) in (2) by (3) to join

(4) because (5) when

2 (1) to teach (2) in, during

(3) Why / Because (4) When you called

(5) if it rains[it's rainy]

3 (1) 週末に家族といっしょに公園へ行きます

(2) ひまなとき，音楽を聞きます

(3) 眠かったけれども，その本を読み終えました

(4) そのEメールを読んでとても驚きました

入試に挑戦 (1) Fukuoka to see my aunt

(2) meet in front of the

(3) go there after school is over

解説

1 (1) in August は「8月に」, (2) by train は「電車で」という意味です。

(3) happy のあとなので to join「加わって」という感情の原因を表す不定詞が適切です。

(4) because he is cool は「彼はかっこいいので」,

(5) when she was young は「彼女が若かったとき」という意味です。

2 (1)「教えるために」は to teach, (2)「～に滞在する」は stay in ～, 「夏休みの間」は during the summer vacation, (3)「なぜ～」は Why ～?, 「なぜなら～」は Because ～., (4)「あなたが私に電話をくれたとき」は when you called me。

(5) 注意 条件を表す if のまとまりの中では，未来のことでも動詞は現在形を使います。

3 (1) with ～は「～といっしょに」, on weekend は「週末に」, (2) when I am free は「私がひまなとき」, (3) Though I was sleepy は「私は眠かったけれども」, (4) be surprised to ～は「～して驚く」という意味です。

入試に挑戦 (1) to see my aunt は目的を表す不定詞です。

(2) in front of ～は「～の前で」という意味です。

(3) after school is over は「学校が終わったあとで」という意味です。

34「…よりも～」の表し方

p.95

1 (1) taller (2) larger
(3) bigger (4) busier
(5) more beautiful (6) better

2 (1) run faster than Miho
(2) winter better than summer

3 (1) My bag is older than
(2) This question is more difficult than

入試に挑戦 イ

解説 2人[2つのもの]を比べて「…よりも～」というときは，〈形容詞[副詞]の比較級＋ than ...〉の形を使います。比較級には，語尾に er をつけるもの，前に more を置くもの，不規則に変化するもの，の3通りあります。

1 (3)(4) 注意 big の比較級は語尾の g を2つ続けて er をつけ bigger，busy の比較級は語尾の y を i にかえて er をつけ busier です。

2 (2)「…よりも～のほうが好きだ」は，like ～ better than ... と表します。

3 (2) difficult の比較級は，前に more を置きます。

入試に挑戦 比較級の文に。early の比較級は，語尾の y を i にかえて er をつけ，earlier です。

35「いちばん～」の表し方

p.97

1 (1) tallest (2) nicest
(3) biggest (4) earliest
(5) most famous (6) best

2 (1) the smallest of the four
(2) the highest mountain in Japan

3 (1) Erika is the youngest in
(2) is the most beautiful of

入試に挑戦 building is the oldest in

解説 3人以上[3つ以上のもの]を比べて「いちばん～」というときは，〈the ＋形容詞[副詞]の最上級〉の形を使います。最上級には，語尾に est をつけるもの，前に most を置くもの，不規則に変化するもの，の3通りあります。

1 (3)(4) 注意 big の最上級は語尾の g を2つ続けて est をつけ biggest，early の最上級は語尾の y を i にかえて est をつけ earliest です。

2 注意 最上級の文で「…(の中)で」を表すとき，all や複数を表す語句の前には of，場所や範囲を表す語句の前には in を使います。

入試に挑戦 「その建物は私たちの市でいちばん古いです」という意味の文にします。

36「…と同じくらい～」などの表し方

p.99

1 (1) as, as (2) as fast as (3) not as, as

2 (1) is as old as my father
(2) is not as famous as

3 (1) older / newer (2) smaller / bigger

入試に挑戦 was not as interesting

解説 2人[2つのもの]を比べて「…と同じくらい～」というときは，〈as ＋形容詞[副詞]の原級＋ as ...〉の形を使います。否定形の not as ～ as ... は「…ほど～ではない」という意味です。

2 (2) one は picture のくり返しをさけるために使われています。

3 注意 not as ～ as ... は，比較級を使ってほぼ同じ内容を表すことができます。

入試に挑戦 「ええと，それは私たちが先月見た映画ほどおもしろくなかったです」という意味の文にします。

37 比較のいろいろな表現

p.101

1 (1) as, as (2) taller than
(3) much younger (4) warmer, warmer

2 (1) one of the oldest cities
(2) three times as long as

3 (1) older, any other house
(2) larger, any other lake

入試に挑戦 one of my best

解説

1 (1)「…の2倍～」は twice as ～ as ...，(2)「ほかのどの…よりも～」は〈比較級＋ than any other ＋単数名詞〉，(3)「ずっと」と比較級の意味を強めるときは much，(4)「だんだん～，ますます～」は〈比較級＋ and ＋比較級〉で表します。

2 (1) 注意「もっとも～な…の1人[1つ]」は〈one of the ＋最上級＋複数名詞〉で表します。

(2)「…の３倍～」は three times as ～ as ... で表します。

3 最上級の文は〈比較級＋ than any other ＋単数名詞〉の文でほぼ同じ意味を表すことができます。

入試に挑戦 「彼は私のもっとも仲のよい友だちの１人です」という意味の文にします。

38 「もし～ならば，…なのに」の文

p.103

1 (1) lived, could help
(2) were, would take
(3) If, could, would

2 (1) 彼の電話番号を知っていれば，彼に電話をかけられるのに
(2) もっと一生懸命に練習すれば，よい選手になるのに

3 (1) If I had a lot of money
(2) I could fly in the sky

入試に挑戦 イ

解説 「もし～ならば，…なのに」と現実と異なる仮定を表すには，〈If ＋主語＋(助)動詞の過去形～，主語＋助動詞の過去形＋動詞の原形 ....〉の形で表します。

1 (2) **注意** 仮定法では，if ～の部分の主語が３人称単数でも，be 動詞はふつう were にします。
(3) if ～の部分に助動詞が使われるときは，助動詞を過去形にして，動詞の原形をあとに続けます。

2 (1)仮定法の文では，文の後半で助動詞に過去形を使っていても，「彼に電話をかけられたのに」と過去のように訳さないようにしましょう。

3 (2)後半部分を〈主語＋助動詞の過去形＋動詞の原形 ～〉の形にします。

入試に挑戦 **注意** 文の後半に〈主語＋助動詞の過去形＋動詞の原形 ～〉の形の I would go to the doctor があることから，仮定法の文と考えます。主語は I ですが，仮定法の文なので be 動詞は were となります。「もし私があなたなら，医者に行くのに」

39 「～だったらいいのに」の文

p.105

1 (1) wish, were (2) wish, knew
(3) wish, could make

2 (1) 私たちとここにいたらいいのに
(2) 兄[弟]がいたらいいのに

3 (1) wish we could find our
(2) I wish there were a
(3) wish I could help you

入試に挑戦 ウ

解説 「～だったらいいのに」と現実と異なる願望を表すには，〈I wish ＋主語＋(助)動詞の過去形～.〉の形で表します。

1 (1) **注意** 願望を表す仮定法 I wish ～. の文では，I wish に続く主語が you や複数以外でも，be 動詞はふつう were にします。
(3) I wish に続く部分に助動詞が使われるときは，助動詞を過去形にして，動詞の原形をあとに続けます。

2 (2)実際には兄弟はいないことを表しています。

3 (1) I wish に続く部分を〈主語＋助動詞の過去形＋動詞の原形 ～〉の形にします。
(2) I wish に続く部分が there is[are] ～になっている形です。there に続く be 動詞を were にします。
(3)相手の手伝いができないことを表しています。

入試に挑戦 **注意** (　)の前に I wish があるので，「～だったらいいのに」という仮定法の文と考えます。(　)のあとに動詞の原形の play があるので，(　)には助動詞の過去形の could を入れるのが適切となります。「私が彼のようにプレーできたらいいのに」

40 その他の文 ①

p.107

1 (1) so, that (2) too, to (3) enough to

2 (1) too tired to walk
(2) kind enough to make
(3) so excited that he couldn't

3 so, that

入試に挑戦 エ

解説

1 (1)「とても～なので…」は〈so＋形容詞[副詞]＋that＋主語＋動詞 ...〉，(2)「あまりにも～なので…できない」は〈too＋形容詞[副詞]＋to＋動詞の原形 ...〉，(3)「…するのに十分に～」は〈形容詞[副詞]＋enough to＋動詞の原形 ...〉で表します。

2 (2)「私に昼食を作ってくれるのに十分なほど親切だった」と考えます。

3 注意 too ～ to ... の文は，so ～ that ― can't ... の文で表すことができます。

入試に挑戦 「私の姉[妹]は車を運転するには若すぎます」という意味の文にします。

41 その他の文 ②

p.109

1 (1) want, to (2) asked, to open
(3) told me, study

2 (1) 彼女に皿を洗うように頼みました
(2) 私に早く起きるように言います

3 (1) want Ken to join
(2) asked me to read
(3) told us to clean the classroom

入試に挑戦 want you to carry

解説

1 (1)「(人)に～してほしい」は〈want＋人＋to＋動詞の原形〉，(2)「(人)に～するように頼む」は〈ask＋人＋to＋動詞の原形〉，(3)「(人)に～するように言う」は〈tell＋人＋to＋動詞の原形〉で表します。

3 それぞれ〈want[ask, tell]＋人＋to＋動詞の原形〉の形で表します。

入試に挑戦 「私はあなたにこの箱を私といっしょに運んでほしいです」という意味の文にします。

42 その他の文 ③

p.111

1 (1) both, and (2) not only, but
(3) to meeting[seeing]

2 (1) ギターもバイオリンも両方
(2) 来てくれてありがとう

3 (1) Both Sam and Yuji are
[Both Yuji and Sam are]
(2) not only a singer but also an actor

入試に挑戦 looking forward to swimming in the sea

解説

1 (1)「～も…も両方」は both ～ and ...，(2)「～だけでなく…も」は not only ～ but (also) ...，(3) 注意「～するのを楽しみにする」は look forward to ～ing で表します。

2 (2) thank you for ～ing は「～してくれてありがとう」という意味になります。

入試に挑戦 「私は海で泳ぐのを楽しみにしています」という意味の文にします。

まとめのテスト

p.112～113

1 (1) smaller (2) prettiest (3) hard
(4) better (5) most popular

2 (1) both, and (2) wish, were
(3) you to read (4) as tall as
(5) the biggest[largest] cities

3 (1) older than (2) lived, could
(3) any other river (4) too, to

入試に挑戦 (1) is more difficult than
(2) exciting that I finished it
(3) the highest of all the mountains in Japan
(4) told me to read this

解説

1 (2) 注意 最上級の文。pretty の最上級は，語尾の y を i にかえて est をつけ，prettiest とします。
(3)〈as＋形容詞[副詞]の原級＋as ...〉で「…と同じくらい～」を表します。
(4) 注意 比較級の文。well の比較級は better。
(5)最上級の文。popular の最上級は前に most を置きます。

2 (2) 注意 I wish ～.「～だったらいいのに」の仮定法の文。2つ目の I のあとの be 動詞は were になります。
(3)「(人)に～してほしい」は〈want＋人＋to＋動詞の原形〉です。
(4)「…の3倍～」は three times as ～ as ... です。「～」は形容詞[副詞]の原級です。
(5) 注意「もっとも～な…の1人[1つ]」は〈one

of the ＋最上級＋複数名詞〉です。city の複数形は cities です。

3 (1)「私の母は私の父よりも若いです」→「私の父は私の母よりも年上です」。

(2)「私は海の近くに住んでいないので，毎日つりに行けません」→「もし私が海の近くに住んでいたら，毎日つりに行けるのに」。

(3)「信濃川は日本でいちばん長い川です」→「信濃川は日本のほかのどの川よりも長いです」。

(4)「ケンはとても疲れていたので，宿題をすることができませんでした」→「ケンはあまりにも疲れていたので，宿題をすることができませんでした」。

入試に挑戦 (1)比較級の文です。difficult の比較級は more difficult です。

(2)〈so ＋形容詞[副詞] ＋ that ＋主語＋動詞 ...〉で「とても～なので…」です。

(3)最上級の文。of all the mountains で「すべての山の中で」です。

(4) **注意** 〈tell ＋人＋ to ＋動詞の原形〉で「(人)に～するように言う」を表すので，says が不要な語です。

43 「～できます」の文

p.117

1 (1) can drive (2) can't[cannot] use
(3) Can, swim / can

2 (1) Yumi can make cakes.
(2) He could sing English songs.
(3) Tom is able to speak Japanese.

3 (1) could not answer the question
(2) were able to dance well

入試に挑戦 be

解説 「～することができる」は，〈can ＋動詞の原形〉で表します。過去の文では could を使います。

1 (2)(3)否定文は〈can't[cannot] ＋動詞の原形〉で表し，疑問文は can を主語の前に置きます。

2 (3) **注意** 「～することができる」は，〈be 動詞 ＋ able to ＋動詞の原形〉で表すこともできます。be 動詞は主語や時制によって変わります。

入試に挑戦 未来の文で「あなたは上手にスキーができるようになるでしょう」という意味です。未来の文では can を使わず，will be able to ～ で表します。

44 「～しなければならない」の文

p.119

1 (1) must read (2) have to do
(3) Must / have to

2 (1) Mike must wash his car.
(2) Emi has to clean the room.
(3) I had to help my father yesterday.

3 (1) この部屋で写真を撮ってはいけません
(2) 今日，学校へ行く必要はありません

入試に挑戦 I have to leave home

解説 「～しなければならない」は，〈must ＋動詞の原形〉または〈have[has] to ＋動詞の原形〉で表します。主語が３人称単数のときは has を使います。

1 (3) **注意** must の疑問文は，must を主語の前に置きます。No で答えるときは don't[doesn't] have to(～する必要はない)を使います。

2 (3)「～しなければならなかった」という過去の文は，〈had to ＋動詞の原形〉で表します。

3 must ～，have[has] to ～ はどちらも「～しなければならない」ですが，否定形は意味が異なります。must not ～は「～してはいけない」と

いう禁止の意味を，don't[doesn't] have to ～は「～する必要はない」という意味を表します。

入試に挑戦　so 以下を「それで私は朝早く家を出なければなりません」という意味の文にします。

45 「～してくれますか」「～してもよいですか」

p.121

1 (1) Can[Will] you　(2) Can[May] I
(3) Could[Would] you

2 (1) ① OK[Sure]　② sorry, I
(2) ① right　② sorry, you

3 (1) Will you clean my room?
(2) May I use your pen?

入試に挑戦　course

解説　「～してくれますか」と依頼するときは，Can[Will] you ～? で，「～してもよいですか」と許可を求めるときは，Can[May] I ～? で表します。

1 (3) 注意「～していただけますか」とていねいな依頼は，Could[Would] you ～? で表します。

入試に挑戦　A「私といっしょに来てくれますか」B「はい，もちろんです」

46 「～しましょうか」「～しませんか」

p.123

1 (1) Shall I　(2) Shall we　(3) Why don't

2 (1) ① please　② thank you
(2) ① let's　② let's not

3 (1) How about watching a DVD
(2) Why don't you use this computer?

入試に挑戦　ウ

解説　「(私が)～しましょうか」と相手に申し出るときは Shall I ～?，「～しませんか」「～してはどうですか」と相手を誘ったり，提案したりするときは，Shall we ～? / How about ～ing? / Why don't we[you] ～? などで表します。

3 (1) 注意 How about のあとの動詞の形は動名詞です。

入試に挑戦　「手伝いましょうか」と申し出る表現です。

47 電話でよく使われる表現

p.125

1 (1) Hello / This is
(2) speak[talk] to / Speaking
(3) Sorry, out　(4) call back

2 (1) 少々お待ちください。
(2) 伝言をお願いしてもいいですか。
(3) 番号がまちがっています。

3 (1) May I talk to Yuka
(2) Can I take a message?

入試に挑戦　ウ→イ→エ→ア

解説

1 (2) 注意 電話で相手を呼び出してもらうときの表現です。当人が電話に出ている場合は Speaking.(私です)と言います。

2 (2)伝言を頼むときの表現です。

3 (2)伝言があるかたずねるときの表現です。

入試に挑戦　ウ「もしもし，ブラウン事務所です」→イ「トム・スミスです。ブラウンさんをお願いします」→エ「すみません，彼は今忙しいです」→ア「わかりました。あとでかけ直します」

48 買い物でよく使われる表現

p.127

1 (1) May[Can] I　(2) looking for
(3) How about　(4) try, on

2 (1) 見ているだけです。
(2) このペンをいただきます。それはいくらですか。

3 (1) What color do you want?
(2) Do you have a bigger one?

入試に挑戦　ウ

解説

1 (1)店員が客に声をかけるときの表現です。

2 (2)商品を買うことに決めて，値段をたずねる表現です。

3 (2) one は cap のかわりに使われています。

入試に挑戦　A「お手伝いいたしましょうか」 B「はい，お願いします。兄[弟]へのプレゼントを探しています」

49 道案内でよく使われる表現

p.129

1 (1) way to　(2) Go / Turn
(3) How, get　(4) Take / Get off

2 (1) どのバスが市役所へ行きますか。
(2) どれくらいの時間がかかりますか。

3 (1) Where should I get off?
(2) Could you tell me how to get to
入試に挑戦 How can I get to

解説

1 (1)(3)は道や行き方などをたずねる側，(2)(4)は答える側の表現です。

2 (2)注意 How long ～? は所要時間をたずねるときにも使います。

入試に挑戦 A「駅へはどうやって行けますか」B「まっすぐ行き，2つ目の角を右に曲がってください」

まとめのテスト p.130～131

1 (1) cook (2) has (3) Must
(4) Shall (5) thank you

2 (1) How much is
(2) How long, take
(3) Can[May] I leave
(4) was able to
(5) don't have to

3 (1) You must not swim in this river.
(2) Can I open the window(s)?
(3) Why don't we listen to music?
(4) I am looking for a shirt.
(5) How can I get to the library?

入試に挑戦 (1) you carry this bag
(2) May I speak to Mike
(3) I have to go with you

解説

1 (1) can のあとの動詞は原形です。
(2)注意 主語が3人称単数なので〈has to ＋動詞の原形〉で表します。
(3)「～しなければなりませんか」は Must I ～? で表します。
(4)「～しませんか」は Shall we ～? で表します。
(5)相手の申し出を断るときは，No, thank you. を使います。

2 (1)(2)値段をたずねるときは How much ～? を，時間の長さをたずねるときは How long ～? を使います。
(3)電話で伝言を頼むときの表現です。
(4)「～することができる」を be able to ～で表します。
(5)「～する必要はない」は don't have to ～で表します。

3 (1)禁止を表すときは must not ～などを使います。
(2)相手に許可を求めるときは Can I ～? などを使います。
(3)相手に提案するときは Why don't we ～? などを使います。
(4)「～を探す」は look for ～で表します。
(5)ある場所への行き方をたずねるときは How can I get to ～? などを使います。

入試に挑戦 (1) Can you ～? は相手に依頼する表現です。
(2) May I speak to ～? は電話で相手を呼び出してもらう表現です。
(3)「私はあなたといっしょに行かなければなりませんか」。have to ～の疑問文です。

パターン別入試問題の解き方

英作文

1 絵のふきだしに入る文を書く問題 入試問題にチャレンジ！ p.135

1 例 (1) Please stop watching TV now.

別解 Will[Can] you go to your room?

(2) Because Osamu is studying hard.

別解 Because Osamu has a lot of homework to do.

解説 (1) 絵を見ると，１つ目の絵でついていたテレビが２つ目の絵では消えています。このことから，母がユウコにテレビを消すように言ったと考えられます。

(2) 母がユウコにテレビを消すように言った理由を答えます。１つ目の絵で，勉強しているオサムがテレビの音がうるさくて困っているように見えます。２つ目の絵で，ユウコはオサムに謝っています。このことから，オサムが勉強をしているからというのが理由だとわかります。why で聞かれているので，because を使って答えます。

2 例 (1) Did you enjoy your vacation　別解 Did you have a good time this weekend

(2) Have you ever been there　別解 Have you ever visited Kyoto

(3) Where will you go in Kyoto　別解 What will you do in Kyoto

解説 (1) ②でヨウコが，「はい。私は家族と京都を訪れました」と言っています。はい，いいえで答えているので，「お休みは楽しかったですか」など疑問詞を使わない疑問文を作ります。過去の文になることに注意しましょう。

(2) ⑤でスーザン先生が，「いいえ。でも来月そこへ行く予定です」と言っています。「そこへ」は京都のことです。このことから，「あなたはそこ[京都]へ行ったことがありますか」などの文を作ります。「～へ行ったことがある」は have been to ～で表せます。

(3) ⑦でスーザン先生が，「有名な神社やお寺を訪れるつもりです」と言っています。このことから，「京都でどこへ行くつもりですか」などの文を作ります。

2 絵について説明する文を書く問題 入試問題にチャレンジ！ p.137

1 例 She said to him, “Take your umbrella.”

別解 She said to him, “You should take your umbrella.”

解説 絵を見ると，トムのお母さんはトムにかさを差し出しています。また，あとの文で he said, “No,” and left home without it(彼は「いいえ」と言って，それを持たずに家を出発しました)とあるので，お母さんはトムにかさを持っていくように言っているとわかります。

2 例 A (One day,) Kaori was watching TV with her father. She asked him to take her to the zoo.

B (The next Sunday,) they went to the zoo together. She was very happy.

C (Kaori and her father) were surprised. There were a lot of people in the zoo.

解説 Aの絵は，カオリと彼女のお父さんがテレビを見ているところです。カオリのふきだしの中の絵や，Bの絵で動物園へ行っていることから，お父さんに動物園に連れて行ってくれるように頼んだと考えられます。Bの絵は，カオリとお父さんがいっしょに動物園に来たところです。カオリはうれしそうな様子です。Cの絵は，動物園にたくさんの人がいることにカオリとお父さんが驚いている様子です。それぞれ2文ずつ書くことに注意しましょう。

3 場面や状況に応じた文を書く問題 入試問題にチャレンジ！ p.139

1 例 ① Where will you go?

別解 Where are you going? / Tell me the place you want to visit.

② You'll get to Ise earlier by train.

別解 You can get to Ise soon if you take a train. /
You'll be able to arrive at Ise quickly by taking a train.

③ Please enjoy your trip in Mie.

別解 I hope you'll have a good time in Mie. / Have a nice trip in Mie.

解説 ①「あなたはどこへ行くつもりですか」や「あなたはどこへ向かっているのですか」などとたずねます。「どこへ」と場所をたずねるときは，where を使います。

②「あなたは電車でより早く伊勢に着くでしょう」や「もし電車に乗れば，あなたは伊勢にすぐに着くことができます」などといいます。get to ～(～へ着く)，by train(電車で)，take a train(電車に乗る)，soon(すぐに)などの表現を使います。

③「三重での旅を楽しんでください」などといいます。Please enjoy ～.(～を楽しんでください)や，Have a nice trip in ～.(～での旅を楽しんでください)などの表現を使います。

2 例 (Hello, Anna. I'm Mika.) I want to go to Minami Zoo with you because I heard that you are interested in learning about animals.

別解 (Hello, Anna. I'm Mika.) Shall we go to Minami Zoo? We can see a lot of animals in the zoo. I like animals very much.

解説 まず，「私はあなたと南動物園へ行きたいです」ということを伝える文で始めます。理由は，「動物に興味があるから」など動物園にふさわしいものにしましょう。be interested in ～(～に興味がある)や，I like ～ very much.(私は～が大好きです)などの表現を使うとよいでしょう。20語程度なので，18～22語くらいで書きましょう。

4 テーマについて意見を書く問題 入試問題に チャレンジ！

p.141

1 例 I want to be an English teacher. I like English very much. I like children, too.

別解 My dream is to study in America. I want to learn about American culture. I want to make many friends there.

解説 将来の夢を述べるには，I want to ～.(私は～したいです)や My dream is to ～.(私の夢は～することです)などの表現を使います。「～になりたい」というときは to のあとに be を置き，職業を続けます。2文目，3文目には理由や説明を書くという条件なので，将来の夢に直接関係ないことを書かないように注意しましょう。I like ～.(私は～が好きです)，I like to ～.(私は～することが好きです)，I am interested in ～.(私は～に興味があります)などを使って理由を表すことができます。

2 例 ①(I like to) stay at home.

② My hobby is watching American movies. So I want to watch my DVDs when I have free time. Also, I like listening to music at home. I feel happy when I listen to my favorite songs in my room.

別解 ①(I like to) go out.

② I like tennis very much. So I want to do that with my friends in my free time. Riding a bike is also my favorite thing to do when I'm free. It is fun to go to new places by bike.

解説 [質問]は「あなたはひまなとき，家にいるのと外出するのとではどちらが好きですか」という意味です。①I like to のあとに，stay at home か go out を続けます。②2文目以降にはその理由と，その具体例を書くとよいでしょう。理由や具体例は2つ書いてもかまいません。家にいるときにできること，外出しないとできないことを考え，書きやすそうなほうを選びます。

英作文の心得

- 問題の条件をよく確認しよう。 例「2文で書きなさい」，「理由を書きなさい」
- 知っている表現で書けるように，内容・書き方を工夫しよう。
- 英文を書いたら，条件を満たしているか，つづりや文法のまちがいがないか確認しよう。特に3人称単数現在形や過去形などの動詞の形，名詞の複数形や，a[an]，the などの冠詞に気をつけよう。

5 指示語の内容を答える問題 入試問題にチャレンジ！

p.148〜149

1 (1) tennis (2) 例 タクヤが使っていたラケットをケンが使ってもよいということ。

解説 (1) 下線部①の前に playing があることに注目しましょう。この２つ前の文に，Let's play tennis together. とあるので，tennis が入ると考えられます。下線部①を含む文に当てはめて確認します。「彼は小学校で１年前にテニスをし始めました」となります。

(2) 下線部②の that はケンが聞いて驚いたことです。この that は前の文の I've got a new racket, so you can use this old one. というタクヤの発言を指しています。この文の内容をまとめます。

読解のポイント

I have a very good friend. His name is Takuya. We have been friends [since we were 〈in elementary school〉]. [In junior high school,] we played tennis together. Now I am going to tell you [about our tennis days].

"Which club will you join, Ken?" Takuya asked me [when we entered our junior high school 〈in April〉]. "Actually, I haven't decided yet,/but have you ..." I answered and was going to ask him [about his plan]. He stopped me and said, "Let's play tennis together. I want you [to be my partner]." He started [playing ①it] [one year ago] [in elementary school]. He continued, "I've got a new racket,/so you can use this old one." I was surprised [to hear ②that] [because I knew 〈 he took great care of it〉]. [A few days later] I went [to the tennis club] [with it] and became a member.

（(1)はこの文に注目）（want 人 to 〜「(人)に〜してほしい」）（(2)はこの文に注目）（one → racket）（to hear 〜して）（(that)）（took great care of 〜を大切にする）（it → this old one）

日本語訳

私にはとてもよい友だちがいます。彼の名前はタクヤです。私たちは小学校にいたときから，ずっと友だちです。中学校では，いっしょにテニスをしました。さあ，私たちのテニスに打ち込んだ日々についてお話ししましょう。

４月に中学校に入学したとき，「ケン，どのクラブに入るつもり？」とタクヤが私に聞きました。「実は，まだ決めてないんだけど，君は…」と私は答え，彼の計画について聞こうとしました。彼は私を止めて，「いっしょにテニスをしよう。君にぼくのパートナーになってほしい」と言いました。彼は①それを小学校で１年前にし始めました。彼は，「ぼくは新しいラケットを買ったので，この古いラケットを使っていいよ」と続けて言いました。私は彼がそれをとても大切にしていることを知っていたので，②それを聞いて驚きました。数日後，私はそのラケットを持ってテニス部へ行き，部員になりました。

2 (1) The students enjoyed my[the] presentation very much.
(2) 例 英語で人々とコミュニケーションをすることで，英語を身につけるべきだということ。

解説 (1) 下線部①の that はタクが見てうれしくなったことです。この that はすぐ前の，The students enjoyed it very much を指しています。また，この文の it はその前の文の presentation を指しています。「私の[その]発表」なので，my[the] presentation とします。

(2) 下線部②の that はライアンがとても重要だと思ったことです。この that はその前のタクの発言，I should master English by communicating with people in English. を指しています。この文の内容を日本語にします。内容を答えるので文末を「〜こと」にして文を整えます。

読解のポイント

Ryan： Hello, Taku. How was your summer vacation?
How was ～?「～はどうでしたか」

Taku： I went〔to Sydney〕〔to learn English〕.
～するために

Ryan： Wow, it sounds really nice. How long did you stay there?
sound ～「～に聞こえる」 → in Sydney

Taku： I stayed there〔for two weeks〕. I studied〔at a high school〕there ① and stayed〔with a host family〕②. 〔One day〕I introduced my school〔in English〕〔to the students〈in Australia〉〕. It took a lot of time〔to prepare〈for the presentation〉〕.
introduce ～ to ...「…に～を紹介する」
it takes 時間 to ～「～するのに(時間)がかかる」

Ryan： Really? How was your presentation?

Taku： The students enjoyed it very much/and I was happy〔to see ①that〕.
(1)はこの文に注目 → my presentation ～して
〔After my presentation,〕some students asked me questions〔in English〕. But I couldn't understand their English well/and I didn't know〔what to say〕. I thought〔 I had to study English harder〕. I have to memorize more words and phrases.
主 動 (人) (こと)
what to ～「何を～すべきか」 (that) have to ～「～しなければならない」の過去形
動 many の比較級 目

Ryan： Well,〔memorizing words and phrases〕is important,/but I think〔 it's not enough〈to be a good speaker〈of English〉〉〕.
主 ① ② 動 (that) → memorizing words and phrases
enough to ～「～するのに十分」

Taku： What do you mean?

Ryan： You said〔 your presentation was good,/but it was difficult〈for you〉〈to answer the questions〈in English〉〉〕. You need more chances〔to talk〈in English〉〕.
(that) it is ... for － to ～「－にとって～することは…だ」 ～するための

Taku： I see. Please tell me〔how to master English〕.
動 (人) (こと) how to ～「～のしかた」

Ryan： Sure. I think〔 you memorized English words and phrases〈for the presentation〉〕. So you did it very well. And I know〔 you study English hard〈by reading and writing〉〕. You should keep studying〔like that〕. 〔At the same time,〕you have to use English〔as a tool〈for communication〉〕.
(that) 主 動 目 → the presentation (that) ① ② keep ～ing「～し続ける」 同時に

Taku： I see. I should master English〔by communicating〈with people〉〈in English〉〕.
(2)はこの文に注目

Ryan： Oh, you're right. ②That's a very important thing, Taku.

Taku： Thank you, Ryan. I'll keep trying.

日本語訳

ライアン(以下R)：こんにちは，タク。夏休みはどうでしたか？
タク(以下T)：英語を学ぶためにシドニーへ行きました。
R：わあ，それはほんとうによいですね。そこにどれくらい長く滞在しましたか？
T：そこに2週間滞在しました。その高校で勉強し，ホストファミリーのところに滞在しました。ある日，オーストラリアの生徒に英語で私の学校を紹介しました。その発表の準備をするのにとても時間がかかりました。
R：ほんとうですか？ あなたの発表はどうでしたか？
T：生徒たちはそれをとても楽しんで，私は①それを見てうれしかったです。発表のあと，何人かの生徒が私に英語で質問をしました。でも彼らの英語があまりよく理解できず，何と言ったらよいかわかりませんでした。もっと熱心に英語を勉強しなければいけないと思いました。もっと多くの語句を暗記しなければなりません。
R：そうですね，語句を暗記することは重要ですが，それだけではよい英語の話し手になるのに十分ではないと思います。
T：どういう意味ですか？
R：あなたは発表はよかったが，英語で質問に答えることがあなたにとって難しかったと言いました。あなたには英語で話す機会がもっとたくさん必要です。
T：わかりました。私に英語を身につける方法を教えてください。
R：もちろんです。あなたは英語の語句を発表のために暗記したと思います。だからあなたはとても上手にできました。そして私はあなたが読むことや書くことで英語を熱心に勉強していることを知っています。そのように勉強し続けるべきです。同時に，コミュニケーションの道具として英語を使わなければいけません。
T：なるほど。英語で人々とコミュニケーションをすることで，英語を身につけるべきですね。
R：ええ，そうです。それがとても重要なことですよ，タク。
T：ありがとうございます，ライアン先生。努力し続けます。

6 対話の空所に入る文を選ぶ問題 入試問題にチャレンジ！

p.152〜153

1 (1) エ　(2) ア

解説 (1) 空所のすぐあとの文に I'll do my homework at home とあり，することを答えているので，何をするかをたずねているエの What will you do if it rains? が入ります。

(2) 空所のあとの文に You are the girl who took me to the check-out desk then. とあり，エリカが貸出受付に連れて行ってくれた女の子だと言っているので，アの So I went there with you. が入ります。there は to the check-out desk を意味します。

読解のポイント

(1) Steve：What are you going to do〔next Sunday〕, Hitoshi?

Hitoshi：I'm going to play baseball〔with my friends〕〔in the park〕.

Steve：I see. [　　　]

Hitoshi：Well, I'll do my homework〔at home〕.

（この文に注目）do ～'s homework「宿題をする」

ア Why do you want〔to go〈to the park〉〕?

イ When will you play baseball?

ウ How is the weather〔next Sunday〕?

天気はどうですか

エ What will you do〔if it rains〕?

(2) Erika：Hello. Do you remember me? I have seen you before.

Woman：Really? Where did you meet me?

Erika：〔In the Chuo Library〕. You asked me〔where the check-out desk was〕. [　　　]

主　動　（人）（こと）間接疑問

Woman：I remember! You are the girl〔who took me〈to the check-out desk〉then〕.

（この文に注目）関係代名詞　take 人 to ～「(人)を～へ連れて行く」

ア So I went there〔with you〕.

イ So I asked you〔to read books〈to me〉〕.

ask 人 to ～「(人)に～するように頼む」

ウ I didn't take you there then.

エ I couldn't understand〔what you said then〕.

主　動　目　間接疑問

日本語訳

(1) スティーブ：今度の日曜日に何をする予定なの，ヒトシ？

ヒトシ：公園で友だちと野球をする予定だよ。

スティーブ：なるほど。[　　　]

ヒトシ：ええと，家で宿題をするよ。

ア なぜあなたは公園へ行きたいの？

イ あなたはいつ野球をするつもりなの？

ウ 今度の日曜日の天気はどう？

エ もし雨が降ったら何をするつもりなの？

(2) エリカ：こんにちは。私のことを覚えていますか？　以前，あなたにお会いしたことがあります。

女性：ほんとうですか？　どこで私に会いましたか？

エリカ：中央図書館です。あなたは私に貸出受付がどこにあるかたずねました。[　　　]

女性：覚えています！　あなたはそのとき私を貸出受付に連れて行ってくれた女の子ですね。

ア だから私はあなたといっしょにそこへ行きました。

イ だから私はあなたに私に本を読んでくれるように頼みました。

ウ 私はそのときあなたをそこへ連れて行きませんでした。

エ 私はそのときあなたが何を言ったのか理解できませんでした。

2 ①エ　②オ　③ウ　④カ

解説 ①は空所のあとの文で，He is studying traditional art in Australia. と答えているので，ケイコの兄が何をしているのかをたずねる，**エ**の What is he doing there? が入ります。

②は空所の前で，Where is he staying in Australia? と場所をたずねているので，**オ**の He is staying in Sydney. が入ります。

③は空所のあとで，Why did you go to Sydney? とシドニーに行った理由をたずねているので，シドニーへ行ったことを伝える，**ウ**の I once visited there. が入ります。

④は空所のあとで，For about two years. と期間を答えています。期間をたずねている文は2つありますが，兄についての話なので，**カ**の How long is he going to stay there? が入ります。

入試特集

読解のポイント

Bill　: Hi, Keiko. You're〔in a hurry〕. Why?
（急いで）

Keiko :〔Because my brother is going to call me〈from Australia〉today〕.

Bill　: Oh, really? [①]

Keiko : He is studying traditional art〔in Australia〕. （①はこの文に注目）

Bill　: Where is he staying〔in Australia〕? （②はこの文に注目）

Keiko : [②] He gave me a letter〔with a few pictures〕. It says〔that there are a lot of old houses and churches〈in Sydney〉〕.
（He=主　gave=動　me=（人）　a letter=（もの）　It → a letter　there are ～「～がある」　houses and churches=主）

Bill　: That's right. [③]

Keiko : Wow! Why did you go〔to Sydney〕? （③はこの文に注目）

Bill　: I went there〔to swim〕. I like beautiful beaches〔in Australia〕. [④]
（～するために）

Keiko :〔For about two years〕. （④はこの文に注目）

Bill　: That's a long time. Have you heard〔about his life〈in Australia〉〕?

Keiko : No, I haven't. He has been very busy〔since he arrived〈in Sydney〉〕.

I want〔to talk〈with him〉a lot today〕.

Bill　: Have a good time!

Keiko : Thank you, Bill.

ア When did he go there?　イ How long have you been there?

ウ I once visited there.　エ What is he doing there?

オ He is staying〔in Sydney〕.　カ How long is he going to stay there?

キ He came back〔from Sydney〕.　ク I have never visited there.
（come back「戻って来る」）

日本語訳

ビル(以下B)：やあ，ケイコ。急いでいるね。なぜなの？
ケイコ(以下K)：今日，兄がオーストラリアから私に電話をかける予定だから。
B：え，ほんとう？ [①]
K：彼はオーストラリアで伝統的な芸術を勉強しているのよ。
B：彼はオーストラリアのどこに滞在しているの？
K：[②] 彼は私に数枚の写真といっしょに手紙をくれたの。手紙には，シドニーにはたくさんの古い家や教会があると書いてあるよ。
B：そのとおり。 [③]
K：わあ！　なぜあなたはシドニーへ行ったの？
B：ぼくはそこへ泳ぎに行ったよ。オーストラリアの美しい砂浜が好きなんだ。 [④]
K：約2年間だよ。
B：それは長いね。オーストラリアでの彼の生活について聞いたことはあるの？
K：いいえ，ないよ。彼はシドニーに着いてからずっととても忙しいの。今日，たくさん彼と話したいな。
B：楽しんでね！
K：ありがとう，ビル。

ア 彼はいつそこへ行ったの？
イ あなたはどれくらい長くそこにいるの？
ウ ぼくはそこをかつて訪れたよ。
エ 彼はそこで何をしているの？
オ 彼はシドニーに滞在しているよ。
カ 彼はどれくらい長くそこへ滞在する予定なの？
キ 彼はシドニーから戻って来たよ。
ク ぼくはそこを1度も訪れたことがないよ。

1 エ

解説 ①は2つあとの文，It is warm in every season, but there is a lot of rain in December. から，1年中暖かく，12月に雨が多いリオデジャネイロ，②は1つあとの文，It will be very cold in December. から，12月に気温の低いニューヨーク，③は3つ前の文，I don't like places with cold weather and a lot of rain. から，12月の気温が高く，雨が少ないシドニーだとわかります。

読解のポイント

Ken's family is going to visit a foreign country〔during winter vacation〕. Now they are talking〔about places〈they want (to visit)〉〕. Ken's father says, "How about (①Rio de Janeiro)? It is a beautiful city and has a lot of places〔to see〕. It is warm〔in every season〕,/but there is a lot of rain〔in December〕." Ken's mother says, "I want〔to go〈to (②New York)〉〕〔because we can visit a famous park there〕. It will be very cold〔in December〕. So we need warm clothes there." Ken says, "I want〔to go〈to a warm place〉〕. I don't like places〔with cold weather and a lot of rain〕. We should choose a better place. I want〔to enjoy sports〈like swimming and tennis〉〕. So let's go〔to (③Sydney)〕."

関係代名詞の省略　How about 〜?「〜はどうですか」　〜するための　①はこの文に注目　there is 〜「〜がある」　②はこの文に注目　in New York　③はこの文に注目

日本語訳

ケンの家族は冬休みの間に外国を訪れる予定です。今，訪れたい場所について話しているところです。ケンのお父さんは，「①リオデジャネイロはどう？ 美しい街で見る場所がたくさんあるよ。どの季節も暖かいんだけど，12月はたくさん雨が降るね」と言っています。ケンのお母さんは，「有名な公園を訪れることができるから，私は②ニューヨークへ行きたいな。12月はとても寒いでしょう。だから，そこでは暖かい服が必要ね」と言っています。ケンは，「ぼくは暖かい場所へ行きたい。寒い天気や雨の多い場所は好きではないよ。もっとよい場所を選ぶべきだよ。水泳やテニスのようなスポーツを楽しみたいな。だから，③シドニーへ行こうよ」と言っています。

2 (1)① オ　② ウ　(2) B

解説 (1) ①を含む文は，「彼らの［ ① ］% が全くパーティーをしていません」という意味です。グラフ1の never（1度もない）の値は 41.9% なので，答えは**オ**です。②を含む文は，「彼らの［ ② ］% だけが1か月に1回かそれより多くパーティーをしています」という意味です。グラフ1の more than once in a month（1か月に1回より多く）と once in a month（1か月に1回）の値を合わせる（2.5＋8.1）と 10.6% なので，答えは**ウ**です。

(2) ③を含む文は，「ほとんど同じ数の人々が［ ③ ］を心配しています」という意味です。前の文に，About half of them worry about cleaning before the party. とあるので，**D** と同じくらいの値の **B** が答えです。

読解のポイント

American people like〔to invite their friends〈to their home〉and have a party〕,/but that kind〔of party〕is not popular〔in Japan〕. Look〔at Graph 1〕. About eight thousand Japanese people were asked, "How often do you

① invite 人 to 〜「〜に(人)を招待する」　②　主　動　約　主　動 受け身

日本語訳

アメリカの人たちは友だちを家に招待し，パーティーをすることが好きですが，そのようなパーティーは日本では一般的でありません。グラフ1を見てください。約 8,000 人の日本の人たちが，「どれくらいの頻度で家でパーティーをしますか」とたずねられま

have a party〔at home〕?" ①41.9%〔of them〕don't have a party at all.

(1)①はこの文に注目 Japanese people

Only ②10.6%〔of them〕have it once or more than once〔in a month〕.

(1)②はこの文に注目 a party

〔When Japanese people have a party〈at home〉,〕they worry〔about a lot of things〕. Look〔at Graph 2〕. About half〔of them〕worry〔about cleaning〈before the party〉〕. Almost the same number〔of people〕worry〔about ③cleaning〈after the party〉〕.

(2)はこの文に注目

した。彼らの①41.9%が全くパーティーをしていません。彼らの②10.6%だけが1か月に1回かそれより多くパーティーをしています。

日本の人たちが家でパーティーをするとき，たくさんのことを心配しています。グラフ2を見てください。彼らの約半分がパーティーの前のそうじを心配しています。ほとんど同じ数の人たちが③パーティーのあとのそうじを心配しています。

8 下線部の理由・内容を答える問題 入試問題にチャレンジ！

p.160〜161

1 (1) 例 クラスの生徒の話す英語の発音が違っていたから。 (2) ウ

解説 (1) 下線部①は，「私は彼らの英語を聞いて驚きました」という意味です。彼らの英語についてコウジが驚いた理由を示す文を探します。①のあとの文に，They used different pronunciation when they spoke English. とあります。

(2) 下線部②を含む文は，「学校で勉強しているときに，私には別の問題がありました」という意味です。②のあとの文に，I often couldn't tell my classmates things I wanted to say in English. I was afraid of making mistakes and didn't enjoy talking with them. とあり，コウジは英語で言いたいことを伝えられず，間違うことを恐れて会話を楽しめなかったことがわかります。**ウ**は「コウジはクラスメートとよいコミュニケーションをとることができませんでした」という意味で，これが答えです。

アは「コウジのホストマザーは彼にアメリカ英語を話してほしいと思いました」，**イ**は「クラスメートがとても速く英語を話したので，コウジは彼らの言うことが理解できませんでした」，**エ**は「コウジはだれもが間違うことなく英語を話さなければならないことに気づきました」という意味です。

読解のポイント

Hi, everyone. I'm going to tell you〔about things〈I learned〔through my experience〔during this summer〕〕〉〕.

tell 人 about 〜「〜について(人)に話す」 関係代名詞の省略 〜を通じて

〔In July,〕I went〔to New York, America,〕〔for three weeks〕. 〔Before that,〕I practiced English pronunciation. So,〔when I first met my host family,〕I could understand〔what they said〕. 〔During my stay,〕I went〔to the language school〈near host family's house〉〕. There were many students〔from different countries〕〔in my class〕. ①I was surprised〔to listen〈to their English〉〕. They used different pronunciation〔when they spoke English〕. Sometimes

間接疑問 there are 〜「〜がいる」 〜して (1)はこの文に注目

日本語訳

こんにちは，みなさん。この夏の間の体験を通じて私が学んだことについてお話しします。

7月にアメリカのニューヨークへ3週間，行きました。その前に私は英語の発音を練習しました。だから，ホストファミリーに最初に会ったとき，彼らが何と言っているか理解できました。滞在の間，私はホストファミリーの家の近くの語学学校に通いました。私のクラスには異なる国々から来た多くの生徒がいました。①私は彼らの英語を聞いて驚きました。彼らは英語を話すとき異なる発音を使いました。ときどき，私は彼らが何と言ったのか理解できませんでした。

I couldn't understand〔what they said〕.
間接疑問

〔When I was studying〈at the school〉,〕I had ②another problem. I often couldn't tell my classmates things〔I wanted〈to say〉〕〔in English〕. I was afraid of making mistakes and didn't enjoy〔talking〈with them〉〕.〔One day,〕my host mother said, "Koji, you don't have to speak perfect English. Don't be nervous〔when you use English〕. Your friends will try〔to understand you〕."〔When I heard this,〕I felt better.

（②はこの文に注目）（人）（こと）関係代名詞の省略 ① ②
be afraid of ～「～を怖がる」
～する必要はない
try to ～「～しようとする」

学校で勉強しているときに，私には②別の問題がありました。私はしばしばクラスメートに言いたいことが英語で言えませんでした。間違うことが怖くて，彼らと話すことを楽しめませんでした。ある日，私のホストマザーが，「コウジ，完璧な英語を話す必要はありません。英語を使うときに不安になってはいけません。あなたの友だちはあなたの言うことを理解しようとするでしょう」と言いました。私はこれを聞いたとき，気持ちが軽くなりました。

2 例 (1) 選手やファンと一緒に大会を作りあげ，オリンピックの成功を支えたから。

(2) [大変だと感じたこと]　するべき仕事がたくさんあり，暑い中で長時間立ち続けていなければならなかったこと。

[すばらしいと感じたこと]　いろいろな国から来た多くの人と出会い，楽しく話すことができたこと。

解説 (1)　Games Makers がどこに書かれているか探します。下線部①の３つあとの文，They were called "Games Makers" because they made games with athletes and fans and supported the success of the Olympics. の because より後ろの内容をまとめます。

(2)　ナオトの母親の発言から探します。**[大変だと感じたこと]** は発言中の２つ目の文，I had a lot of work to do, and I had to keep standing for a long time in hot weather. をまとめます。**[すばらしいと感じたこと]** は発言中の４つ目の文，I met many people from different countries and enjoyed speaking with them. をまとめます。

読解のポイント

Today I'm going to talk〔about my dream〕.〔In 2020,〕we are going to have the Olympics〔in Tokyo〕. I want〔to become a volunteer〈for the Olympics〉〕.

〔In 2012,〕we enjoyed the London Olympics〔on TV〕. We were moved〔by a lot of great athletes〕. But they were not the only people〔who joined the Olympics〕. ①About 70,000 people joined the Olympics〔as volunteers〕. They did a lot of work.〔For example,〕they carried things〔for the athletes〕, checked tickets〔in the stadium〕and worked〔as guides〕〔at the airport〕. They were called "Games Makers"〔because they made games〈with athletes and fans〉and supported the success〈of the Olympics〉〕.

〔In 2020,〕I want〔to be friendly〈to people〈from other countries〉〉and

be moved「感動する」 関係代名詞 ① ② ③ （①はこの文に注目） 受け身 動① ① ② 動② ①

日本語訳

今日は私の夢についてお話しします。2020年に，東京でオリンピックがあります。私はオリンピックのボランティアになりたいです。

2012年に，私たちはテレビでロンドンオリンピックを楽しみました。多くのすばらしい選手たちに感動しました。しかし，オリンピックに参加したのは選手の人たちだけではありませんでした。①約７万人の人たちが，ボランティアとしてオリンピックに参加しました。彼らはたくさんの仕事をしました。たとえば，選手のためにものを運んだり，競技場で入場券を調べたり，空港で案内人として働いたりしました。彼らは選手とファンといっしょに大会を作り，オリンピックの成功を支えたので，「ゲームメーカー」と呼ばれました。

2020年に，私はオリンピックを支えるために，ほかの国から来た人たちに親切にし，彼らとよいコミュニケーションをとりたいと思います。

have good communication〈with them〉〈to support the Olympics〉〕.
② 〜するために

Naoto talked〔to his mother〕〔about his speech〕. Then ②she told him〔about her experience〕. 〔When she was a university student〈in 1995〉,〕she worked〔as a volunteer〕〔in the Universiade〈in Fukuoka City〉〕. She was a guide〔in the soccer stadium〕. She said, "Working〔as a volunteer〕was hard〔for me〕. I had a lot of work〔to do〕,/and I had to keep standing〔for a long time〕〔in hot weather〕. But it was a wonderful experience. I met many people〔from different countries〕and enjoyed〔speaking〈with them〉〕."

主 動 (2)はこの文に注目 〜するべき keep 〜ing「〜し続ける」 (2)はこの文に注目 ① ②

ナオトは彼のスピーチについてお母さんに話しました。それから②彼女は彼に彼女の体験について話しました。彼女は1995年，大学生だったときに，福岡市のユニバーシアードでボランティアとして働きました。彼女はサッカースタジアムの案内人でした。彼女は，「ボランティアとして働くことは，私にとって大変なことでした。私にはするべき仕事がたくさんあり，暑い天気の中，長時間立ち続けなければなりませんでした。でも，それはすばらしい体験でした。私はいろいろな国から来た多くの人と出会い，彼らと話すことを楽しみました」と言いました。

9 英語の質問に英語で答える問題 入試問題にチャレンジ！ p.164〜165

1 例 (1) It's ten[10:00] in the morning. (2) They can see it on the Internet.

解説 (1) 質問は，「最初の『ボールドロップ』が行われるとき，ニューヨークでは何時ですか」という意味です。第2段落の2つ目の文に，The first one is done at 10:00 in the morning. とあります。

(2) 質問は，「もしタイムズスクエアにいなかったら，人々はそのイベントをどのようにして見ることができますか」という意味です。第3段落の2つ目の文に，Many people come to see it every year, and more people see it on the Internet. とあります。

読解のポイント

"Ball Drop" is a countdown event〔on New Year's Eve〕〔in Times Square〕. A very big ball slowly goes down a pole〔on the building〕〔during the countdown〕.

主 動 go down 〜「〜を下がる」

Actually, people can see "Ball Drop" twice〔on the day〕. The first one is done〔at 10:00〈in the morning〉〕. It's〔for Japanese people〈living〈in New York〉〉〕〔because it's 12:00 midnight〈on New Year's Day〉〈in Japan〉〕. 〔Fourteen hours later,〕the people〔in Times Square〕see their own "Ball Drop"〔at midnight〕and celebrate the new year.

(1)はこの文に注目 Ball Drop 受け身 The first one 現在分詞 主 動① 目 動②

The event became really famous〔in the world〕. Many people come〔to see it〕〔every year〕,/and more people see it〔on the Internet〕.

(2)はこの文に注目 come to see「見に来る」 the event many の比較級 the event

日本語訳

「ボールドロップ」はタイムズスクエアで大みそかに行われるカウントダウンのイベントです。カウントダウンの間に，とても大きなボールがビルのポールをゆっくり下がります。

実は，人々はその日「ボールドロップ」を2回見ることができます。最初のものは午前10時に行われます。それはニューヨークに住んでいる日本の人たちのためのものです。なぜなら日本では元日の真夜中の12時だからです。14時間後，タイムズスクエアの人々は彼ら自身の「ボールドロップ」を真夜中の12時に見て，新年を祝います。

そのイベントは世界でとても有名になりました。多くの人たちが毎年それを見に来ます。そしてもっと多くの人々がインターネットでそれを見ます。

2 例 (1) He found it yesterday.

(2) It means "and."

(3) We can study together and share our ideas.

解説 (1) 質問は，「コウジはいつ書店で数学の記号についての本を見つけましたか」という意味です。第１段落の３つ目の文に，Yesterday I found a book about math signs at a bookstore ... とあります。

(2) 質問は，「ラテン語の単語の"*et*"は何を意味しますか」という意味です。第２段落の２つ目の文に，It means "and."とあります。

(3) 質問は，「たとえ私たちが同じ言語を話さなくても，私たちは数学の記号を使って何ができますか」という意味です。第４段落の３つ目の文に，Even if we don't speak the same language, we can study together and share our ideas. とあります。

読解のポイント

〔When we study math,〕we use math signs. Two〔of these〕are the plus sign and the minus sign. Yesterday I found a book〔about math signs〕〔at a bookstore〕and read it〔at home〕. I will tell you the stories〔in the book〕〔about the plus and minus signs〕.

The plus sign is〔from the Latin word "*et*."〕It means "and."〔More than 500 years ago,〕a scientist omitted the word "*et*" and wrote only "*t*"〔in the equation〈in his book〉〕. Many people read the book and liked the use〔of "*t*"〈as a sign〉〕. So they began〔to use it〕, too,/and "*t*" became popular〔as the plus sign〕.

How about the minus sign?〔A long time ago,〕people〔working〈on a ship〉〕kept water〔in a barrel〕.〔When they used water〈from it〉,〕they drew a short line〔on the barrel〕〔to show〈how much water the barrel lost〉〕. Soon people began〔to use this short line〕〔to mean〈that they lost something〉〕,/and it became the minus sign.

I think〔these signs are great〕. Everyone〔in the world〕uses them.〔Even if we don't speak the same language,〕we can study together and share our ideas. I want〔to study〈about (where other signs are from)〉〕, too.

（注記）math signs／① ②／(1)はこの文に注目／a book／主 動 (人) (こと)／(2)はこの文に注目／be from ～「～に由来する」／"*et*"／～以上／"*t*"／主 現在分詞／動／a barrel／～するために／間接疑問／this short line／these signs／(that)／(3)はこの文に注目／even if ～「たとえ～だとしても」

日本語訳

私たちが数学の勉強をするとき，数学の記号を使います。それらのうちの２つがプラス記号とマイナス記号です。昨日，私は書店で数学の記号についての本を見つけ，家でそれを読みました。本にあったプラス記号とマイナス記号についての話をします。

プラス記号はラテン語の単語の"*et*"に由来します。それは"and"を意味します。500年以上前，ある科学者が"*et*"という単語を省略して，彼の本の数式に"*t*"だけ書きました。多くの人々がその本を読み，記号としての"*t*"の使い方を気に入りました。それで彼らもまたそれを使い始めました。そして"*t*"はプラス記号として一般的になりました。

マイナス記号はどうでしょうか。昔，船の上で働いている人たちは樽に水を保存しました。樽から水を使ったとき，どれくらいの水を樽が失ったかを示すために，樽に短い線を引きました。すぐに人々は，何かを失ったことを意味するために，この短い線を使い始め，それがマイナス記号になりました。

私はこれらの記号はすばらしいと思います。世界のみんながそれらを使います。たとえ私たちが同じ言語を話さなくても，私たちはいっしょに勉強して，考えを分かち合うことができます。私はほかの記号がどこから来たのかについても勉強したいと思います。

1 ウ

解説 アは第２段落の３つ目の文に，Near my host family's house, there is a big park called Hyde Park. とあり，クミのホストファミリーの家から遠くないので，本文の内容と合いません。

イは第２段落の８つ目の文に，My host family has a dog, and I sometimes take it to the park. とありますが，クミがランニングをするとは書いていないので，本文の内容と合いません。

ウは第２段落の 10 ～11 文目に，There is an interesting place called Speakers' Corner in the park. At that place, people can make a speech about anything they like. とあるので，本文の内容と合います。

エは第２段落の最後の文に，I like listening to their speeches there. とありますが，クミが演説するとは書いていないので，本文の内容と合いません。

読解のポイント

Dear Ms. Brown,
（手紙の書き出しで使うことば）

How are you? I'm fine.

I have been〔in London〕〔for two weeks〕. I enjoy〔staying〈in London〉〕. 〔Near my host family's house,〕there is a big park〔called Hyde Park〕. I often go there. There are beautiful flowers〔in the park〕. I feel happy〔to see them〕. 〔In the park,〕some people enjoy running/and other people enjoy〔reading books〕. My host family has a dog,/and I sometimes take it〔to the park〕. The park is a good place〔for people and dogs〕. There is an interesting place〔called Speakers' Corner〕〔in the park〕. 〔At that place,〕people can make a speech〔about anything〈they like〉〕. Some people speak〔about their hobbies〕. Some people speak〔about their daily lives〕. I like〔listening〈to their speeches〉there〕.

（アはこの文に注目）（there is ～「～がある」）（主）（過去分詞）（～して）（→beautiful flowers）（some ～ other ...「～する人もいれば，…する人もいる」）（イはこの文に注目）（take ～ to ...「～を…へ連れて行く」）（ウはこの文に注目）（主）（過去分詞）（make a speech「演説をする」）（関係代名詞の省略）（エはこの文に注目）

I always find wonderful things〔in London〕. I will write more〔about London〕〔in my next letter〕.

See you soon!

Yours,
（手紙の結びに使うことばの１つ）
Kumi

日本語訳

ブラウン先生

お元気ですか。私は元気です。

私はロンドンに２週間います。ロンドンでの滞在を楽しんでいます。私のホストファミリーの家の近くに，ハイドパークと呼ばれる大きな公園があります。私はよくそこへ行きます。公園には美しい花々があります。それらを見て幸せに感じます。公園では，ランニングを楽しむ人もいれば，読書を楽しむ人もいます。ホストファミリーは犬を飼っていて，私はときどき公園へ連れて行きます。その公園は人と犬にとってよい場所です。公園にはスピーカーズコーナーと呼ばれるおもしろい場所があります。その場所で，人々は何でも好きなことについて演説することができます。趣味について話す人もいます。日常生活について話す人もいます。私はそこで彼らの演説を聞くのが好きです。

私はいつもロンドンのすばらしいことに気づきます。次の手紙ではロンドンについてもっとたくさん書くつもりです。

それではまた！

敬具
クミ

2 イ

解説 アは「ジムは１枚の紙に大好きなマンガで使われている日本語のことばを書き，友だちを感動させるために部屋の壁に貼りました」という意味です。第１段落に，リョウが書いた漢字に感動し，かっこいいと思ったジムが壁にそれを貼ったとあるので，本文の内容と合いません。

イは「ジムは以前よりも熱心に日本語を勉強するつもりで，将来，日本語でリョウに手紙を書き，日本語で彼と話したいと思っています」という意味です。第２段落の内容と合います。

ウは「ジムは，テレビのニュース番組を見て，それらで使われたことばを書くことによってもっと熱心に英語を勉強するようにリョウに頼むために，Ｅメールをリョウに送るつもりです」という意味です。第２段落に，ジムが日本語のテレビのニュースを見たり，マンガで使われている日本語のことばを書いたりすることで，もっと熱心に日本語を勉強するとあるので，本文の内容と合いません。

エは「ジムの友だちは大好きなマンガを読むために，日本語のことばを学びたいと思っているので，リョウに書道を自分たちに教えてほしいと思っています」という意味です。このような内容は書かれていないので，本文の内容と合いません。

読解のポイント

Hi, Ryo,

I had a very good time〔with you〕. I was especially impressed〔by some *kanji*〈written〔by you〉〉〕. They were nice *kanji*,/and they looked really cool. I put one〔of them〕〔on a wall〈in my room〉〕. Yesterday, some〔of my friends〕 visited me and saw it. I explained〔the *kanji* meant "friend."〕 They all liked it. I was happy〔about that〕.

（この文に注目）
have a good time「楽しい時を過ごす」
be impressed「感動する」
過去分詞
some kanji
主
動① 動②
(that)
主 動

I'll try writing the *kanji*〔that you wrote〕. It's still difficult〔for me〕〔to write *kanji*〕,/but I'll try. I'll study Japanese harder〔than before〕〔by〈watching Japanese TV news programs〉and〈writing Japanese words〈used in comics〉〉〕. I want〔to read my favorite Japanese comics〈in Japanese〉and write a letter〈in Japanese〉〈to you〉〈in the future〉〕. 〔After that,〕I hope〔I can go〈to Japan〉and speak Japanese〕. I want〔to talk〈with you〉〈in Japanese〉〕〔when I go there〕.

try ～ing「～してみる」
関係代名詞
it ... for ― to ～「―にとって～することは…だ」
（この文に注目）
比較級
① ②
過去分詞
① ②
(that)
① ②
to Japan

I'm looking forward〔to hearing〈from you〉soon〕!

look forward to ～ing「～することを楽しみにして待つ」

Your friend,

（手紙やＥメールの結びに使うことばの１つ）

Jim

日本語訳

こんにちは，リョウ

私はあなたととても楽しい時間を過ごしました。あなたが書いたいくつかの漢字に特に感動しました。それらはすてきな漢字で，ほんとうにかっこよく見えました。私は私の部屋の壁にそれらの１つを貼りました。昨日，友だちの何人かが私を訪ね，それを見ました。私はその漢字が「友だち」を意味することを説明しました。彼らはみんなそれを気に入りました。それをうれしく思いました。

私はあなたが書いた漢字を書いてみるつもりです。私にとって漢字を書くことはまだ難しいですが，やってみます。日本語のテレビのニュース番組を見たり，マンガで使われている日本語のことばを書いたりすることで，以前よりももっと熱心に日本語を勉強するつもりです。将来，大好きな日本のマンガを日本語で読んだり，あなたに日本語で手紙を書いたりしたいです。そのあと，日本へ行って，日本語を話すことができることを願っています。私は日本に行ったときに，あなたと日本語で話したいです。

あなたからすぐにお返事が来ることを楽しみにしています。

あなたの友だち，
ジム

ア Jim wrote Japanese words〔used〈in his favorite comics〉〕〔on a piece of paper〕and put it〔on a wall〈in his room〉〕〔to impress his friends〕.

①wrote　過去分詞　②put　→a piece of paper　～するために

イ Jim will study Japanese harder〔than before〕,/and he wants〔to write a letter〈to Ryo〉and talk〈with him〉〈in Japanese〉〈in the future〉〕.

比較級　①write　②talk

ウ Jim is going to send Ryo an e-mail〔to ask him to study English harder〈by watching TV news programs and writing some words〈used in them〉〉〕.

～するために　ask 人 to ～「(人)に～するように頼む」　①watching TV news programs　②writing some words　過去分詞　→TV news programs

エ Jim's friends want Ryo〔to teach *shodo*〈to them〉〕〔because they want〈to learn Japanese words〈to read their favorite comics〉〉〕.

want 人 to ～「(人)に～してほしい」　～するために

ア　ジムは1枚の紙に大好きなマンガで使われている日本語のことばを書き，友だちを感動させるために部屋の壁に貼りました。

イ　ジムは以前よりも熱心に日本語を勉強するつもりで，将来，日本語でリョウに手紙を書き，日本語で彼と話したいと思っています。

ウ　ジムは，テレビのニュース番組を見て，それらで使われたことばを書くことによってもっと熱心に英語を勉強するようにリョウに頼むために，Eメールをリョウに送るつもりです。

エ　ジムの友だちは大好きなマンガを読むために，日本語のことばを学びたいと思っているので，リョウに書道を自分たちに教えてほしいと思っています。

長文読解の心得

- 本文を読む前に，問題に目を通そう。
- 下線部や空所の前後を，特に注意して読もう。
- 文の意味がわからないときは，意味のまとまりに〔　〕,〈　〉,（　）をつけながら読もう。
- 接続詞が何と何を並べているかに注意しよう。
- 指示語(it, this, that など)が何を指しているか確認しながら読もう。

あきらめずにがんばろう

11 イラストを選ぶ問題 入試問題に チャレンジ！

p.171

1 (1) イ　(2) ア

解説　(1) 質問は，Where will Andy go next Sunday? なので，アンディが今度の日曜日に行く場所を答えます。最後の Then we'll go to the museum. から博物館へ行くとわかります。

(2) 質問は，What does Takashi want to be in the future? なので，タカシが将来なりたいものを答えます。タカシの２つ目の発言の最後，But now I want to be a firefighter. から消防士になりたいとわかります。サッカー選手は小さいときになりたかったものなので注意しましょう。

放送文

(1) A：Hi, Andy. What are you going to do next Sunday?

B：Well, Kumi, I'm *thinking of going to the sea or the mountains with my family.

A：But *I'm afraid it'll rain that day.

B：Oh, really? Then we'll go to the museum. （この文に注目）

Question Where will Andy go next Sunday?

注 think of ～：～のことを考える　I'm afraid ～：(残念ながら)～と思う

(2) A：Mary, what do you want to be *in the future?

B：I want to be a *truck driver. I like big cars very much. How about you, Takashi?

A：Well, I wanted to be a soccer player when I was a little boy. But now I want to be a *firefighter. （この文に注目）

B：How nice! *I'm sure you can do it.

Question What does Takashi want to be in the future?

注 in the future：将来　truck：トラック　firefighter：消防士　I'm sure ～：きっと～と思う

日本語訳

(1) A：こんにちは，アンディ。今度の日曜日は何をするつもりですか？

B：ええと，クミ，海か山に家族と行こうと考えています。

A：でも，残念ながら，その日は雨が降ると思います。

B：えー，ほんとうですか？　それなら，博物館へ行きます。

質問：今度の日曜日にアンディはどこへ行くつもりですか。

(2) A：メアリー，あなたは将来，何になりたいですか？

B：トラックの運転手になりたいです。私は大きな車が大好きです。あなたはどうですか，タカシ？

A：ええと，私は小さいときはサッカー選手になりたいと思っていました。でも今は，消防士になりたいと思っています。

B：なんてすてきなの！　きっとあなたはそれができると思います。

質問：タカシは将来，何になりたいと思っていますか。

2 (1) ウ　(2) ア　(3) イ

解説　(1) 質問は，Which picture shows this? なので，英文の内容に合う絵を答えます。ジェーン，マキ，カヨの順に背が高いとあります。

(2) 質問は，Which picture shows this? なので，英文の内容に合う絵を答えます。場所を表す前置詞に注意しましょう。本２冊とコンピューターは on the table（テーブルの上）にあり，かばんは under the table（テーブルの下）にあるとあります。

(3) 質問は，What did Betty do last Sunday morning? なので，ベティが日曜日の午前中にしたことを答えます。後半の But my mother ～. からお母さんに部屋をそうじするように言われて，午前中にそうじしたことがわかります。

放送文

(1) Jane, Maki and Kayo are good friends. Jane is taller than Maki. Maki is taller than Kayo. (この文に注目)

Question Which picture shows this?

(2) *There is a table in Yoshio's room. There are two books and a computer on the table. (この文に注目) There is a bag under the table.

Question Which picture shows this?

注 there is ～：～がある

(3) I'm Betty. Last Sunday, my sister *asked me to *go shopping in the morning. I said "no" to my sister because I wanted to play with my dog at the park. But my mother *told me to clean my room, so I did it in the morning. (この文に注目) Then, I *did my homework in the afternoon.

Question What did Betty do last Sunday morning?

注 ask（人）to ...：（人）に～するように頼む　go shopping：買い物に行く
tell（人）to ...：（人）に～するように言う　do ～'s homework：宿題をする

日本語訳

(1) ジェーン，マキ，カヨはよい友だちです。ジェーンはマキより背が高いです。マキはカヨより背が高いです。
質問：どの絵がこのことを示していますか。

(2) ヨシオの部屋にテーブルがあります。テーブルの上には本が2冊，コンピューターが1台あります。テーブルの下にはかばんが1つあります。
質問：どの絵がこのことを示していますか。

(3) 私はベティです。この前の日曜日に姉が私に午前中，買い物に行くように頼みました。私は公園で私の犬と遊びたかったので「いいえ」と姉に言いました。でも母が私に私の部屋のそうじをするように言ったので，午前中にそれをしました。それから午後，宿題をしました。
質問：ベティはこの前の日曜日の午前中に何をしましたか。

12 対話の応答文を選ぶ問題　入試問題にチャレンジ！

p.173

1 (1) ウ　(2) イ

解説 (1) チャイムの前で，When did you go there? とたずねているので，行った時を答えます。「私は3年前にそこへ行きました」という意味の**ウ**が適切です。

アは「私は3回そこへ行ったことがあります」，**イ**は「私はずっとそこでお祭りを見たいと思っていました」，**エ**は「私は飛行機でそこへ行きました」という意味です。

(2) チャイムの前で，英語について質問をするためにブラウン先生を探しているミキに，I'm sorry, but he is not here now. と先生が今いないことを伝えています。「大丈夫です。あとでまた来ます」という意味の**イ**が適切です。

アは「問題ありません。伝言を聞きましょうか」，**ウ**は「それなら私がここで英語を教えましょう」，**エ**は「伝言を残したいですか」という意味です。

放送文

(1) A：Last week, I went to Hokkaido *for the first time. Have you ever been there?
B：Yes. I've been there *once. I stayed there for three days with my family. It was fun!
A：Oh, I see. When did you go there? (この文に注目)
B：♪（チャイム）

注 for the first time：はじめて　once：1度

(2) A：Miki, are you *looking for a teacher?
B：Yes. I want to *ask Mr. Brown a question about English.
A：I'm sorry, but he is not here now. (この文に注目)
B：♪（チャイム）

注 look for ～：～を探す　ask ～ a question：～に質問する

日本語訳

(1) A：先週，私ははじめて北海道へ行きました。あなたはそこへ行ったことがありますか。
B：はい。1度そこへ行ったことがあります。家族と3日間そこに滞在しました。楽しかったです！
A：へえ，なるほど。いつそこへ行ったのですか？
B：♪（チャイム）

(2) A：ミキ，先生を探しているの？
B：はい。ブラウン先生に英語について質問をしたいです。
A：残念ですが，先生は今ここにいません。
B：♪（チャイム）

2 (1) ア　(2) イ

解説 (1) チャイムの前で，How long do you practice ～? とたずねているので，時間の長さを答えます。「私は約2時間練習します」という意味の**ア**が答えです。**イ**は「私は1週間に3回，練習します」，**ウ**は「私は約2時間前に練習しました」，**エ**は「私は3回，練習しました」という意味です。

(2) チャイムの前で，Where did you see it? とたずねているので，場所を答えます。「私はそれをコンピューター室で見ました」という意味の**イ**が答えです。**ア**は「私は彼女を私たちの教室で見ました」，**ウ**は「私はあなたはとても親切だと思います」，**エ**は「私はそれは赤いものだと思います」という意味です。

放送文

(1) Mary：Kenta, you play tennis very well.
Kenta：Thank you, Mary. I play tennis every day.
Mary：How long do you *practice every day? (この文に注目)
Kenta：♪(チャイム)

注 practice：練習する

(2) Mary：Kenta, did you see my bag?
Kenta：Is it a small, blue one?
Mary：Yes. Where did you see it? (この文に注目)
Kenta：♪(チャイム)

日本語訳

(1) メアリー(以下，M)：ケンタ，あなたはテニスをとても上手にしますね。
ケンタ(以下，K)：ありがとう，メアリー。私は毎日テニスをします。
M：毎日どれくらい長く練習しますか？
K：♪(チャイム)

(2) M：ケンタ，私のかばんを見ましたか？
K：小さい，青いものですか？
M：はい。どこでそれを見ましたか？
K：♪(チャイム)

13 短い対話の内容についての問題 入試問題にチャレンジ！

p.175

1 (1) ア　(2) エ　(3) ウ　(4) イ

解説 (1) 質問は，Where are the two people ～? なので，2人がいる場所を答えます。2つ目の発言に，I want to send this letter ～. とあるので，**ア**の At a post office.(郵便局に)が答えです。

(2) 質問は，What did Yuji study ～? なので，ユウジが勉強した科目を答えます。理科を勉強したメアリーに対して，ユウジは Me, too. And I also studied math. と言っていることから，理科と数学を勉強したことがわかります。

(3) 質問は，What will Kumi do ～? なので，クミがするつもりのことを答えます。今週末のおもしろいイベントを見つけようとしているマイクに，クミは I'll look for them on the Internet. と言っているので，**ウ**の Use the Internet.(インターネットを使う)が答えです。

(4) 質問は，When will Ken start his stay in America? なので，ケンがアメリカ滞在を始める時を答えます。1つ目の発言でケンは3か月間アメリカに滞在することがわかります。2つ目の発言に He'll go there next month, and finish his stay on August sixteenth.(彼は来月そこへ行き，8月16日に滞在を終えます)とあるので，8月の3か月前の，5月が答えです。

放送文

(1) A: The next *person, please come here. May I help you?

B: I want to send this letter to Tokyo. Will it get there this week?

A: Yes, it will. （この文に注目）

Question Where are the two people now?

注 person：人

(2) A: What did you study last night, Mary?

B: I studied science. How about you, Yuji?

A: Me, too. And I also studied math. （この文に注目）

Question What did Yuji study last night?

(3) A: What are you reading in the newspaper, Mike?

B: Oh, Kumi. I'm *trying to find some interesting events this weekend. But there's nothing.

A: I see. I'll *look for them on the *Internet. （この文に注目）

Question What will Kumi do for Mike?

注 try to ～：～しようとする　look for ～：～を探す　Internet：インターネット

(4) A: *I hear your brother Ken is going to stay in America for three months.

B: Yes. He'll go there next month, and finish his stay on August sixteenth.

A: Oh, that will be *exciting. （この文に注目）

Question When will Ken start his stay in America?

注 I hear ～：～だそうですね　exciting：わくわくさせる

日本語訳

(1) A：次の方，こちらへどうぞ。いらっしゃいませ。
B：この手紙を東京へ送りたいのですが。今週そこへ着きますか？
A：はい，着きます。
質問：2人の人たちは今どこにいますか。

(2) A：昨日の夜は何を勉強しましたか，メアリー？
B：理科を勉強しました。あなたはどうですか，ユウジ？
A：私もです。そして私は数学も勉強しました。
質問：ユウジは昨日の夜，何を勉強しましたか。

(3) A：新聞で何を読んでいるのですか，マイク？
B：ああ，クミ。今週末のおもしろいイベントを見つけようとしているのです。でも，何もありません。
A：なるほど。私がインターネットでそれらを探しましょう。
質問：クミはマイクのために何をするでしょうか。

(4) A：あなたのお兄さんのケンは3か月間アメリカに滞在する予定だそうですね。
B：はい。兄は来月そこへ行き，8月16日に滞在を終えます。
A：へえ，それはわくわくするでしょうね。
質問：ケンはいつアメリカでの滞在を始めますか。

入試特集

2 (1) ウ　(2) イ　(3) エ　(4) ア

解説

(1) 質問は What does Mike like to do? なので，マイクがするのが好きなことを答えます。3つ目の発言 I like to watch baseball on TV. で野球をテレビで見るのが好きだとわかります。

(2) 質問は Who is reading the book now? なので，今，その本を読んでいる人を答えます。2つ目の発言に，I'm reading a book ～. とあり，トムが読んでいるとわかります。

(3) 質問は What time will the movie start? なので，映画が始まる時刻を答えます。今の時刻が10時30分で，3つ目の発言 We have twenty minutes before the movie. でまだ20分あるとわかるので，映画は10時50分に始まります。

(4) 質問は What is Kaori going to do ～ today? なので，カオリが今日するだろうことを答えます。2つ目の発言に，I have to take care of my sisters ～ today. とあり，今日妹たちの世話をしなければならないことがわかります。

放送文

(1) A: What do you like to do in your *free time, Aya?

B: I like to play tennis. How about you, Mike?

A: I like to watch baseball on TV. （この文に注目）

B: My brother likes to play it.

日本語訳

(1) A：ひまなときに何をするのが好きですか，アヤ？
B：テニスをするのが好きです。あなたはどうですか，マイク？
A：テレビで野球を見るのが好きです。
B：私の兄は野球をすることが好きです。

Question What does Mike like to do?

注 free：ひまな

質問：マイクは何をするのが好きですか。

(2) A： What are you reading, Tom?

B： I'm reading a book about science, Mother. My friend Jenny gave this book to me. （この文に注目）

A： Can I read it after you?

B： Sorry. Father is going to read it. He is waiting.

Question Who is reading the book now?

(2) A：何を読んでいるの，トム？
B：科学についての本を読んでいるよ，お母さん。友だちのジェニーが私にこの本をくれたよ。
A：あなたのあとに読んでもいい？
B：ごめん。お父さんが読む予定だよ。お父さんは待っているんだ。
質問：今，だれがその本を読んでいますか。

(3) A： What time is it now?

B： It's ten thirty.

A： We have twenty minutes before the movie. （この文に注目）

B： Yes. You can go and buy something to drink if you want.

Question What time will the movie start?

(3) A：今，何時ですか？
B：10時30分です。
A：映画の前に20分ありますね。
B：はい。もしほしいなら，何か飲み物を買いに行けますよ。
質問：何時にその映画は始まりますか。

(4) A： Shall we study together after school, Kaori?

B： I'm sorry, John. I have to *take care of my sisters because my mother is busy today. （この文に注目）

A： How about tomorrow?

B： OK.

Question What is Kaori going to do after school today?

注 take care of ～：～の世話をする

(4) A：放課後，いっしょに勉強しませんか，カオリ？
B：ごめんなさい，ジョン。今日は母が忙しいので，私が妹たちの世話をしなければなりません。
A：明日はどうですか。
B：大丈夫です。
質問：カオリは今日の放課後，何をするつもりですか。

14 メモを完成させる問題 入試問題にチャレンジ！

p.177

1 ① largest　② peace　③ fish　④ more

解説 ①を含む文は，「元日は（ ① ）イベントです」という意味です。最初にNew Year's Day is the largest event ～. とあります。

②を含む文は，「彼らは生活での（ ② ）を願います」という意味です。真ん中くらいにWe believe ～ and we can live in peace ～. とあります。

③を含む文は，「彼らはまた（ ③ ）を食べます」という意味です。真ん中くらいにWe also eat fish ～. とあります。

④を含む文は，「人々は（ ④ ）食べ物とお金を持ちたいと思います」という意味です。後半にWe hope to have more food and money ～. とあります。

放送文

*New Year's Day is the largest event in my country, China. （①はこの文に注目） So, on New Year's Day, we eat many foods. They have *special meanings. One *example is gyoza. The day before New Year's Day, family members *get together and

日本語訳

私の国，中国では，元日はいちばん大きなイベントです。だから，元日にはたくさんの食べ物を食べます。それらは特別な意味を持っています。1つの例はギョウザです。大みそかに，家

make gyoza. And on New Year's Day, we enjoy eating it. We *believe bad things will not *happen and we can live *in peace if we eat it. We also eat fish because it has a good meaning. Can you *guess? It *means "to have more." We hope to have more food and money by eating fish. Please tell me what you eat for New Year's Day in your country.

②はこの文に注目　③はこの文に注目　④はこの文に注目

注　New Year's Day：元日　special meanings：特別な意味　example：例
get together：集まる　believe：信じる　happen：起こる　in peace：平和に
guess：言い当てる　mean：意味する

族で集まって，ギョウザを作ります。そして元日にそれを食べるのを楽しみます。もし私たちがギョウザを食べれば，悪いことは起こらず，平和に暮らすことができると私たちは信じています。また魚も食べます。なぜなら魚はよい意味を持っているからです。何だかわかりますか。魚は「もっとたくさん持つこと」を意味するのです。私たちは魚を食べることで，もっとたくさんの食べ物とお金を持ちたいと思います。あなたの国では元日に何を食べるか，私に教えてください。

2　① 5(月)13(日)土(曜日)　② 試合に勝った　③ 青　④ 試合開始
⑤ 11(時)15(分)　⑥ 正午

解説　① メアリーの発言の前半に，We will have the tennis games ～ on Saturday, May 13. とあり，5月13日の土曜日にテニスの試合があるとわかります。

② メアリーの発言の真ん中くらいに，We will have another game ～ if we win the games. とあり，試合に勝ったら，翌日も試合があるとわかります。

③ メアリーの発言の真ん中くらいに，If you can, please wear a blue T-shirt. とあり，青いTシャツを着ることがわかります。

④ メアリーの発言の後半に，The games will start at 11:30. と試合は11時半に始まるとあります。

⑤ メアリーの発言の後半に，I want ～, so please come to Tennis Village 15 minutes before that time. とあり，試合開始の15分前にテニスビレッジに来るようにと言っています。試合開始は11時30分なので，11時15分が答えです。

⑥ メアリーの発言の最後のほうに，If you have ～, please call me back before noon today. とあり，質問があれば正午前に電話をするようにと言っています。

放送文

〈*Phone Ringing*〉

Sotaro：Hello, this is Sotaro. *Thank you for calling me but I'm busy *right now. Please *leave a message.

〈*Beep*〉

Mary：Hello, Sotaro. This is Mary. I'm sorry to call you early in the morning, but I have to tell you about the tennis games today. We can't have them today, because it rained a lot last night. We will have the tennis games next weekend on Saturday, May 13. We will have *another game on Sunday, May 14 if we *win the games. If you can, please *wear a blue T-shirt. Blue is our team's color. The games will start at 11:30. I want to meet you before the games start, so please

①はこの文に注目　②はこの文に注目　③はこの文に注目　④はこの文に注目

日本語訳

〈電話の鳴る音〉

ソウタロウ：もしもし，ソウタロウです。お電話ありがとうございます。ただいま忙しいです。伝言を残してください。

〈ビーという音〉

メアリー：もしもし，ソウタロウ。メアリーです。朝早く電話してごめんなさい。でも今日のテニスの試合についてあなたに伝えなければいけないのです。今日はテニスの試合ができません。なぜなら昨日の夜，雨がたくさん降ったからです。今度の週末，5月13日の土曜日にテニスの試合があります。もし試合に勝ったら，5月14日の日曜日にもう1試合あります。もしできれば，青いTシャツを着てください。青は私たちのチームカラーです。試合は11時30分に始まります。試合が始まる前にあなたに会いたいです。だから

come to *Tennis Village 15 minutes before that time. If you have any questions, please *call me back before noon today. I hope you'll enjoy the games. *I'm sure we'll win!

⑤はこの文に注目　⑥はこの文に注目

その時刻の15分前にテニスビレッジに来てください。もし質問があったら，今日の正午前に電話をかけ直してください。あなたが試合を楽しむことを願います。私はきっと私たちは勝つと思います！

注 Thank you for ～ing.：～してくれてありがとう。　right now：ちょうど今　leave a message：伝言を残す　another：もう1つの　win：勝つ　wear：着ている　Tennis Village：テニスビレッジ　call ～ back：～に電話をかけ直す　I'm sure ～：私はきっと～だと思う

15 長い英文の内容についての問題 入試問題にチャレンジ！

p.179

1 (1) March　(2) two　(3) different　(4) best

解説 (1) 質問は，When is Ms. White going to leave Japan? なので，日本を出発する時を答えます。スピーチの最初にI am going to leave Japan at the end of March. とあります。

(2) 質問は，How long has Ms. White taught ～? なので，ホワイト先生が英語を教えている期間を答えます。前半に，I have taught ～ for two years. とあります。

(3) 質問は，Why are there two or more answers ～? なので，答えが2つかそれ以上ある理由を探します。真ん中あたりに，There are many people who have different ideas in the world とあります。

(4) 質問は，What kind of answer should we try to find? なので，私たちが見つけようとすべき答えの種類を答えます。最後に，Please share ～ and try to find the best answer ～. とあります。

放送文

Hello, everyone. I am going to leave Japan *at the end of March. I have taught English at this school for two years. I had a very good time with you. Today, I will tell you some important things you should remember when you live in an *international world. You shouldn't think that there is always one answer to a problem. There are many people who have *different ideas in the world, so, sometimes there will be two or more answers to a question. Please *share the different ideas with *each other and *try to find the best answer that you can find. You can do it. Good-bye.

(1)はこの文に注目　(2)はこの文に注目　(3)はこの文に注目　(4)はこの文に注目

Questions

(1) When is Ms. White going to leave Japan?
(2) How long has Ms. White taught English at this school?
(3) Why are there two or more answers to a question?
(4) What kind of answer should we try to find?

注 at the end of ～：～の終わりに　international：国際的な　different：異なる　share：分かち合う　each other：お互い(に)　try to ～：～しようと(努力)する

日本語訳

こんにちは，みなさん。私は3月の終わりに日本を出発します。私は2年間，この学校で英語を教えています。私はあなたたちととてもよい時間を過ごしました。今日，私はあなたたちに，国際的な世界で生きるときに，覚えておくべきいくつかの重要なことをお話しします。1つの問題に対して，必ずしも答えは1つではないと考えるべきです。世界には異なる考えをもつ多くの人々がいます。だから，ときには1つの質問に対して2つかそれ以上の答えがあるでしょう。互いに異なる考えを分かち合い，あなたたちが見つけることができる最もよい答えを見つけようとしてください。あなたたちにはそれができます。さようなら。

質問
(1)ホワイト先生はいつ日本を出発しますか。
(2)ホワイト先生はこの学校で英語をどれくらい長く教えていますか。
(3)なぜ1つの質問に対して2つかそれ以上の答えがあるのですか。
(4)私たちはどんな種類の答えを見つけようとすべきですか。

2 (1) ア (2) イ (3) ウ

解説 (1) 質問は，When did Mary watch ～ game? なので，メアリーが野球の試合を見た時を答えます。5つ目のメアリーの発言 I went to watch it. の it は1つ前のコウジの発言にある game を指しています。その発言に，The baseball team ～ had a game on May 7. とあります。

(2) 質問は，How many members of the volunteer club cleaned the street ～? なので，通りをそうじしたボランティア部の部員の数を答えます。6つ目のコウジの発言に，But on that day, 22 members cleaned ～. とあります。

(3) 質問は，What are the members of the volunteer club going to do the next time? なので，ボランティア部の部員が次にすることを答えます。8つ目のコウジの発言に，We are going to meet old people in our town and talk with them. とあります。

放送文

Mary：Hi, Koji. What are you reading?

Koji：Hi, Mary. I'm reading the school newspaper.

Mary：Is there any interesting news?

Koji：Yes. The baseball team of our school had a game on May 7. They *won the game!

Mary：I went to watch it. Our classmate, Ken, hit a home run. It was very *exciting. (1)はこの文に注目

Koji：That's nice. Oh, my *club activity is in this newspaper, too. I'm a member of the *volunteer club. Our club has 24 members. But on that day, 22 members cleaned the streets near our school. It was fun. We will have a new activity on June 8. (2)はこの文に注目

Mary：Tell me about the next activity.

Koji：All right. We are going to meet old people in our town and talk with them. (3)はこの文に注目

Mary：Great. Can I join your next activity?

Koji：OK. I'll ask our teacher.

Questions

(1) When did Mary watch the baseball game?

(2) How many members of the volunteer club cleaned the streets near their school?

(3) What are the members of the volunteer club going to do the next time?

注 won：win(勝つ)の過去形 exciting：わくわくさせる club activity：クラブ活動 volunteer：ボランティア

日本語訳

メアリー(以下，M)：こんにちは，コウジ。何を読んでいるの？

コウジ(以下，K)：やぁ，メアリー。学校新聞を読んでいるよ。

M：何かおもしろいニュースはある？

K：うん。ぼくたちの学校の野球チームが5月7日に試合をしたよ。試合に勝ったんだ！

M：私はそれを見に行ったよ。クラスメートのケンがホームランを打ったの。とてもわくわくしたよ。

K：それはいいね。あ，ぼくのクラブ活動も新聞に載ってる。ぼくはボランティアクラブの部員なんだ。ぼくたちのクラブには24人の部員がいるよ。でもその日は22人の部員が学校の近くの通りをそうじしたよ。おもしろかったよ。新しい活動を6月8日にするんだ。

M：次の活動について私に教えて。

K：いいよ。町のお年寄りに会って，話をするんだ。

M：すごくいいね。次の活動に参加してもいい？

K：わかった。先生に聞いてみるよ。

質問

(1)メアリーはいつその野球の試合を見ましたか。

(2)ボランティアクラブの何人の部員が学校の近くの通りをそうじしましたか。

(3)ボランティアクラブの部員は次回，何をする予定ですか。

リスニングの心得

- 放送が始まる前に，問題や選択肢に目を通そう。イラストやグラフの違いに注意しよう。
- 放送中は，だれが・いつ・どこで・何をしたか，何が・どんなかを簡単にメモしよう。
- 対話では，どんな場面なのか，人物はどんな関係なのかに注意し，話の流れを押さえよう。

1 イ

解説 Spring was the most popular. とあるので，夏がいちばん人気のある**ウ**は答えではありません。次に，Winter was as popular as fall. とあるので，秋と冬の人数が同じである**イ**が答えです。

放送文

I asked forty students in my class about their *favorite seasons. Spring was the most *popular.（この文に注目） A few students liked summer. Winter was as popular as fall.（この文に注目）

注 favorite：好きな popular：人気のある

日本語訳

私のクラスの40人の生徒に好きな季節についてたずねました。春がいちばん人気がありました。少しの生徒が夏が好きでした。冬は秋と同じくらい人気がありました。

2 ウ

解説 Well, for over ten students, listening to music was the best way to relax. とあるので，「音楽を聞く」が10人以上でない**イ**は答えではありません。次に，And, taking a bath was as popular as reading comics. とあるので，「お風呂に入る」と「マンガを読む」が同じくらいでない**エ**は答えではありません。また，But, no student chose drinking tea as the best way. とあるので，「紅茶を飲む」が0人の**ウ**が答えです。

放送文

Hello, everyone. Do you remember the question I asked you in the last class? What is the best way for you to *relax at home? There are thirty students and I got answers from all of you.

Well, for over ten students, listening to music was the best way to relax.（この文に注目） And, taking a bath was as *popular as reading *comics.（この文に注目） My favorite way to relax at home is drinking tea after dinner. But, no student chose drinking tea as the best way.（この文に注目） Sleeping well was more popular than taking a bath. I think it's good for our *health to sleep well.

*It's interesting for me to find *differences *between your answers and mine. Thank you.

注 relax：くつろぐ popular：人気のある comic(s)：マンガ health：健康
It is ... for ー to ～：ーにとって～することは…だ difference(s)：違い
between ～ and ...：～と…の間の

日本語訳

こんにちは，みなさん。私がこの前の授業であなたたちにした質問を覚えていますか。あなたにとって家でくつろぐための最もよい方法は何ですか。30人の生徒がいて，あなたたち全員から答えを得ました。

ええと，10人以上の生徒にとって，音楽を聞くことがくつろぐための最もよい方法でした。そして，お風呂に入ることがマンガを読むことと同じくらい人気がありました。私のお気に入りの家でくつろぐための方法は，夕食後に紅茶を飲むことです。でも，最もよい方法として紅茶を飲むことを選んだ生徒は1人もいませんでした。よく眠ることは，お風呂に入ることよりも人気がありました。よく眠ることは私たちの健康によいと思います。

私にとって，あなたたちの答えと私の答えとの間の違いに気づくことはおもしろいです。ありがとう。

質問を聞いて日本語や英語で答える問題 入試問題にチャレンジ！

p.183

1 (1) 駅　(2) 15　(3) アップルパイを食べる

解説 (1) 前半のエミの発言に，I'm trying to go to the station around here. とあり，エミは駅に行こうとしているのだとわかります。

(2) 受付係の２つ目の発言に，It's 15 minutes by bus or 5 minutes by taxi. とあり，それに対してエミは OK. I'll use a bus because I have enough time. と応じています。エミはバスで行くつもりなので，15 分かかるとわかります。

(3) エミの最後の発言に，I can't wait to eat apple pies! とあり，エミはアップルパイを食べるのが待ちきれないのだとわかります。「～するのを待ちきれない」を「～するのを楽しみにしている」と考えます。

放送文

Emi : Excuse me.
Staff : Yes.
Emi : I'm trying to go to the station around here. Could you tell me how to get there? (1)はこの文に注目
Staff : Sure. You can use a bus or a *taxi. It's 15 minutes by bus or 5 minutes by taxi. (2)はこの文に注目
Emi : OK. I'll use a bus because I have enough time. (2)はこの文に注目 Oh, I have one more question. Is there any good food to eat?
Staff : Well, apples are famous here. You should eat apple pies.
Emi : That's nice. I can't wait to eat apple pies! (3)はこの文に注目 Thank you for your help.

注 taxi：タクシー

日本語訳

エミ：すみません。
受付係：はい。
エミ：このあたりの駅に行こうとしているのですが。そこへの行き方を教えてくださいませんか？
受付係：かしこまりました。バスかタクシーを利用できます。バスで 15 分，またはタクシーで５分です。
エミ：わかりました。時間が十分にあるので，バスを使います。ああ，もう１つ質問があります。何か食べるのによい食べ物はありますか？
受付係：ええと，ここではリンゴが有名です。アップルパイを食べるといいですよ。
エミ：それはいいですね。アップルパイを食べるのが待ちきれません。助けていただきありがとうございます。

2 (1) No, they won't.
(2) She wants to take pictures with them.

解説 (1) 質問は Will the students have the welcome party on September 24? で，疑問詞で始まらない疑問文なので，Yes か No を使って答えます。メアリーの歓迎会を開く日は９月 24 日を予定していましたが，その日にメアリーは来られないので，９月 21 日に変更されました。したがって，No で答えます。問題の指示に「３語以上の英文で」とあるので，No, のあとに they will not[won't] を続けます。

(2) 質問は What does Mary want to do with the students at the party? なので，歓迎会でメアリーが生徒たちといっしょにしたいと思っている内容を答えます。文の後半に，Mary wants to take pictures with us at the party. とあり，メアリーは私たちといっしょに写真を撮りたいと思っていることがわかります。３人称単数の主語なので，答えの文では wants と３人称単数現在形にすることを忘れないようにしましょう。

放送文

Hello, everyone. I'm going to talk about the welcome party for Mary. We have been *planning the party on September 24. However, on September 24, she can't come because she is going to have some *activities for students from foreign countries. So, let's have the party on September 21. (⑴はこの文に注目) Well, we have already decided to sing some English songs. Mary wants to take pictures with us at the party. (⑵はこの文に注目) Do you have other ideas?

Questions

⑴ Will the students have the welcome party on September 24?

⑵ What does Mary want to do with the students at the party?

注 plan：計画する　activity (activities)：活動

日本語訳

こんにちは，みなさん。メアリーのための歓迎会について話します。私たちは9月24日にパーティーを計画してきました。しかし，9月24日は，彼女は外国出身の生徒たちのための活動をする予定があるので，彼女は来られません。ですから，9月21日に歓迎会を開きましょう。ええと，私たちは英語の歌を歌うことをすでに決めています。メアリーは歓迎会で私たちといっしょに写真を撮りたいと思っています。ほかにアイデアはありますか？

質問

⑴生徒たちは9月24日に歓迎会を開くでしょうか。

⑵メアリーは歓迎会で生徒たちといっしょに何をしたいと思っていますか。

3 〔解答例〕 Making Japanese friends is the best way. / You should watch Japanese movies.

解説 質問は What is the best way to study it? で，it は the Japanese language を指すので，日本語を勉強するためにいちばんよい方法を考えて答えます。解答例は「日本人の友人を作ることがいちばんよい方法です」／「日本の映画を見るべきです」という意味です。ほかに，「日本のマンガを読む」「日本の歌を聞く」などが考えられます。

放送文

I was so happy today because I talked with you. I have been interested in the Japanese language, and now I want to learn about it *more! What is the best way to study it? (この文に注目) Please tell me!

注 more：もっと

日本語訳

私はあなたたちとお話しできて今日はとてもうれしかったです。私は日本語にずっと興味があって，今それについてもっと学びたいと思っています。それを勉強するためのいちばんよい方法は何ですか。 私に教えてください。

2 1 0 9 8 7 6 5 4
* * D C B A